よくわかる浄土真宗

重要経典付き

瓜生 中

角川文庫
19432

目次

第二章　親鸞《しんらん》の生涯と教え

第三章　親鸞《しんらん》以降の浄土真宗《じょうどしんしゅう》

第四章　浄土真宗《じょうどしんしゅう》の主な寺院と親鸞《しんらん》ゆかりの寺院

二十四輩《にじゅうよはい》のお寺

付録

はじめに

五三八年に百済《くだら》から仏教が伝えられると、その受容を巡って蘇我《そが》氏と物部《もののべ》氏という二大豪族の間で、熾烈な争いが繰り広げられた。しかし、半世紀後には受け入れ賛成派の蘇我《そが》氏が反対派の物部《もののべ》氏を倒し、仏教発展の礎が確立した。

以降、飛鳥寺《あすかでら》や四天王寺《してんのうじ》、法隆寺《ほうりゅうじ》などの大寺院が次々と創建され、古くからあった神社の信仰とともに日本の宗教の二大潮流になった。そして、飛鳥時代（五三八～六四五）は豪族、奈良時代から平安時代のはじめは天皇、平安時代は貴族が仏教の担い手としてその発展を支えてきた。

そして、鎌倉時代になるといよいよ民衆が仏教の主役に躍り出てくる。そんな新たな状況の中で、民衆と真正面から向かい合い、戦乱や貧困、疫病などに恐れ戦《おのの》く人々を死に物狂いで救済しようとする僧侶たちが登場してくる。

浄土宗《じょうどしゅう》の法然《ほうねん》、浄土真宗《じょうどしんしゅう》の親鸞《しんらん》、時宗《じしゅう》の一遍《いっぺん》、日蓮宗《にちれんしゅう》の日蓮《にちれん》、臨済宗《りんざいしゅう》の栄西《えいさい》、曹洞《そうとう》宗《しゅう》の道元《どうげん》。彼らはみな鎌倉時代の中ごろまでに登場して、いわゆる鎌倉新仏教と呼ばれる日本仏教の新たな潮流を確立した。中でも親鸞《しんらん》は絶対他力《ぜったいたりき》の教えを広め、悪人正《あくにんしょう》機説《き》を称えて極めてユニークな教義を確立し、これが疫病や飢饉、鎌倉時代の騒然とした世相に怯える人々から絶大な支持を得た。

このような親鸞《しんらん》の教えは後継者たちによって広められ、とくに本願寺《ほんがんじ》第八世の蓮如《れんによ》はこの教えを和讃《わさん》などの平易な文章にして誰にも受け入れやすいものにした。蓮如《れんによ》によって真宗《しんしゅう》教団は破竹の快進撃を繰り広げ、一躍、日本仏教界のトップに躍り出た。一方で本願寺《ほんがんじ》は一向一揆《いっこういっき》の拠点ともなり、真宗《しんしゅう》教団は政治的にもその権勢を誇ったのである。

浄土真宗《じょうどしんしゅう》は現在も東西本願寺《ほんがんじ》を中心に寺院数約二万ヵ寺、門徒（信者）数約千二百五十万人を誇る最大宗派である。小著では浄土真宗《じょうどしんしゅう》の歴史や教義、主要寺院、親鸞《しんらん》の生涯と思想などについてできるかぎり分かりやすく述べた。もちろん、紙数の限られた小著にその全容を盛り込むことはできない。しかし、開祖、親鸞《しんらん》の思想と人となり、真宗《しんしゅう》教団の歴史などについての概要を読者のみなさんにご理解いただければ幸いである。

平成二十七年　秋

瓜生　中

「重文　親鸞聖人像（熊皮御影）」（奈良国立博物館蔵）

第一章　浄土真宗《じょうどしんしゅう》の基礎知識

◆釈迦《しゃか》の生い立ち

北インドのブッダガヤというところの菩提樹《ぼだいじゅ》の下で、釈迦《しゃか》が悟りを開いたのは今から約二千五百年前、紀元前五世紀のことだ。

カピラヴァストゥという王国の王子として生まれた釈迦《しゃか》は生後七日目に生母が亡くなるが、その後は乳母（生母の妹）に育てられて、何不自由のない王子時代を過ごした。

幼名はゴータマ・シッダールタ。ゴータマは「最上の牛」、シッダールタは「目的を成し遂げたもの」という意味である。古代からインドで神聖視されてきた牛の中でも最も神聖な牛で、しかも目的を成し遂げた、つまり、偉大な悟りを開いてブッダとなったものという意味である。この出来過ぎた名前は、もちろん後世の仏教徒が釈迦《しゃか》の業績を讃《たた》えて命名したものだ。

幼少時代から聡明《そうめい》で、思慮深かったゴータマは長ずるにしたがって人生の問題に思いを巡らすようになった。つまり、人間はどうすれば真の幸福を得られるのかという問題に熟慮を重ねるようになったのである。

十六歳ぐらいで結婚したゴータマは、間もなく一子ラーフラを儲《もう》ける。跡継ぎもでき、普通であれば順風満帆の人生を歩んでいるように見えたが、彼はますます人生の一大事をどう解決するかという問題に深く沈潜するようになる。

◆出　家

日に日に出家への志を募らせたゴータマは、ついに王宮を飛び出し、粗末な衣だけをまとって求道《ぐどう》の旅に出たのである。ときにゴータマ二十九歳。はじめ、ゴータマは何らかの示唆を与えてくれると思《おぼ》しき聖者を訪ねて教えを請うた。しかし、誰からも満足のいく答えは得られなかった。

そこで、今度は苦行によって道を成し遂げる。つまり、悟りを開こうと考えたのだった。インドでは太古の昔から苦行が重要視され、苦行によって目的を達成しようとするものが多かった。今もインドには多くの苦行者がいる。ゴータマは苦行者の仲間に入って、日々厳しい苦行に励むことになった。

その苦行は凄《すさ》まじいもので、周囲で見ていた人々は何度も彼が死んだと思ったほどだったと伝えられている。長期にわたる断食で骨と皮だけになり、目は落ち窪《くぼ》んで髪の毛や歯はすべて抜け落ちたという。

しかし、そんな死に至るほどの苦行をしても目指す悟りには至らない。そこで、ゴータマは苦行に見切りをつけて苦行林（仲間と苦行をしていた場所）を後にした。近くのナイランジャー河で沐浴《もくよく》（水に入って身を清めること）し、苦行で汚れた身体を清めた彼は河岸にユッタリと座った。

その光景を見ていた近くの村に住むスジャータという娘が、ミルク粥《がゆ》を作ってゴータマに差し出した。ゴータマはそれを食べて数日のうちにみるみる体力を回復し、肉付きも良くなった。

ところで、ゴータマはそれまで六年間、五人の苦行者とともに互いに叱咤《しった》激励し切磋琢磨《せったくま》しながら苦行に励んできた。五人は苦行をあっさりと捨てて村娘の接待を受けているゴータマの姿を見て、「あの男は堕落した」といって軽蔑《けいべつ》の念を露《あら》わにした。そして、「万一、ゴータマが苦行林に戻ってきても、一切、付き合わないことにしよう」と約束したのだった。

さて、体力気力とも回復したゴータマは近くの菩《ぼ》提樹《だいじゅ》の下に赴き、その下に座って深い瞑想《めいそう》に入った。つまり、座禅《ざぜん》を組んだのである。瞑想《めいそう》によって悟りの境地に至ろうとしたのだ。そして、この瞑想《めいそう》で悟りに至らなければ、樹下で干からびて死ぬ決意を新たにした。

そして、数日後、ゴータマは遂に偉大な悟りを開き人類最初のブッダとなったのである。三十五歳のときだった。

◆世の中の真理の総体を把握

ブッダとは目覚めた人の意味だ。悠久の過去から未来永劫《えいごう》にわたって決して変わることのない不易の真理（真実）の総体を把握したのである。

不易の真理とは、簡単にいえば一＋一＝二のようなものだ。この真理は人類が滅亡して地球がなくなっても、どこかの惑星に人類のような高等生物が登場すれば、やはり、一＋一＝二となるような、決して三にはならない。絶対的な真理である。

世の中には無数の真理があるが、われわれ凡夫《ぼんぶ》（普通の人）はそれらの極々、一握りしか知りえていない。だから、ものごとの真の姿を見誤り、誤解が誤解を生んで誤った方向に進んでしまうのだ。そして、それが苦しみや悲しみ、不幸の原因になる。

真理の総体を把握したブッダは凡夫《ぼんぶ》の誤りを解消して正しい方向に導いてくれる。つまり、ブッダは目的地に至るすべての正しい道を知り得ていて、それをわれわれに教えてくれるのである。

悟りを開いた後、ブッダはしばらくの間、法悦《ほうえつ》（悟りの境地に至った喜び）に浸っていた。そして、その悟りの内容を人々に語るべきかについて思いを巡らしたという。余りにも深遠で難解な悟りの内容は、人々に語っても理解されないだろう。あるいは、誤解されてとんでもない方向に向かっていくかも知れない。このように考えたゴータマは、悟りの内容は自分の胸の内にしまって、自分だけ悟りの境地に安住しようと考えた。

これを窺《うかが》っていた梵天《ぼんてん》がゴータマの心中を目聡《めざと》くさとり、説法をするように懇願した。この懇願にゴータマはなかなか首を縦に振らなかったが、三回に及ぶ懇願にやっと了承して説法をする決意をした。これはもちろん、伝説的な話だが「梵天勧請《ぼんてんかんじょう》」という仏教成立のきっかけを作った有名な話である。

◆最初の説法——仏教の基盤ができる

さて、説法を決意したブッダは最初に誰に説法するか思案した。難解な内容は誰でも理解することができず、最初の説法を聞いた相手がまた他者にその内容を告げる。だから、説法の相手はよほど能力の優れた者を厳選し、正確に伝わるようにしなければならない。そして、釈迦《しゃか》が最初の説法相手として白羽の矢を立てたのは、苦行を共にしていた五人の修行者だった。彼らなら説法の内容を正確に受け止めてくれると考えたのである。

かくして釈迦《しゃか》はふたたび苦行林に入っていったのである。遠くから近づいてくる釈《しゃ》迦《か》の姿を見た五人は、決して言葉を交わさないようにと再確認した。しかし、釈迦《しゃか》が近づいてくるに従って五人はしだいに気になりだした。

釈迦《しゃか》は全身が輝き、苦行時の姿とは全く別人のようだった。そして、遂に釈迦《しゃか》が目の前に立ったとき、五人は驚嘆の表情を浮かべ、茫然《ぼうぜん》自失の態《てい》で仰ぎ見た。そして、口をそろえて「ゴータマよ!」と叫んだ。すると釈迦《しゃか》は即座に遮って「私のことをそのように呼んではいけない! これからはブッダと呼ぶように!」と言った。この言葉を聞いた五人はゴータマが遂に偉大な悟りを開いたことを瞬時に理解した。そして、五人は合掌して立ち上がり、釈迦《しゃか》の説法が始まったのである。

以降、釈迦《しゃか》はインド各地を巡って説法をし、八十歳で亡くなるまでの四十五年間に実に多くの教えを説いた。その間、多くの人々が出家して弟子になり、やがて釈迦《しやか》の布教を手伝った。同時に多くの在家の信者を獲得して仏教は一大教団に発展した。

釈迦《しやか》はクシナガラという町で最期のときを迎えた。臨終に際しては多くの信者や弟子が参集して、別れを惜しんだ。その光景は「涅槃図《ねはんず》」として描かれ、沙羅双樹《しやらそうじゆ》の間に寝台を設え《しつら》、右脇腹を下にして横たわった釈迦《しやか》の周りに人々が集まり、禽獣《きんじゆう》や昆虫までもが悲しみを露わにしている様子が表されている。

◆お経のルーツ

釈迦《しやか》が生涯に説いた教えは昔から「八万四千の法門」といわれ、膨大な数に上る。はじめ、釈迦《しやか》（ブッダ）が語った内容は口伝だった。このころ文字はあったが、聖典のような貴い言葉は文字に留め《とど》ないというのが掟《おきて》だった。

しかし、口で伝えられているうちに間違って伝わる恐れがあった。そこで、釈迦《しやか》が亡くなってから三か月後に経典の編集会議が開かれた。

この会議を「結集《けつじゆう》」といい、インド各地から大勢の修行僧が集まり、自分たちが記憶している教えの内容をそれぞれ発表し、それが間違っていないかどうかを決めていた。会議は釈迦《しゃか》の高弟たちが主催し、進行役を務め、全会一致を原則として行われた。

最初の結集《けつじゅう》は第一結集《けつじゅう》といわれ、ここにお経の原形が整ったのである。その後、仏滅百年後、二百年後にも第二、第三の結集《けつじゅう》が行われ、二世紀には第四結集《けつじゅう》が行われたと伝えられている。

『法句経《ほっくきょう》』や『スッタニパータ』などの古い経典には釈迦《しゃか》の肉声に近いものが含まれていると考えられている。これら初期の経典は倫理的な色彩が強く、ドラマチックな内容でつづられた後の大乗《だいじょう》経典とは異質のものである。

そして、紀元前後に大乗《だいじょう》仏教が興ると、現在、寺院で読まれている『阿弥陀経《あみだきょう》』や『法華経《ほけきょう》』『般若心経《はんにゃしんぎょう》』といった大乗《だいじょう》経典が作られるようになった。これらは膨大な数に上るが、釈迦《しゃか》が亡くなってから七百年以上も経って作られたもので、もちろん、釈《しゃ》迦《か》の直説ではない。

しかし、大乗《だいじょう》経典も釈迦《しゃか》が説いた教えを踏襲しており、一般の人々にも分かり易い内容に仕立て上げられたものである。したがって、その中には諸行無常《しょぎょうむじょう》や諸法無我《しょほうむが》といった釈迦《しゃか》の思想の屋台骨に当たる部分はしっかりと盛り込んである。

◆阿弥陀如来《あみだにょらい》の出現

釈迦《しゃか》が亡くなってしばらくすると、釈迦《しゃか》以前にもブッダが存在したと考えられるようになった。前述したように、悟りとは世の中の真理の総体を発見したということだ。一＋一＝二も然《しか》り。たとえば、ピタゴラスの定理は釈迦《しゃか》と同時代に現れたギリシャの哲学者、数学者のピタゴラスが発見して証明した。しかし、その定理は悠久の過去から存在していた真理で、ピタゴラス以前にもそれを発見した人がいたかもしれない。

つまり、不易の真理は悠久の過去から、未来永劫《えいごう》にわたって厳然と存在し続ける。だから、釈迦《しゃか》のような極めて優秀な人物がいれば、過去にもそれを発見した（悟りを開いた）人がいるはずだ。このように考えられ、釈迦《しゃか》よりも以前に六人のブッダが現れたとされ、釈迦《しゃか》を含めて「過去《かこ》七仏《しちぶつ》」と呼ばれるようになった。さらに未来にもブッダが出現すると考えられた。その未来仏の代表が弥勒菩薩《みろくぼさつ》（弥勒仏《みろくぶつ》）である。

して、弥勒菩薩《みろくぼさつ》は釈迦《しゃか》が亡くなってから五十六億七千万年後にわれわれが住む娑《しゃ》
にやってきて、龍華樹《りゅうげじゅ》という木の下で悟りを開き、釈迦《しゃか》の救いに漏れた人々を
とされているのである。

釈迦が亡くなった後、仏弟子たちは釈迦と同じ厳しい修行をして悟りに至ろうとしていた。しかし、釈迦《しゃか》と同じ悟りの境地に至ることは至難の業で、ごく一握りの人しかその境地に達することができないと考えられた。そして、たとえ悟りの境地に達したとしても釈迦《しゃか》のように、人々を教え導き、救うなどという余力はとうてい残していなかったのである。

そこで、釈迦《しゃか》と同じ修行をして悟りを目指す人々に対して、批判的な立場をとる人々が大乗《だいじょう》仏教を標榜《ひょうぼう》して新しい道を求めるようになった。そして、出家して厳しい修行に耐えて悟りを目指す旧来の修行者たちを「小乗《しょうじょう》」と呼んで批判したのである。小乗《しょうじょう》、大乗《だいじょう》の「乗《じょう》」は彼岸《ひがん》（悟りの世界）に渡る乗り物の意味で、小乗《しょうじょう》は文字通り小さな乗り物、あるいは劣った乗り物の意味だ。これに対して自分たちは大きな乗り物を用意して大勢で渡って行くことを宣言したのだった。

したがって小乗《しょうじょう》仏教とは大乗《だいじょう》の人たちから浴びせられた蔑称《べっしょう》で、いまから百年あまり前、シカゴで開催された世界宗教者会議でこの言葉を使わない決議がなされた。今は、タイやミャンマー（ビルマ）、スリランカ（セイロン）の仏教は上座部《じょうざぶ》仏教と呼ばれている。

大乗《だいじょう》仏教とは仏教の大衆化運動と位置づけることができる。彼らはハードルを下げて悟りに至る様々な道を模索した。つまり、釈迦《しゃか》が説いた万人救済の教えに近づこうとしたのである。そして、その導き手として釈迦《しゃか》如来《にょらい》以外にも阿弥陀《あみだ》如来《にょらい》や薬師《やくし》如来《にょらい》、毘盧遮那《びるしゃな》如来《にょらい》、大日如来《だいにちにょらい》などのさまざまな如来《にょらい》が考え出された。

阿弥陀《あみだ》如来《にょらい》もこのようにして出現した如来《にょらい》なのである。大乗《だいじょう》経典は釈迦《しゃか》が説き手で、聞き手は阿難《あなん》や舎利弗《しゃりほつ》などの十大弟子という設定になっている。釈迦《しゃか》が阿弥陀《あみだ》如来《にょらい》の来歴や功徳を説き、その素晴らしさを讃嘆《さんたん》するというのが『仏説阿弥陀経《ぶっせつあみだきょう》』などの「浄土三部《じょうどさんぶ》」の内容である。

◆阿弥陀《あみだ》如来《にょらい》はどんな如来《にょらい》か

阿弥陀《あみだ》如来《にょらい》はサンスクリット語で「アミターバ」「アミターユス」という二つの名前を持っている。アミターバは「アミタ・アーバ」で、アミタは「計り知れない（無量）」、アーバは「光」の意味だ。つまり「計り知れない光明を発し続ける」というのがアミターバの意味で、無量光仏《むりょうこうぶつ》と訳される。

アミターユスは「アミタ・アーユス」で、アーユスは「寿命」の意味。「計り知れない、永遠の寿命を持つもの」という意味で、無量寿仏《むりょうじゅぶつ》と訳される。そして、二つ名前に共通するアミタを音写（サンスクリット語の発音を漢字の音で写すこと）して「阿《あ》弥陀仏《みだぶつ》（如来《にょらい》）」と呼ぶのだ。

阿弥陀如来《あみだにょらい》は常に西方極楽浄土《さいほうごくらくじょうど》にいて教えを説いているが、この如来《にょらい》の救済の力を信じ、その名を呼ぶ（念仏《ねんぶつ》する）人が臨終を迎えたとき、観音菩薩《かんのんぼさつ》と勢至菩薩《せいしぼさつ》をはじめとする大勢の菩薩《ぼさつ》を引き連れてその人のところに迎えに行き、極楽浄土《ごくらくじょうど》に連れ帰る。

さて、阿弥陀如来《あみだにょらい》は西から登場するのであるが、これにはいささか納得のいかない点がある。救世主は太陽の昇る方角（東）から現れるのがふつうだ。大乗《だいじょう》仏教で初期に登場した阿閦如来《あしゅくにょらい》は東から登場し、薬師如来《やくしにょらい》も東方浄瑠璃世界《とうほうじょうるりせかい》という浄土の主である。

これに対して西から現れた阿弥陀如来《あみだにょらい》は、キリスト教のメシア（救世主）と関係が深いと考えられている。つまり、キリスト教的なメシア思想が東に伝わって行き、これがインドで大乗《だいじょう》仏教と融合して生まれたのが阿弥陀如来《あみだにょらい》ではないかと考えられるのである。

それとともにキリスト教的な天国も伝えられた。しかし、その天国はエデンの園のような享楽に満ちた楽園だった。キリスト教の神話ではエデンの園は東方にあるとされているから、インドから見ると西にあたる。したがって、メシア思想とともに天国の観念が西方から伝えら、それを大乗仏教《だいじょう》が取り入れたと考えられているのだ。

しかし、キリスト教的天国は仏教の倫理観にそぐわない。そこで、キリスト教の天国を改造して仏教の倫理観にそったものにした。これが極楽浄土《ごくらくじょうど》である。キリスト教の天国では男女が酒を酌み交わし、饗宴《きょうえん》を愉《たの》しんで快楽の限りを尽くす。しかし、極《ごく》楽浄土《らくじょうど》は女性がいない世界だ。要するに、男女間の愛欲というもっとも御しがたい煩《ぼん》悩《のう》（欲望）がまったく起こらない世界なのだ。

「極楽《ごくらく》」といえば、人々が求める快楽の限りを尽くしたという意味に解される。しかし、その真の意味は快楽が尽きた世界。つまり、世俗的な快楽にはまったく興味がなくなる世界なのである。

人間はさまざまな欲望（煩悩《ぼんのう》）のために苦しむ。煩悩《ぼんのう》をすべて滅した世界が悟りの世界なのだが、われわれが住んでいる娑婆世界《しゃばせかい》（輪廻転生《りんねてんしょう》する迷いの世界）では煩悩《ぼんのう》はなくなるどころか、ますます増幅されるばかりだ。

しかし、阿弥陀如来《あみだにょらい》の導きで極楽浄土に連れて行ってもらえば、何もしなくても煩《ぼん》悩《のう》はどんどんなくなって行く。そして、間もなく悟りの世界に安住することができるのである。

◆阿弥陀《あみだ》の本願《ほんがん》とは

『大無量寿経《だいむりょうじゅきょう》』という経典には阿弥陀如来《あみだにょらい》の浄土について次のように説かれている。

遠い昔、錠光如来《じょうこうにょらい》という如来《にょらい》がこの世に現れて以来、五十三番目に現れた世自在王《せじざいおう》如来《にょらい》の世に、インドに一人の国王がいた。この王は世自在王如来《せじざいおうにょらい》の説法を聞いてたちまち仏教に帰依し、王位を捨てて一介の修行僧となった。王は法名《ほうみょう》を法蔵《ほうぞう》と名乗った。これが後の阿弥陀如来《あみだにょらい》である。

以来、法蔵比丘《ほうぞうびく》は修行に専念し、五劫《ごこう》という長いあいだどのような仏国土《ぶっこくど》（浄土《じょうど》）を建設しようかと思惟《しゆい》（熟慮）を重ねた。そして、この思惟《しゆい》の後、四十八《しじゅうはち》の大願《たいがん》をたて、これを成就して悟りを開いて如来《にょらい》（仏）となった。今から、一劫前のことと説かれている。

阿弥陀如来《あみだにょらい》は現在もわれわれの住む娑婆世界《しゃばせかい》のはるか西方にいて教えを説き続け、人々の臨終《りんじゅう》に際して救いにやって来てくれる。

◆四十八願《しじゅうはちがん》

阿弥陀《あみだ》の四十八願《しじゅうはちがん》のうち、日本の浄土宗《じょうどしゅう》や浄土真宗《じょうどしんしゅう》でとくに重要視されているのが、第十八願、第十九願、第二十願である。

第十八願

「私が仏になったあとにも、清らかな心で深く仏の教えを信じ、また念仏《ねんぶつ》を十回となえても極楽浄土《ごくらくじょうど》に往生することができない人がいたならば、私は悟りを開いて仏となることをやめよう。ただし、両親や高僧を殺すなどの五逆《ごぎゃく》の罪を犯したものは別である」（念仏往生願《ねんぶつおうじょうがん》）

第十九願

「私が仏となったのちにも、固く仏教を信じ、もろもろの善い行ないをした人の臨終《りんじゅう》に際して、私が弟子を連れてその人を迎えに行くことができなければ、私は仏になって悟りの境地に安住することをやめよう」（来迎引接願《らいごういんじょうがん》）

第二十願

「私が仏となったのちにも、南無阿弥陀仏《なむあみだぶつ》の名号《みょうごう》を聞いて極楽往生《ごくらくおうじょう》したいと願い、さまざまな功徳《くどく》を積んでも極楽往生《ごくらくおうじょう》できなければ、私は仏となることをやめよう」
(至心回向願《ししんえこうがん》)

このうち、第十八願は「王本願《おうほんがん》」といわれてとくに重視される。浄土宗《じょうどしゅう》の開祖法然《ほうねん》上人は第十八願を念仏をとなえれば誰でも往生できるとする「念仏往生《ねんぶつおうじょう》の願《がん》」、第十九願を臨終に際して必ず阿弥陀如来《あみだにょらい》があらわれるという「臨終現前《りんじゅうげんぜん》の願《がん》」、第二十願を人が三回生まれ変わるうちに、必ず阿弥陀如来《あみだにょらい》が救ってくれるという「三生果遂《さんしょうかすい》の願《がん》」と名づけて重視した。

また、浄土真宗《じょうどしんしゅう》の開祖親鸞上人《しんらんしょうにん》も第十八願を重視するが、親鸞《しんらん》の場合は五逆《ごぎゃく》の罪を犯したものでも往生《おうじょう》できると説く。

第十八願と第十九願に基づいて来迎《らいこう》の阿弥陀如来《あみだにょらい》が造られる。

そのほか主要な願には次のようなものがある。

第十一願

「国中の人・天(人間と神々)が悟りを開くことができなければ、仏にはならない」

第十二願

「慈悲の光明と寿命に限りがあるなら仏にはならない」

第十七願

「世界の諸仏が私を褒め称えることがなければ、仏にはならない」

第二十一願

「私が如来の三十二相をそなえることができないならば、仏にはならない」

第三十五願

「女人が往生できなければ仏にはならない」

◆浄土教《じょうどきょう》とは

日本では「浄土教《じょうどきょう》」というと浄土真宗《じょうどしんしゅう》や浄土宗《じょうどしゅう》と同一視される。しかし、浄土教《じょうどきょう》は紀元二世紀前後に『仏説阿弥陀経《ぶっせつあみだきょう》』をはじめとする経典を根拠として発展した、大乗《だいじょう》仏教の大きな流れである。浄土教《じょうどきょう》に基づいて日本で成立した宗派が浄土真宗《じょうどしんしゅう》や浄土《じょうど》宗《しゅう》なのだ。だから、阿弥陀如来《あみだにょらい》の信仰に基づく浄土教《じょうどきょう》の思想は、天台宗《てんだいしゅう》や真言宗《しんごんしゅう》など中国や日本の他の宗派にも取り入れられているのである。

インドで最初に浄土教《じょうどきょう》の思想を明らかにしたのは「八宗の祖」と崇《あが》められる龍樹《りゅうじゅ》である。彼は『十住毘婆沙論《じゅうじゅうびばしゃろん》』という経典の「易行品《いぎょうぼん》」の中で、ごく限られたエリートにしかできない難行道《なんぎょうどう》に対し、信心さえ持てば誰でも救われるとする易行道《いぎょうどう》を明らかにする。在家の能力の低い者も阿弥陀如来《あみだにょらい》の本願《ほんがん》を信じ、その名を称《とな》えれば（念仏《ねんぶつ》を称えれば）悟りの境地に達することができると説いた。続いてインドの天親《てんじん》（世親《せしん》）が『仏説無量寿経《ぶっせつむりょうじゅきょう》』の注釈である『浄土論《じょうどろん》』を著し、浄土教《じょうどきょう》の基盤を作った。

そして、中国では東晋の時代に廬山の慧遠《えおん》（三三四～四一六）が霊山として知られる廬山で念仏行を修し、人々にも広めた。慧遠《えおん》は四〇二年に白蓮社という念仏《ねんぶつ》の結社を作り、ここで百人以上の人が参集して、彼の指導のもと日々、念仏《ねんぶつ》を称えて浄土往《じょうどおう》生《じょう》を願ったという。この白蓮社が史上最初の浄土教《じょうどきょう》に基づく信仰の結社で、後の中国や日本の浄土教《じょうどきょう》に大きな影響をも与えている。

その後、中国では曇鸞《どんらん》が天親《てんじん》の『浄土論《じょうどろん》』の注釈である『浄土論注《じょうどろんちゅう》』を著し、他力の思想をとなえた。さらに道綽《どうしゃく》は『安楽集《あんらくしゅう》』の中で、仏教を「聖道門《しょうどうもん》」と「浄土門《じょうどもん》」に分け、五濁悪世《ごじょくあくせ》（暗黒の世の中）を生きる凡夫《ぼんぶ》は浄土門《じょうどもん》より他に救われる道はないと説いた。道綽《どうしゃく》の弟子の善導《ぜんどう》は『仏説観無量寿経《ぶっせつかんむりょうじゅきょう》』の注釈である『観無量寿経疏《かんむりょうじゅきょうしょ》』を著し、能力の低い者も念仏《ねんぶつ》によって往生《おうじょう》できると説いた。善導《ぜんどう》は浄土教《じょうどきょう》の大成者といわれ、法然《ほうねん》や親鸞《しんらん》にも多大な影響を与えた。

◆念仏《ねんぶつ》とは

念仏《ねんぶつ》というと、すぐに思い起こすのは「南無阿弥陀仏《なむあみだぶつ》」である。もちろん声に出して称える南無阿弥陀仏《なむあみだぶつ》は代表的な念仏《ねんぶつ》だが、静かに瞑想《めいそう》して仏を念ずるのが念仏《ねんぶつ》の本来の姿で、これを観念の念仏《ねんぶつ》といい、座禅と同じである。しかし、座禅を組んで仏を念ずることは出家の修行僧にはできても、在家の信者にはなかなか難しい。

そこで、中国では声を出して念仏《ねんぶつ》を称える称名念仏《しょうみょうねんぶつ》が盛んになり、これが大いに普及したのである。そして、中国では念仏《ねんぶつ》に緩やかな節をつけて歌う引声念仏《いんじょうねんぶつ》というものが盛んになった。日本にこの引声念仏《いんじょうねんぶつ》を伝えたのは第三代天台座主《てんだいざす》の慈覚大師《じかくだいし》円仁《えんにん》である。入唐《にっとう》した円仁《えんにん》は霊山として知られる五台山で普及していた引声念仏《いんじょうねんぶつ》を伝え、仁寿《にんじゅ》元年（八五二）に比叡山《ひえいざん》の西塔《さいとう》に常行三昧堂《じょうぎょうさんまいどう》を建てて、阿弥陀如来《あみだにょらい》の周りを引声《いんじょう》念仏《ねんぶつ》を称えながら右回りに回る常行三昧行《じょうぎょうさんまいぎょう》を始めた。

以降、京都の大原や真如堂、大阪の四天王寺《してんのうじ》などで盛んになり、念仏《ねんぶつ》といえば声を出して南無阿弥陀仏《なむあみだぶつ》を称えるのが一般的になったのである。

◆浄土真宗《じょうどしんしゅう》の七高僧《しちこうそう》

親鸞《しんらん》はインド、中国、日本にわたって念仏《ねんぶつ》の教えを説き、広めた七人の高僧を定めた。インドの龍樹菩薩《りゅうじゅぼさつ》、天親菩薩《てんじんぼさつ》、中国の曇鸞大師《どんらんだいし》、道綽大師《どうしゃくだいし》、善導大師《ぜんどうだいし》、日本の源《げん》信和尚《しんおしょう》、源空上人《げんくうしょうにん》（法然《ほうねん》）の七人である。

第一祖はインドの龍樹菩薩《りゅうじゅぼさつ》で二世紀から三世紀に南インドで活躍した学僧である。大乗《だいじょう》仏教の根幹を成す「空《くう》」の思想を説き、すべての大乗《だいじょう》仏教の基礎を確立したということから「八宗の祖」とされ、真言宗《しんごんしゅう》では龍猛《りゅうみょう》と呼ばれ、真言宗《しんごんしゅう》の開祖として敬われている。数々の著作があるが、浄土教《じょうどきょう》関係では『十住毘婆沙論《じゅうじゅうびばしゃろん》』『十二礼《じゅうにらい》』があり、『十住毘婆沙論《じゅうじゅうびばしゃろん》』の中で阿弥陀如来《あみだにょらい》を念じてその名を称えることによって誰でも往生《おうじょう》できる（悟りの境地に至ることができる）という「易行道《いぎょうどう》」を説き、浄土《じょうど》信仰の道を開いた。

第二祖の天親菩薩《てんじんぼさつ》は四世紀から五世紀に北インドで活躍した学僧で、世親《せしん》とも呼ばれる。はじめ、小乗《しょうじょう》仏教を学び、『倶舎論《くしゃろん》』を著して大乗《だいじょう》仏教を批判していたが、兄の無著《むちゃく》の勧めで大乗《だいじょう》仏教に転向した。夥《おびただ》しい数の注釈書や論書を著したが、中でも『唯識三十頌《ゆいしきさんじゅうじゅ》』などの中で、空《くう》と並んで大乗《だいじょう》仏教の思想の根幹を成す唯識《ゆいしき》思想を組織体系化し、後の法相宗《ほっそうしゅう》の基礎を作った。

さらに『仏説無量寿経《ぶっせつむりょうじゅきょう》』を注釈した『浄土論《じょうどろん》』を著し、阿弥陀如来《あみだにょらい》に一心に帰依すれば浄土往生《じょうどおうじょう》できると主張し、後の浄土教《じょうどきょう》発展の基礎を確立した。

第三祖は中国の曇鸞大師《どんらんだいし》（四七六～五四二）。彼は教学研究と修行に励んだことから病を得、不老長生の仙術（仙人になるための修行と術）の書を求めて各地の霊山を訪ねていたところ、インドからやって来た菩提流支三蔵《ぼだいるしさんぞう》に出会って浄土教《じょうどきょう》に帰依した。

天親《てんじん》の『浄土論《じょうどろん》』にさらなる注釈を施した『浄土論注《じょうどろんちゅう》』を著し、阿弥陀如来《あみだにょらい》の本願力《りき》（衆生《しゅじょう》を救う力）を他力《たりき》と位置づけ、浄土教《じょうどきょう》の大成者として高く評価されている。『浄土論注《じょうどろんちゅう》』は龍樹《りゅうじゅ》と天親《てんじん》の思想を結合させたもので、空《くう》の思想をもって浄土教《じょうどきょう》を教理的に基礎づけ、現在でも最も重視されている。

第四祖の道綽大師《どうしゃくだいし》（五六二～六四五）は『涅槃経《ねはんぎょう》』の学者として名を馳《は》せていたが、四十八歳のときに曇鸞《どんらん》が住した玄中寺を訪れ、曇鸞《どんらん》の事績を刻んだ碑文を見て感動し、浄土教《じょうどきょう》に転じた。以降、八十三歳で亡くなるまで日に七万遍の念仏《ねんぶつ》を称え、『観無量《かんむりょう》寿経《じゅきょう》』を二百回以上、講義したという。彼は念仏《ねんぶつ》の回数を数えるのに小豆《あずき》粒を用い、後に数珠《じゅず》で数えるようになった。今でも数珠《じゅず》を用いて念仏《ねんぶつ》の数を数えるが、これは道綽《どうしゃく》の考案によるものだ。

主著の『安楽集《あんらくしゅう》』は末法《まっぽう》の世（暗黒の世の中）で出家在家の区別なく救われるためには「南無阿弥陀仏《なむあみだぶつ》」を称える称名念仏《しょうみょうねんぶつ》による以外にないことを主張したもので、浄土教《じょうどきょう》独立の書とされている。また、彼は仏教をさまざまな修行を積んで悟りを目指す「聖道門《しょうどうもん》」と、念仏《ねんぶつ》だけで救われる「浄土門《じょうどもん》」に分け、悟りを開く（往生《おうじょう》する）には浄土門《じょうどもん》によるしかないと説いた。

第五祖の善導大師《ぜんどうだいし》（六一三〜六八一）は二十九歳のときに道綽《どうしゃく》の弟子になり、極楽《ごくらく》浄土《じょうど》の光景を描いた絵を見て感激し、『観無量寿経《かんむりょうじゅきょう》』に基づいて極楽浄土《ごくらくじょうど》の光景を観想する「十六観《じゅうろくかん》」という一種の瞑想《めいそう》法を編み出して、これを実践した。

主著の『観無量寿経《かんむりょうじゅきょう》』を注釈して『観無量寿経疏《かんむりょうじゅきょうしょ》』（『観経疏《かんぎょうしょ》』）を著し、この経典の真意は貴賤《きせん》や学徳の有無を問わずすべての人が救われることを主張したところにあると述べた。この『観経疏《かんぎょうしょ》』は日本の法然《ほうねん》や親鸞《しんらん》も重視し、後の浄土教《じょうどきょう》発展に多大な影響を与えた。

第六祖の源信和尚《げんしんおしょう》（九四二〜一〇一七）は幼くして比叡山《ひえいざん》に登り、比叡山《ひえいざん》中興の祖で第十八代天台座主《てんだいざす》になった良源《りょうげん》のもとで修行と勉学に励み、早くから頭角を現した。

比叡山《ひえいざん》の横川《よかわ》の恵心院《えしんいん》に住したことから、恵心僧都《えしんそうず》と呼ばれている。また、『源氏物語』に登場する横川《よかわ》の僧都《そうず》は源信《げんしん》をモデルにしているといわれている。

博覧強記で生涯に七十部、百五十巻の著作を著したが、中でも『往生要集《おうじようようしゆう》』はこの穢《けが》れた娑婆世界《しやばせかい》を厭《いと》い離れ（厭離穢土《おんりえど》）、極楽浄土《ごくらくじようど》に生まれることを希求すること（欣求浄土《ごんぐじようど》）の重要性を主張したもので、後の浄土《じようど》信仰に大きな影響を与えた。日本では早くから一〇五二年に末法《まつぼう》の世が始まると信じられており、平安末期の動乱期には人心が大いに動揺していた。源信《げんしん》が『往生要集《おうじようようしゆう》』を通じて混乱した社会に浄土《じようど》信仰を広めたことは、鎌倉新仏教の誕生に大きな役割を果たした。

第七祖は浄土宗《じようどしゆう》の開祖、源空上人《げんくうしようにん》（一一三三〜一二一二、法然《ほうねん》）。九歳で出家して、十三歳で比叡山《ひえいざん》に登って修行と勉学に邁進《まいしん》した。仏教経典を網羅した「一切経《いっさいきよう》」を五回、読破したが、なかなか理想の教えに出会うことができなかった。しかし、四十三歳のときに善導《ぜんどう》の『観経疏《かんぎようしよ》』の一文に出会って感銘を受け、念仏《ねんぶつ》信仰に専念するようになった。

主著の『選択本願念仏集《せんちやくほんがんねんぶつしゆう》』において、先《ま》ず念仏《ねんぶつ》を専らにする浄土門《じようどもん》を選び、そのための行（修行）をさまざまな修行をする「雑行」と念仏《ねんぶつ》のみを称える「正行」に分け、正行を選び取って念仏《ねんぶつ》に専念する専修念仏《せんじゆねんぶつ》の教えを明らかにした。

この書は事実上、浄土宗《じょうどしゅう》の開宗宣言の書とされ、インド、中国と盛んな信仰を集めた浄土教《じょうどきょう》に基づく宗派が、源空《げんくう》によってはじめて開かれた。

◆往生《おうじょう》と成仏《じょうぶつ》はどこが違うのか

「往生《おうじょう》」と「成仏《じょうぶつ》」という言葉は一般的にはどちらも死を意味する言葉として使われている。しかし、この両者は少し意味が異なる。

仏教は釈迦《しゃか》が悟りを開いてブッダとなり、教えを説いて人々を悟りの世界に導いて行くことを目的とした。悟りの世界に達すれば釈迦《しゃか》と同じブッダになることができると考えられ、これを仏（ブッダ）になること、すなわち「成仏《じょうぶつ》」というのである。

しかし、釈迦《しゃか》が亡くなった後、五百年も経てから興った大乗《だいじょう》仏教の時代になると、われわれが住む娑婆《しゃば》世《せ》界《かい》には導き手のブッダはいない。そこで、さまざまな仏国土《ぶっこくど》（浄土《じょうど》）が考え出されて、この世で死んだ後に浄土《じょうど》に生まれることが望まれたのである。最初に登場したのが阿弥陀如来《あみだにょらい》の西方極楽浄土《さいほうごくらくじょうど》で、そこに生まれることを「往生《おうじょう》」という。

われわれが住む娑婆《しゃば》世《せ》界《かい》は地獄《じごく》、餓鬼《がき》、畜生《ちくしょう》、修羅《しゅら》、人間、天《てん》の六道《ろくどう》（六つの世界）からなり、人は死んでもまた六道《ろくどう》のいずれかに生まれ変わる。これが輪廻転生《りんねてんしょう》で、これを繰り返している間は永遠に苦しむのである。

われわれが輪廻転生《りんねてんしょう》を繰り返すのはさまざまな煩悩《ぼんのう》（欲望）を持っているからである。すべての煩悩《ぼんのう》が無くなったとき、悟りの境地に達するのだが、この娑婆世界《しゃばせかい》にいる限りそれは不可能だ。しかし、浄土《じょうど》に往生《おうじょう》すれば二度と輪廻転生《りんねてんしょう》を繰り返す娑婆世界《しゃばせかい》に戻ることがない。そして、厳しい修行などしなくても見る見るうちに煩悩《ぼんのう》がなくなって行き、短期間に悟りの境地に達してブッダとなることができるという。

つまり、往生《おうじょう》することは絶対的な安全圏に逃れることで、そこに逃れることができれば誰でもすぐに成仏《じょうぶつ》することができるのである。

◆聖道門《しょうどうもん》と浄土門《じょうどもん》

先にも述べたとおり、道綽《どうしゃく》（36ページを参照）が釈迦《しゃか》の教えを大きく二つに分け、『安楽集《あんらくしゅう》』の中で説いたものである。

聖道門《しょうどうもん》は自力で修行して悟りの境地に至ろうとするもので、「自力門《じりきもん》」「難行道《なんぎょうどう》」ともいわれる。一方、他力の念仏《ねんぶつ》によって救われようとするのが浄土門《じょうどもん》である。自己の計らいを捨て、弥陀《みだ》の本願《ほんがん》を信じてひたすら念仏《ねんぶつ》を称《とな》えることによって極楽《ごくらく》に往生《おうじょう》することができるとするもので、「他力門《たりきもん》」「易行道《いぎょうどう》」とも呼ばれる。

聖道門《しょうどうもん》はもともと出家の修行者が歩む道で、戒律《かいりつ》を厳しく守り、厳しい修行に耐えて悟りを目指すものである。一方、浄土門《じょうどもん》は在家に向けられた道で、在家の仏教徒は修行に専念することができないので、ひたすら念仏《ねんぶつ》を称えて往生《おうじょう》を願うのである。

しかし、浄土教《じょうどきょう》が盛んになると、時代とともに人間の能力や資質が低下し、まして末法《まっぽう》の世には戒律《かいりつ》を守り、厳しい修行に耐えることのできる人はいなくなる。だから、道綽《どうしゃく》は出家、在家を問わず、浄土門《じょうどもん》に頼る以外に救われる道はないと説いた。日本では法然《ほうねん》が「三学《さんがく》の器《うつわ》に非《あら》ず」と説き、末法《まっぽう》の世では戒定慧《かいじょうえ》の三学を守って悟りを目指すことは不可能であり、ひたすら弥陀《みだ》の本願《ほんがん》を信じて念仏《ねんぶつ》を称える以外に救われる道はないとして、浄土門《じょうどもん》によるべきことを強調した。

親鸞《しんらん》は「自力といふは、わが身をたのみ、わがこころをたのむ、わが力をはげみ、わがさまざまの善根をたのむひとなり」（『一念多念証文《いちねんたねんしょうもん》』）といい、「他力《たりき》といふは如《にょ》来《らい》の本願力《ほんがんりき》なり」（『教行信証《きょうぎょうしんしょう》』）と言っている。

ここでいう他力《たりき》とは阿弥陀如来《あみだにょらい》がすべての衆生《しゅじょう》を極楽往生《ごくらくおうじょう》させるとの本願力《ほんがんりき》である。この本願力《ほんがんりき》からすれば、凡夫《ぼんぷ》（凡人）の自力は取るに足りないものだ。だから、いくら厳しい修行をしても自《おの》ずから限界がある。出家、在家を問わず、すべての衆生《しゅじょう》は弥《み》陀《だ》の本願力《ほんがんりき》に頼る以外に道はないのである。

コラム／大乗《だいじょう》と小乗《しょうじょう》に分かれた訳

釈迦《しゃか》が亡くなってからややしばらくの間、仏教徒たちは釈迦《しゃか》と同じように出家して厳しい修行に耐え、悟りを目指していた。しかし、悟りの境地に達することは至難の業で、ごく一握りの人しか悟りを開くことができない。そして、悟りの境地に達したとしても、釈迦《しゃか》のようにその悟りの内容を語って人々を救うという余力は残していなかった。

つまり、釈迦《しゃか》はエベレストに匹敵する山頂（悟りの世界）を目指し、しかもそれを直登ルートで成し遂げたようなものだった。釈迦《しゃか》の後に続いた仏弟子たちも、みなこの直登ルートで山頂を目指したが、登頂を果たすものはほとんどいなかったのである。

仏教では「自利利他《じりりた》」といい、自分のためになることと、他人のためになることがバランスよく行われることを理想とする。しかし、初期の仏教徒たちは自分が悟りの境地に至るための修行、つまり、自利行《じりぎょう》に専念するばかりで利他行《りたぎょう》を行う余裕がなくなってしまったのである。

これに対して、在家の信者や改革派の仏教徒から批判が沸き起こった。つまり、釈迦《しゃか》は万人救済の教えを説いたのに、ごく一握りの人しか救われないのでは、その教えに反すると主張したのである。彼らは修行のハードルを低くして、個人個人の能力にあった道を模索し始めた。もちろん、浄土教《じょうどきょう》もその一つである。

それまでの直登ルートではなく、さまざまなルートを考え、能力の如何《いかん》に拘わらず、誰でも登頂できるルートを切り拓《ひら》いた。そして、彼らは自らのルートを「大乗《だいじょう》」といって自負し、それまでの直登ルートをアタックする人々には「小乗《しょうじょう》」という蔑称を与えたのである。

「乗《じょう》」は乗り物のことで、大乗《だいじょう》は「大きな乗り物、優れた乗り物」の意味。小乗《しょうじょう》は「小さな乗り物、劣った乗り物」という意味である。そして、多くのルートを開拓した大乗《だいじょう》仏教は多くの宗派に分かれることになったのである。

ちなみに、蔑称としての小乗《しょうじょう》という呼称は正式には用いないことになっている。一九世紀の末にアメリカのシカゴで開かれた世界宗教者会議の席上、スリランカの代表が小乗《しょうじょう》という蔑称を使わないようにと提案した。この提案は全会一致で採択され、以降は「上座部《じょうざぶ》仏教」と呼ばれるようになったのである。

コラム／二つの名前を持つ阿弥陀如来《あみだにょらい》

阿弥陀如来《あみだにょらい》は「無量寿仏《むりょうじゅぶつ》（如来《にょらい》）」「無量光仏《むりょうこうぶつ》（如来《にょらい》）」という二つの名前を持つ。前者はサンスクリット語で「アミターユス」後者は「アミターバ」という。

詳しくはアミタ・アーユス、アミタ・アーバで、アミタは「計り知れない無量」、アーユスは「寿命」、アーバは「光明」という意味である。つまり、計り知れない永遠の寿命を保ち、計り知れない慈悲の光明を放って衆《しゅ》生《じょう》を救ってくれる如来《にょらい》（ブッダ）という意味である。その二つの名前が共有するアミタを音写して、「阿弥陀《あみだ》」というのである。

また、寺院の本堂などの前面には扁額《へんがく》が掲げられているが、その扁額の文字を見ただけで堂内の本尊が分かる。たとえば、「補陀落《ふだらく》」と書かれていれば、観音菩薩《かんのんぼさつ》である。補陀落《ふだらく》は観音《かんのん》の浄土《じょうど》の名である。また「瑠璃殿《るりでん》」と書かれていれば、薬師如来《やくしにょらい》で、薬師如来《やくしにょらい》の浄土《じょうど》、東方浄瑠璃世界《とうほうじょうるりせかい》の意味である。そして「無量寿《むりょうじゅ》」「無量光《むりょうこう》」と書かれていれば堂内の本尊はもちろん阿弥陀如来《あみだにょらい》である。

また、浄土系の寺院では無量寺《むりょうじ》、無量光院《むりょうこういん》などという阿弥陀如来《あみだにょらい》の名前そのものを寺号にしていることも少なくない。

第二章　親鸞《しんらん》の生涯と教え

◆比叡山《ひえいざん》で出家

承安《しょうあん》三年（一一七三）、親鸞《しんらん》は京都郊外の醍醐寺《だいごじ》の近くの日野というところで生まれた。父は日野有範《ひのありのり》という貴族で、この地を所領としていた日野家が平安時代のはじめに最澄《さいちょう》を開山に招いて法界寺《ほっかいじ》という菩提寺《ぼだいじ》を創建した。このあたりが日野氏の所領で、親鸞《しんらん》の生家は今の法界寺《ほっかいじ》に隣接していたと考えられ、後に生家と思《おぼ》しき場所に誕生院という寺院が建立され、親鸞《しんらん》の聖跡になっている。また、法界寺《ほっかいじ》内には国宝の阿《あ》弥陀堂《みだどう》と阿弥陀如来仏《あみだにょらいぶつ》があることでも知られている。

もともと日野氏は藤原北家の血統をひく有力貴族だったが、親鸞《しんらん》が生まれたころにはすっかり没落し、下級貴族に成り下がっていたのである。しかも、武士が台頭して公家の勢力は日に日に弱まりつつあった。

貴族社会の崩壊、一族の衰退。父有範はそんな状況に見切りをつけて親鸞《しんらん》とその三人の弟を連れて出家することにした。将来性のない貴族の身分を捨て、子どもたちの仏教界での栄達に望みを託したのである。そして、有範《ありのり》自身も世俗を離れて残された人生を静かに過ごそうと考えたのだろう。仏教界も門閥《もんばつ》と無縁ではなかったが、修学を積めば生きていく糧を得ることはできる。衰退の一途をたどる下級貴族でいるよりは、まだ望みがあった。

このように、出家は親鸞《しんらん》の意思ではなかったが、兎《と》にも角にも九歳のとき、京都の青蓮院で出家した。青蓮院は天台三門跡の一つで、比叡山《ひえいざん》に登る者はここで出家するのが習わしになっていた。親鸞《しんらん》は当時の門主で天台座主《てんだいざす》を四度も務めた高僧、慈円《じえん》の導きで出家したのだった。

明日ありと思う心のあだ桜
　夜半の嵐の吹かぬものかは

出家に際して親鸞《しんらん》が詠んだという和歌だ。この歌をほんとうに九歳の親鸞《しんらん》が詠んだかどうかは分からない。ただし、時代の趨勢《すうせい》で思わぬ進路に向かうことになった、親鸞《しんらん》の複雑な心境を良く言い当てている。

青蓮院で出家した親鸞《しんらん》はその後、比叡山《ひえいざん》に登った。そして数年の見習期間を過ごし、堂僧という身分を与えられる。堂僧とは文字どおりお堂に奉仕《ほうし》する僧侶《そうりょ》で、比叡山《ひえいざん》中に点在するお堂で修行者の世話をする雑用係といったところだ。堂僧は修行と学問に専念する学生、つまり、本流を行く修行僧とは全く異なる立場だった。

親鸞《しんらん》は比叡山《ひえいざん》東塔にある常行堂というお堂の堂僧となった。常行堂は、阿弥陀如来《あみだにょらい》像の回りを念仏《ねんぶつ》を唱えながら回る常行三昧行《じょうぎょうざんまいぎょう》を行なう場所である。常行三昧行《じょうぎょうざんまいぎょう》は中国の天台大師智顗《ちぎ》がはじめたといわれるもので、九十日間に及ぶ厳しい修行だった。この行を行なうことによって天台宗《てんだいしゅう》では一人前の僧侶《そうりょ》と認められたのである。

親鸞《しんらん》はお堂に献花や灯明を灯《とも》したり、行者の入堂のときに声明《しょうみょう》や念仏《ねんぶつ》を唱えたりして、修行者の世話をしていたのだった。堂僧という立場は仏教界での出世栄達とは程遠く、しかも俗界を超越したはずの比叡山《ひえいざん》にあっても、門閥《もんばつ》などの世俗の価値が付きまとった。時間の経過とともに親鸞《しんらん》はそのことを痛感したに違いない。また、当時の比叡山《ひえいざん》は世俗の政治権力にも迎合し、僧兵が跋扈《ばっこ》して内部においても権力闘争が絶えなかった。そんな比叡山《ひえいざん》は親鸞《しんらん》にとって居心地の良い場所ではなかっただろう。

しかしながら、親鸞《しんらん》は堂僧として忙しく立ち働く合間に天台の教えにも触れ、さまざまな経典を読む機会もあり、学生たちに教えを請うこともあっただろう。そして、間近で常行三昧行《じょうぎょうざんまいぎょう》に接したことで、念仏《ねんぶつ》にも親しむことができた。このことはその後の彼の進路に大きな影響を与えることになった。

十数年の長きにわたって堂僧を務めた親鸞《しんらん》は、二十九歳のとき山を下りることを決意する。堂僧をしていれば僧侶《そうりょ》としての出世はできないが、生活には不自由しない。親鸞《しんらん》がなぜそのような決意をしたのか真相は分からない。そんな堂僧の身分を捨てて下山を決意したことには、比叡山《ひえいざん》でほとんど独学で学んだ、仏教の神髄を自分なりに究めたいとの強い思いがあったのかもしれない。

◆六角堂《ろっかくどう》に籠《こも》る

確たる目標もなく比叡山《ひえいざん》を下りた親鸞《しんらん》は京都烏丸《からすま》の六角堂《ろっかくどう》に行き、ここで参籠《さんろう》することにした。建仁《けんにん》元年（一二〇一）正月のことだった。六角堂《ろっかくどう》は聖徳太子《しょうとくたいし》が建立したとされるお堂で、西国三十三観音霊場の一つとして盛んな信仰を集め、人々が引きも切らずに参籠していた。参籠とは何日も寺社に籠《こも》って神仏を崇《あが》め、その加護やお告げを授かることを目的としたもので、古くはこの方法が参詣《さんけい》として一般的だった。

参籠《さんろう》を始めてから九十五日目の深夜、本尊の救世観音《ぐぜかんのん》が白い衣を着た聖僧の姿であらわれ、親鸞《しんらん》に次のように告げたという。

「行者《ぎょうじゃ》、宿報《しゅくほう》にて設《たと》い女犯《にょぼん》すとも、我《われ》、玉女《ぎょくにょ》の身となりて犯《ほん》せられん。一生の間能《よ》く荘厳《しょうごん》して、臨終《りんじゅう》に引導《いんどう》して極楽《ごくらく》に生《しょう》ぜしめん」

女犯戒《にょぼんかい》とは女性との交わりを禁じた仏教の戒律《かいりつ》で、最も厳格に守られるべきものだ。しかし、阿弥陀如来《あみだにょらい》は限りない慈悲の力でそれを犯しても、極楽往生《ごくらくおうじょう》を遂げさせてくれるというのである。

救世観音《ぐぜかんのん》はこの言葉を一切の衆生《しゅじょう》に伝えるように命じ、親鸞《しんらん》が復命して数千万の衆《しゅ》生《じょう》にそれを説き聞かせようとしたときに目が醒《さ》めたという。聖徳太子《しょうとくたいし》は救世観音《ぐぜかんのん》の化身とされ、もともと、聖徳太子を崇敬していた親鸞《しんらん》はますます太子に対する信仰を強めたのだった。

女犯戒《にょぼんかい》と言ってもこれを現実に守ることは難しい。しかも、当時は「せぬは仏、かくすは上人」という言葉が囁《ささや》かれる通り、世に高僧と言われるほどの僧侶《そうりょ》でも女犯戒《にょぼんかい》を厳格に守る者は多くはなかった。まして、妻帯している在家のものにこの戒律《かいりつ》が守られるはずがない。親鸞《しんらん》はそんな現実に生きる衆生《しゅじょう》をどうやって救うかについて大いに悩んだに違いない。救世観音《ぐぜかんのん》の夢告はそのような親鸞《しんらん》の悩みを一気に解消するものだった。同時に親鸞《しんらん》はすべての衆生《じゅじょう》を極楽往生《ごくらくおうじょう》させるという阿弥陀如来《あみだにょらい》の本願《ほんがん》を確信したのだった。

◆法然《ほうねん》との出会い

朝が来ると、親鸞《しんらん》は六角堂《ろっかくどう》を出て迷うことなく東山吉水《ひがしやまよしみず》の法然《ほうねん》の元へ向かった。このとき、法然《ほうねん》は六十九歳、親鸞《しんらん》は二十九歳。法然《ほうねん》が吉水《よしみず》に草庵《そうあん》を結んでから二十五年目のことで、法然《ほうねん》の名声は世に広く聞こえていた。平安末期から盛んになった浄土《じょうど》信仰は破竹の勢いで広がり、このころまさに佳境に入っていた。法然《ほうねん》の元には老若男女貴賤《きせん》を問わず、実に多くの人々が帰依していたのである。

法然《ほうねん》は先ず初対面の親鸞《しんらん》に仏教についての考えを語るように促す。応じた親鸞《しんらん》はそれまで比叡山《ひえいざん》で学んできた天台の教義などを子細に述べた。親鸞《しんらん》の話を聞き終わった法然《ほうねん》は、親鸞《しんらん》が述べた仏教の教義は自力聖道門《じりきしょうどうもん》の教えであると断じた。そして、自らが主唱する他力浄土門《たりきじょうどもん》について具《つぶさ》に語って聞かせたという。

法然《ほうねん》は末法《まっぽう》の世では雑行（自力《じりき》の修行）を捨てて、他力浄土門《たりきじょうどもん》による以外に救われる道はないと説いた。そして、その行はすでに遠い昔に阿弥陀如来《あみだにょらい》によって完璧《かんぺき》に整えられているのであり、唐（中国）の浄土教《じょうどきょう》の開拓者道綽《どうしゃく》や、その大成者とされる善導《ぜんどう》をはじめ、日本の源信《げんしん》などはみな一代の学問や修行を捨てて、念仏《ねんぶつ》によってのみ救われることを確信した。そんな素晴らしい道が用意されているのに、どうして自力《じりき》の聖道門《しょうどうもん》に頼る必要があるのだろうか。

法然《ほうねん》の教えを聞いた親鸞《しんらん》は他力浄土門《たりきじょうどもん》の教義を即座に体得し、直ちに弥陀《みだ》の本願《ほんがん》に帰依《きえ》して法然《ほうねん》の弟子となったのである。このとき、法然《ほうねん》は親鸞《しんらん》に綽空《しゃっくう》という法名《ほうみょう》を授けた。唐の道綽《どうしゃく》の「綽」と、法然《ほうねん》の諱《いみな》である源空《げんくう》の「空」をとった名である。

◆越後《えちご》に流される

法然《ほうねん》は親鸞《しんらん》の類希《たぐいまれ》な才能と信心の深さを認め、早くから後継者の一人として重用した。そして、入門わずか四年目の元久《げんきゅう》二年（一二〇五）には、『選択集《せんちゃくしゅう》』の書写と真影（法然《ほうねん》の画像）の描写を許されている。『選択集《せんちゃくしゅう》』は法然《ほうねん》が曲解されることを恐れ、信頼の置けるごく限られた弟子にしか披瀝《ひれき》や書写を許さなかった秘中の書である。その書写を許されたことは親鸞《しんらん》が師から正式に後継者として認められたことに他ならなかった。そして、これを機に法然《ほうねん》は親鸞《しんらん》に善信《ぜんしん》という法名《ほうみょう》を授けた。浄土教《じょうどきょう》の大成者、善導《ぜんどう》と『往生要集《おうじょうようしゅう》』の著者で、日本における浄土《じょうど》信仰の基盤を築いた源信《げんしん》から一字ずつをとった名である。

しかし、この年、法然《ほうねん》一門に思わぬ災難が降りかかってきた。そのころ、法然《ほうねん》の専《せん》修念仏《じゅねんぶつ》は破竹の快進撃を続け、まるで熱病のように広まっていた。これに対して南都仏教（奈良時代から続く仏教宗派）や天台宗《てんだいしゅう》などの既成の宗派が警戒心を強め、元久《げんきゅう》二年（一二〇五）比叡山《ひえいざん》の衆徒（僧兵）が天台座主《てんだいざす》に念仏《ねんぶつ》の停止を迫った。

これに対して法然《ほうねん》は「七箇条起請文《しちかじょうきしょうもん》」を作り、百九十名の弟子が連署して天台座主《てんだいざす》に差し出した。この中で法然《ほうねん》は念仏《ねんぶつ》が決して国土を乱すものではないことを主張し、天台座主《てんだいざす》もこれを了承して事件は落着した。

しかし、興福寺《こうふくじ》の僧兵などが比叡山《ひえいざん》の処置は手緩《てぬる》いとして、念仏《ねんぶつ》の停止と法然《ほうねん》の処刑を求める奏上文を提出した。これに対して、朝廷は即座には対応しなかったが、その後、安楽《あんらく》と住蓮という法然《ほうねん》の高弟が、後鳥羽上皇に仕える宮中の女官二人を出家させるという事件を起こした。

折しも後鳥羽《ごとば》上皇は熊野行幸して、留守中だった。女官を無断で出家させたことで、上皇の逆鱗《げきりん》に触れ、ついに念仏停止《ねんぶつちょうじ》の命が下った。手引きをした安楽《あんらく》と住蓮《じゅうれん》は死罪という厳しい処分が行われた。そして、法然《ほうねん》上人と高弟八人が連座して流罪となり、親《しん》鸞《らん》は越後《えちご》（新潟）に流されることになった。これを「承元《じょうげん》の法難《ほうなん》」と呼んでいる。

◆妻帯することは理想だった

承元《じょうげん》の法難《ほうなん》のとき、親鸞《しんらん》は入門六年目で、二百人近くいた法然《ほうねん》の弟子の中では中程度の序列だったことが知られている。弟子の中でもあまり高位でもなかった親鸞《しんらん》がなぜ八人の流罪犯に加えられたのか。これについては、さまざまな見方がある。

一つには「絶対他力《ぜったいたりき》」を説いたことで法然《ほうねん》の弟子の中でもかなり目立つ存在だったのだろう。また、このころの親鸞《しんらん》はすでに妻帯しており、それを公言して憚《はばか》らなかったことが官憲の忌憚《きたん》に触れ、流罪のリストに挙がったとも考えられる。

事実、このころの親鸞《しんらん》には妻があり、長子善鸞《ぜんらん》をもうけており、彼らを伴って越後《えちご》に赴いたことは確実と見られている。かつて、親鸞《しんらん》は六角堂《ろっかくどう》で救世観音《ぐぜかんのん》から女犯戒《にょぼんかい》を犯しても極楽往生《ごくらくおうじょう》は可能であるとの夢告を授けられ、さらに法然《ほうねん》の元に参じてその是非を尋ねた。

このとき、法然《ほうねん》は「聖《ひじり》であって念仏《ねんぶつ》できないのであれば、妻帯して念仏《ねんぶつ》せよ」と言い切った。法然《ほうねん》は親鸞《しんらん》が妻帯することに両手を挙げて賛成したと考えられる。法然《ほうねん》は在家の人々に向かって教えを説いたが、剃髪《ていはつ》して妻帯していない出家者（僧侶《そうりょ》）が肉食妻帯《じきさいたい》する在家の人々も平等に極楽往生《ごくらくおうじょう》できると説いても説得力がない。

肉食妻帯《にくじきさいたい》する在家のものには、親鸞《しんらん》が「女犯《にょぼん》」に悩んだように破戒《はかい》の負い目がある。出家の僧侶《そうりょ》がいくら阿弥陀如来《あみだにょらい》は出家、在家の別なく極楽往生《ごくらくおうじょう》を約束してくれていると説いても、超俗の出家者は救われるだろうが、肉食妻帯《にくじきさいたい》している在家のものがはたして救われるのだろうか、という疑問を持つものも出て来る。そんな疑問を払拭《ふっしょく》するためには、自らが妻帯して在家と同じ立場で念仏《ねんぶつ》を勧めるよりほかに手だてはない。

師のお墨付きをもらった親鸞《しんらん》は越後《えちご》で正式に恵信尼《えしんに》と結婚した。越後《えちご》での流罪生活がどのようなものだったかは定かではない。しかし、四年ほどの流罪生活の中で、彼は非僧非俗《ひそうひぞく》という独自の立場で生きることを決意したに違いない。

大化《たいか》の改新《かいしん》以来の「僧尼令《そうにれい》」によれば、僧は還俗《げんぞく》させてから流罪にする規定になっていた。親鸞《しんらん》も還俗《げんぞく》させられて俗人となり、その上、名前も藤井善信《よしざね》という俗名《ぞくみょう》を与えられた。

このことに親鸞《しんらん》は強い憤《いきどお》りを感じ、その心情を『教行信証《きょうぎょうしんしょう》』の中で「しかれば已《すで》に僧に非《あら》ず、俗に非《あら》ず、是の故に禿《とく》の字をもって姓となす」と述べ非僧非俗《ひそうひぞく》の立場を明らかにしたのだ。

◆流罪を解かれて

建暦《けんりやく》元年（一二一一）十一月、流罪を解かれた親鸞《しんらん》は雪解けを待って越後《えちご》を後にした。放免になれば僧籍に復することもでき、帰洛《きらく》も可能だった。しかし、先に述べたように国家に強い不満を持ち、非僧非俗《ひそうひぞく》で生きることを宣言した親鸞《しんらん》にとって、僧籍に戻る気持ちはさらさらなかった。

そんな折しも、親鸞《しんらん》の元に訃報《ふほう》が舞い込んだ。京都で法然《ほうねん》が亡くなったのである。訃報に触れた親鸞《しんらん》には都に行って師の墓前に参りたいという気持ちは強かったに違いない。しかし、幼子を抱えての京都までの道程は余りにも遠かった。しかも、京都にはあの忌まわしい承元《じょうげん》の法難《ほうなん》の記憶が未《いま》だ鮮烈に残っている。師がいない今となっては、京都は余り足を向けたくない土地だったのかもしれない。

そこで、親鸞《しんらん》一家は先《ま》ず信濃《しなの》（長野県）の善光寺《ぜんこうじ》に向かうことにした。善光寺《ぜんこうじ》の本尊、絶対秘仏の阿弥陀如来《あみだにょらい》は生身の弥陀《みだ》と呼ばれて盛んに信仰されていた。親鸞《しんらん》に前々から、この浄土《じょうど》信仰の中枢に参詣《さんけい》したいという願いがあったことは容易に想像がつく。それに加えて、この聖地で法然《ほうねん》上人の菩提《ぼだい》を弔いたいという気持ちが強かったのかもしれない。いずれにしても親鸞《しんらん》一家は善光寺《ぜんこうじ》に赴き、ここに二年ほど留《とど》まった。

善光寺《ぜんこうじ》にしばらく滞在した後、親鸞《しんらん》は関東（坂東）に向かった。彼がなぜ関東に向かったのか、その理由は定かではない。しかし、『親鸞伝絵《しんらんでんえ》』は流刑地に向かう親鸞《しんらん》の言葉を次のように伝えている。

「大師聖人源空若《もし》流刑に処せられたまはずば、我もまた配所に赴哉《おもむかんや》。もしわれ配所に赴《おもむ》かずば、何に由《より》てか辺鄙《へんぴ》の群類を化せむ。これ猶師教の恩到也」

流刑を契機に親鸞《しんらん》は「辺鄙《へんぴ》の群類を化（教化）」するという使命感を強く持つようになる。つまり、辺境の地で貧しい生活に喘《あえ》ぎ、飢饉《ききん》や疫病、天変地異などに慄《おのの》く大勢の人々を教え導きたいという気持ちを強くしたのである。このころ天候不順などから各地が飢饉に見舞われていたが、とりわけ関東（坂東）では餓死者が続出する悲惨な状態が続いていたという。そんな情報が親鸞《しんらん》の使命感に火を点《つ》け、関東へと駆りたてたのかもしれない。

関東に赴いた親鸞《しんらん》は文字通り民衆の中に飛び込んで、まさに「群類の教化」に全力を傾けた。彼が活動の拠点としたのは常陸国《ひたちのくに》稲田郷（茨城県笠間市）だった。この地に草庵《そうあん》を構えた親鸞《しんらん》は、日々念仏《ねんぶつ》の信仰を人々に勧めた。この稲田時代に親鸞《しんらん》が多くの信者を獲得し、すでに真宗教団の萌芽《ほうが》があったものと考えられる。

人々を教化する傍ら、主著である『教行信証《きょうぎょうしんしょう》』の執筆を続け、元仁《げんにん》元年（一二二四）には一応の完成を見た。親鸞《しんらん》が五十二歳のときのことだった。後世、浄土真宗《じょうどしんしゅう》ではこのときをもって立教開宗の年とする。ただし、親鸞《しんらん》自身には一宗派を開こうなどという気持ちは毛頭なかった。ただただ、群類の教化に専念するという気概に燃えていたのだった。

◆京都に帰る

嘉禎《かてい》元年（一二三五）の秋、親鸞《しんらん》は関東での二十年余りの布教活動に終止符を打ち、生まれ故郷の京都に帰る決意をした。還暦を過ぎた親鸞《しんらん》がなぜ京都に向かったのか、はっきりしたことは分からない。関東での布教は大きな成果を上げ、浄土の深意をまとめた『教行信証《きょうぎょうしんしょう》』も一応の完成を見たことで、区切りのついたことが彼を故郷に向かわせたのかもしれない。あるいは、『歎異抄《たんにしょう》』に「弟子一人も持たず」という言葉があるように、親鸞《しんらん》は同朋同行《どうぼうどうぎょう》を標榜《ひょうぼう》して師弟関係ではなく皆等しい間柄で救い、救われることを理想とした。しかし、稲田では多くの人々が親鸞《しんらん》を慕って集まり、次第に師と仰ぐようになった。そのことを嫌って京都に逃れたのかもしれない。

いずれにしても親鸞《しんらん》はさまざまな思いを胸に単身、京都に戻った。そして帰洛《きらく》してすぐに、毎月二十五日の法然《ほうねん》上人の月命日《つきめいにち》に法要を営むよう、人々に声を掛けたという(『正明伝《しょうみょうでん》』)。このころ、都では法然《ほうねん》の浄土宗《じょうどしゅう》は存亡の危機にあった。承元《じょうげん》の法難《ほうなん》以来、朝廷が念仏《ねんぶつ》に対して厳しい態度で臨んだことがその一因だった。

『親鸞上人伝絵《しんらんしょうにんでんえ》』には京都での親鸞《しんらん》の様子を「(親鸞《しんらん》上人は)都においては定住を好まれず、右京や左京の諸方を転々と」したといい、「あるときは二条富小路、あるときは一条柳原、または岡崎や吉水の近くにも身を隠して」(『正明伝《しょうみょうでん》』)と記されている。この記述から承元《じょうげん》の法難《ほうなん》から三十年近く経っても未だ京都では念仏《ねんぶつ》を進めることが難しく、親鸞《しんらん》も表立った行動がし辛《づら》く、居所を転々としたのではないかと窺《うかが》える。

そんな事情もあってか、帰洛《きらく》から十七、八年の間は関東の同朋《どうぼう》たちとも没交渉になっていた。おそらく手紙のやり取りも厳しい状態で、関東の同朋《どうぼう》には親鸞《しんらん》の所在も知られていなかったのではないか。そして、妻の恵信尼《えしんに》は子どもたちを連れて郷里の新潟に身を寄せ、親鸞《しんらん》の元には末娘の覚信《かくしん》だけが残った。このような状況の中で、親鸞《しんらん》は『教行信証《きょうぎょうしんしょう》』の手直しをはじめ、著作に専念していたという。京都での生活は赤貧洗うがごときものだったというが、精神面では非常に充実した日々を過ごしていた。そのことは京都時代に書き上げた著作の数からも窺うことができる。

◆善鸞《ぜんらん》義絶事件

八十歳を間近にしたころ（建長年間）から、関東の同朋《どうぼう》との手紙のやり取りが再開した。しかし、京都で親鸞《しんらん》が著作に没頭している間に関東では思いもかけない問題が進展していた。

『歎異抄《たんにしょう》』の冒頭にも「善人なおもて往生《おうじょう》をとぐ、況《いわ》ん や悪人をや」という有名な言葉があるように、親鸞《しんらん》の教えにはしばしば常識を覆すよう逆説的なものが少なくない。このことが、同朋《どうぼう》たちの間にさまざまな異解を生ずる結果となったのである。『歎異《たんに》抄《しょう》』自体、弟子の唯円《ゆいえん》が異解を「歎いて」著したものだった。

関東を中心とする同朋《どうぼう》からさまざまな疑問が寄せられ、親鸞《しんらん》はそれらに事細かに答えていた。書簡は疑問を呈した個人に宛てられたというよりも、多くの人々が回覧できるような体裁になっているものが多い。事の重大性を憂慮した親鸞《しんらん》は、いわば公開回答状を認《したた》めて同朋《どうぼう》たちを正しい方向に導こうとしていたのだ。

そんな親鸞《しんらん》の努力にもかかわらず、異解の問題はますますエスカレートし、同朋《どうぼう》たちの間に大きな確執を生むようになった。もはや手紙のやり取りだけでは事態の収拾はできないと考えた親鸞《しんらん》は、息子の善鸞《ぜんらん》を名代として関東に派遣することにした。ところが、その善鸞《ぜんらん》自身が思いもよらない問題を引き起こすことになったのである。

関東に下った善鸞《ぜんらん》は始めのうちは父の教えを同朋《どうぼう》たちに忠実に伝え、異解や邪義をひとつずつ丁寧に正していった。しかし、同朋《どうぼう》たちとのやり取りの中で、善鸞《ぜんらん》は父の権威に基づいた言葉をしだいに自分自身の言葉と錯覚するようになった。その発言は軌道を外れ、しばしば親鸞《しんらん》の教えにないことも口にするようになった。そして、終《しま》いには自分だけが父から授かった秘事の法門があるなどと言って、自ら邪義を唱えるようになった。

このような善鸞《ぜんらん》の言動に同朋《どうぼう》たちは動揺し、関東の教団は大混乱に陥った。そして、親鸞《しんらん》はこの混乱を収拾するためには、もはや善鸞《ぜんらん》を義絶する以外に道はないと考えたのである。

「今は、親ということあるべからず、子と思ふこと、思ひ切りたり。三宝神明に申しきりおわりぬ。悲しきことなり」

『善鸞《ぜんらん》義絶状』に吐露された親鸞《しんらん》の心情である。ときに康元《こうげん》元年（一二五六）、親鸞《しんらん》八十四歳。まさに苦渋の決断だった。

◆遺骸《いがい》は魚に与えよ

波乱万丈の生涯を送った親鸞《しんらん》。最後の十年に善鸞《ぜんらん》の義絶という大きな波乱が押し寄せた。しかし、その後は念仏三昧《ねんぶつざんまい》の静かな日々を過ごしたと伝えられている。そして、弘長《こうちょう》二年（一二六二）十一月二十八日、親鸞《しんらん》は九十歳で生涯を閉じた。この時代にあっては異例の長命、まさに天寿を全うした。『親鸞上人伝絵《しんらんしょうにんでんえ》』は臨終のときの様子を次のように伝えている。

聖人、弘長二歳壬戌《みずのえいぬ》仲冬下旬の候より、聊か《いささ》不例の気まします。自爾以来、口に世事を交えず、ただ仏恩の深き事をのぶ、声に余言を呈せず、もはら称名たゆることなし。而同第八日午時、頭北面西右脇に臥たまひ、ついに念仏《ねんぶつ》の息たえおはりぬ。時に頽齢《たいれい》九十に満たまふ。

釈迦《しゃか》と同じように頭を北にし、顔は西に向けてひたすら念仏《ねんぶつ》をとなえながらの大往生《だいおうじょう》だったことが分かる。そして、臨終の床は末娘の覚信《かくしん》をはじめ、関東や越後《えちご》から駆けつけた門弟たちに囲まれていたという。

親鸞《しんらん》は生前、死後のことについて「某《それがし》、閉眼せば、賀茂河にいれて魚《うお》にあたうべし」（『改邪鈔《がいじゃしょう》』）と言っていたと伝えられている。これは葬儀などに患わされることなく、一心に弥陀《みだ》の本願《ほんがん》を信ぜよという親鸞《しんらん》の遺戒《いかい》であった。釈迦《しゃか》が入滅に際して、出家の弟子たちが葬儀に関わることなく、修行に励めと言ったことと共通するものである。

しかし、その遺骸は鴨川に捨てられることなく、荼毘《だび》に付されて鄭重《ていちょう》に葬られた。やがて、親鸞《しんらん》の墓所は吉水の北に移されて大谷廟堂《おおたにびょうどう》と呼ばれるようになり、本願寺《ほんがんじ》発展の基となった。「愚禿《ぐとく》」の身で同朋《どうぼう》とともに、純粋に信仰に生きようとした親鸞《しんらん》の意思に反して、「聖人」に祭り上げられたのである。

◆絶対他力《ぜったいたりき》の教え

釈迦《しゃか》は人間としてこの娑婆世界《しゃばせかい》に生まれ、出家して厳しい修行をした結果、偉大な悟りを開いた。そして、その悟りの内容を人々に説き聞かせ、救済した。釈迦《しゃか》は神ではなく、人間である。仏教はキリスト教やイスラム教などのように絶対神がいない宗教なのである。

釈迦《しゃか》の教えに従って修行をすれば悟りの境地に達することができるとされ、本来は自力《じりき》の宗教なのだ。キリスト教やイスラム教などでは最終的には絶対神に頼るしかない。絶対神の前では人間の力（自力《じりき》）は何の力も持たないのである。

しかし、時が経つと、人々は自力《じりき》で悟りを開くことは至難の業であると感じ出した。そして、大乗《だいじょう》仏教が興起すると阿弥陀《あみだ》如来《にょらい》をはじめとするさまざまなブッダが誕生し、その仏に全幅の信頼を置いて崇《あが》めることで、救済されようとする他力《たりき》の考え方が主流を占めるようになった。

他力《たりき》本願《ほんがん》というと、一般には自分は何もしないで人に任せて利益《りやく》だけに与《あずか》ろうという意味でとらえられている。しかし、他力《たりき》を頼むためには仏に対する絶対的な信頼、つまり、信心が不可欠である。親鸞《しんらん》は「きくといふは、信心の御のりなり」（『一念多《いちねんた》念証文《ねんしょうもん》』）と言っている。法座などで僧侶《そうりょ》から阿弥陀《あみだ》如来《にょらい》の来歴や功徳《くどく》を「聞い」て、阿弥陀《あみだ》如来《にょらい》が必ず救ってくれるのだという信心（信）を持って身を任せることが他力《たりき》であるというのである。

そうすると、他力《たりき》といっても仏を信じるということに僅《わず》かに自力《じりき》の部分を残すことになる。しかし、親鸞《しんらん》は信ずる、信じないは人間の心が決めることではなく、阿弥陀《あみだ》如来《にょらい》が決めることだという。そして、「他力《たりき》といふは如来《にょらい》の本願力《ほんがんりき》なり」（『教行信《きょうぎょうしん》証《しょう》』）といい、阿弥陀《あみだ》如来《にょらい》の衆生《しゅじょう》（すべての人々）を救おうという本願《ほんがん》の力を授けてくれるというのである。これが親鸞《しんらん》が説く絶対他力《ぜったいたりき》である。

◆報恩謝徳《ほうおんしゃとく》の念仏《ねんぶつ》

中国の浄土教《じょうどきょう》の開拓者といわれる道綽《どうしゃく》は日に七万遍、念仏《ねんぶつ》を称《とな》えたと伝えられ、その念仏《ねんぶつ》の回数を数えるために小豆《あずき》粒を使った小豆念仏《あずきねんぶつ》を考案したことで知られている（36ページを参照）。浄土教《じょうどきょう》では早くから念仏《ねんぶつ》を往生《おうじょう》のための一つの修行ととらえ、念《ねん》仏《ぶつ》の数が多ければ多いほど往生《おうじょう》に近づくと考える「多念義《たねんぎ》」の主張と、念仏《ねんぶつ》の数には拘《かかわ》らず弥陀《みだ》の本願《ほんがん》を信ずれば、たとえ一回の念仏《ねんぶつ》でも往生《おうじょう》できるという「一念義《いちねんぎ》」の主張があった。

法然《ほうねん》も日に六万遍の念仏《ねんぶつ》を称えたというが、彼自身は念仏《ねんぶつ》の数には拘らず、信に重きを置く一念義《いちねんぎ》の思想を持っていたと考えられている。しかし、法然《ほうねん》が亡くなると、一念義《いちねんぎ》、多念義《たねんぎ》の論争が盛んになり、さまざまな異端的主張が現れて、浄土宗《じょうどしゅう》は多くの派に分かれることになった。

親鸞《しんらん》もこの異端に悩まされ、『一念多念文意《いちねんたねんもんい》』を著して自説を明らかにした。浄土真宗《じょうどしんしゅう》でも南無阿弥陀仏《なむあみだぶつ》の念仏《ねんぶつ》を称えるが、これは極楽往生《ごくらくおうじょう》のための修行としての念仏《ねんぶつ》ではない。すべての人が往生《おうじょう》する極楽《ごくらく》という世界を創ってくれた阿弥陀如来《あみだにょらい》の恩に報い、その功徳《くどく》に感謝する報恩謝徳《ほうおんしゃとく》の念仏《ねんぶつ》と位置づけたのである。

だから、念仏《ねんぶつ》の数にはまったく拘らず、感謝の意味で唱和すれば良いというのである。これを報恩謝徳《ほうおんしゃとく》の念仏《ねんぶつ》といい、親鸞《しんらん》独自の立場だ。

◆善人なおもて往生《おうじょう》をとぐ——悪人正機説《あくにんしょうきせつ》

善人なおもて往生《おうじょう》をとぐ、いはんや悪人をや。『歎異抄《たんにしょう》』冒頭の有名な言葉である。

弛《たゆ》まず善行を行って、功徳《くどく》を積むことによって仏の救いに与ろうとするのが仏教の基本である。仏教に限らずキリスト教でもイスラム教でも、その根本には善人になってこそ神の救いに与ることができるという考え方が根底にある。

しかし、親鸞《しんらん》は阿弥陀如来《あみだにょらい》の救済の目当てはどうにも救いようのない悪人に向けられているというのである。悪人といえば殺人や強盗などを繰り返す極悪非道の者を指すと一般にはとらえられている。そして、ともすれば、われわれの多くはそういう極悪非道の悪人とはまったく別の存在だと考え、自らは善人であると思い込んでいる。親鸞《しんらん》は自らを愚禿《ぐとく》と号した。禿とは剃髪して衣だけ着ている偽坊主の意味。しかも、どうしようもない愚かな偽坊主である。仏教では釈迦《しゃか》以来、愚者の認識ということが重要視されている。人間世界で秀才や天才といわれているどんなに優秀な人間の智慧《ちえ》も、ブッダの偉大な智慧《ちえ》からみれば無きに等しい。だから、人間は押しなべて愚か者で、過ちも犯せば罪も犯す。つまり、皆等しく悪人なのだ。これが親鸞《しんらん》のいう悪人である。

阿弥陀如来《あみだにょらい》の慈悲はそういうすべての悪人（衆生《しゅじょう》）に向けられているのであり、そういう悪人を分け隔てなく救ってくれる力が阿弥陀如来《あみだにょらい》の本願力《ほんがんりき》なのである。このような悪人正機説《あくにんしょうきせつ》は親鸞《しんらん》の思想を最も端的に表したもので、その真髄ということができる。

悪人正機説《あくにんしょうきせつ》は親鸞《しんらん》が悪を容認しているような誤解を受けることがしばしばある。しかし、前述したように、ここで悪人とは末法《まっぽう》の世（暗黒の世界）で苦悩し煩悩《ぼんのう》の淵《ふち》に沈むすべての凡夫《ぼんぷ》（凡人）を指しているのである。そして、愚禿親鸞《ぐとくしんらん》はその先頭に立って阿弥陀如来《あみだにょらい》にすくい取られ、仏智を得て阿弥陀如来《あみだにょらい》とともにこの娑婆世界《しゃばせかい》にやって来て、悪人たちを救いとることを眼目としているのである。

◆非僧非俗《ひそうひぞく》

妻帯して在家と同じ立場、境遇で布教することは師の法然《ほうねん》の理想でもあった。しかし、親鸞《しんらん》は流罪を機に出家でも在家でもない立場を打ち出した。「僧にあらず、俗にあらず」。「非僧非俗《ひそうひぞく》」という親鸞《しんらん》独自の立場だ。

赦免の一年前、親鸞《しんらん》は抗議文を奏上し、その中で法然《ほうねん》の門弟を死罪に処し、あるいは流罪にしたことに対する不当性を厳しく糾弾し、遠流《おんる》に当たって法名《ほうみょう》を改めて姓名を賜ったことに憤りを露《あらわ》にしている。先にも述べたとおり、流罪に際して親鸞《しんらん》は藤井善信《よしざね》という俗名を与えられたが、この俗名を用いることを拒絶した親鸞《しんらん》は、愚禿《ぐとく》の名を名のることにしたのだった。

「禿」には形だけの僧侶《そうりょ》、剃髪《ていはつ》しない僧侶《そうりょ》といった意味があると言われる。そして、さらに禿の上に「愚」の一字を冠して「愚禿《ぐとく》」とした。いわく「非僧非俗《ひそうひぞく》にして破戒《はかい》愚痴《ぐち》の徒」である。妻帯することによって、在家に近づいた親鸞《しんらん》は、さらに愚禿《ぐとく》として生まれ変わった。最も愚かで低劣な愚禿が救われるのであれば、万人が救われる。もう在家の者から「出家者は救われるだろうが、われわれ在家のものは……」という疑問の声が上がる余地はなくなった。

足掛け四年にわたる流人としての生活が、親鸞《しんらん》に新たなスタンスを開拓させることになった。その立場は観音《かんのん》の大悲《だいひ》に通じる偉大な慈悲の表出とも捉《とら》えることができる。「大悲《だいひ》」とは人の悲しみを深く理解することである。人の痛みを自分の痛みとして受けとめることである。そこには親鸞《しんらん》の「弥陀《みだ》の本願《ほんがん》」に対する限りない信頼と期待が込められているということがいえるのではないか。

ちなみに、「親鸞《しんらん》」という名も流罪の後に自ら号したとも言われている。これは大《だい》乗《じょう》仏教の大成者として仰がれるインドの天親《てんじん》(世親《せしん》)と唐代に浄土教《じょうどきょう》の基礎を確立した曇鸞《どんらん》から一字ずつを取ったものといわれている。すなわち、「親鸞《しんらん》」の号には自らが浄土《じょうど》信仰の新たな出発点に立ったという自負が込められていたのだろう。

◆同行《どうぎょう》・同朋《どうぼう》

『歎異抄《たんにしょう》』の有名な言葉の一つに「親鸞《しんらん》は弟子一人ももたず」がある。つまり、信仰を同じくするものは師とか弟子といった区別はなく、すべて「同行《どうぎょう》」「同朋《どうぼう》」であるという親鸞《しんらん》独自の立場である。

人はみな「常没流転《じょうぼつるてん》の凡夫《ぼんぶ》」「五濁《ごだく》の凡夫《ぼんぶ》」であり、「いずれの行にても生死（輪廻《りんね》転生《てんしょう》を続けること）をはなるることあるべからざる」存在である。そのような人間を憐《あわ》れんだ阿弥陀如来《あみだにょらい》が、その広大無辺の慈悲を振り向けてくださるから誰もが救われるのである。すべての功徳《くどく》は阿弥陀如来《あみだにょらい》に発しているのであって、誰が師で、誰が弟子であるというようなことを論じるのは「きはめたる荒涼のこと」なのである。みな救われがたい凡夫《ぼんぶ》という点で平等であり、阿弥陀如来《あみだにょらい》を同じく信じているということで「同行《どうぎょう》」「同朋《どうぼう》」なのである。

同行《どうぎょう》・同朋《どうぼう》は「非僧非俗《ひそうひぞく》」とともに、親鸞《しんらん》の思想の独自性を示す極めてユニークなものだった。しかし、親鸞《しんらん》の教えに共感して集まってくると、そのような理想に相反してしだいに親鸞《しんらん》を師と仰ぐものが増えてくる。親鸞《しんらん》の方では同行《どうぎょう》・同朋《どうぼう》と思っていても、他の人々は同行《どうぎょう》・同朋《どうぼう》という認識を持ち得なかったのである。

一説に親鸞《しんらん》が六十歳を過ぎて関東を去って京都に帰ったのは、同行《どうぎょう》・同朋《どうぼう》ではなく師と仰がれてしまうことから逃れるためだったともいう。徹底して愚禿《ぐとく》を貫いたのである。

◆自然法爾《じねんほうに》

「自然」とは万物がありのままの姿で存在していること。禅で「花は紅、柳は緑」という言葉がある。赤い花は時期が来ると赤い花を咲かせ、柳は春になると緑の芽を吹く。黒い花を咲かせようとしたり、黒い新芽を出そうとする柳などはあり得ない。いっぽう、人間は自分の意思で自然の摂理に反することをしようとする。それが儘《まま》ならなくて結局、苦しむことになるのだ。

「法爾《ほうに》」の法はブッダが悟った絶対的な真理。爾はその真理に法《のっと》って存在することである。親鸞《しんらん》は「(法爾《ほうに》は)如来《にょらい》のおんちからなるがゆゑに、しからしむる」と語っている。法爾《ほうに》は阿弥陀如来《あみだにょらい》の本願力《ほんがんりき》のことで、阿弥陀如来《あみだにょらい》に全幅の信頼を寄せて身を任せれば、自《おの》ずから自然の摂理に法って生かしてくれる。

すなわち、自然法爾《じねんほうに》とは凡夫《ぼんぷ》の自己の計らいを捨てた、阿弥陀如来《あみだにょらい》の本願力《ほんがんりき》に完全に頼り切ることである。晩年の親鸞《しんらん》はこの自然法爾《じねんほうに》の境涯にあり、物質的には極めて貧しい生活をしていたが、精神的には絶対の平安の境地に安住していたという。

◆現生《げんしょう》の十種《じっしゅ》の利益《りやく》

阿弥陀如来《あみだにょらい》に救われて極楽往生《ごくらくおうじょう》することを後世利益《りやく》、あるいは当世（来世）利益《りやく》というが、親鸞《しんらん》は『教行信証《きょうぎょうしんしょう》』信巻の中で阿弥陀如来《あみだにょらい》が現世で授けてくれる十種の現世利益《りやく》を次のように説いている。

一、冥衆護持《みょうしゅごじ》の益《やく》……目には見えないが、人々から守られる利益《りやく》。
二、至徳具足《しとくぐそく》の益《やく》……この上なく尊い功徳《くどく》が身に備わる利益《りやく》。
三、転悪成善《てんまくじょうぜん》の益《やく》……罪悪を転じて善なる念仏《ねんぶつ》と一体になる利益《りやく》。
四、諸仏護念《しょぶつごねん》の益《やく》……諸仏に守られる利益《りやく》。
五、諸仏称讃《しょぶつしょうさん》の益《やく》……諸仏に褒め称《たた》えられる利益《りやく》。
六、心光常護《しんこうじょうご》の益《やく》……常に阿弥陀如来《あみだにょらい》の光明に包まれて守られる利益《りやく》。
七、心多歓喜《しんたかんぎ》の益《やく》……心が真の喜びに満たされる利益《りやく》。
八、知恩報徳《ちおんほうとく》の益《やく》……阿弥陀如来《あみだにょらい》の大恩を知らされ、常に感謝の心をもって生活ができる利益《りやく》。

九、常行大悲《じょうぎょうだいひ》の益《やく》……阿弥陀《あみだ》如来《にょらい》の大悲《だいひ》を受け、それを生活の中で表すことのできる利益《りやく》。
十、入正《にゅうしょう》定聚《じょうじゅ》の益《やく》……やがて悟りを開いてブッダになることが確定した正定聚《しょうじょうじゅ》の境地に入ることのできる利益《りやく》。

一般にご利益《りやく》というと、一心に祈願して自分の願いが叶《かな》うことをいい、苦しい時の神頼み的な意味合いがある。しかし、浄土真宗《じょうどしんしゅう》の利益《りやく》は常日頃から阿弥陀《あみだ》如来《にょらい》に全幅の信頼を寄せて信心している人に、阿弥陀《あみだ》如来《にょらい》が授けてくれる力である。その力は普段は意識していなくても、何か困難に突き当たったときなどに発揮され、阿弥陀《あみだ》如来《にょらい》を信じていて良かったとつくづく実感するような力である。

◆回《え》向《こう》

回向《えこう》とは文字通り「回し向ける」という意味で、自分が修めた善行が他者に回し向けられて功徳《くどく》になるという意味である。一般には追善供養《ついぜんくよう》などといわれ、亡き人のために年忌法要などの善事を行ってその功徳《くどく》を亡き人に振り向けて、成仏《じょうぶつ》を期するものである。

しかし、浄土真宗《じょうどしんしゅう》の回向《えこう》は意味合いが違う。凡夫《ぼんぶ》の成す善行は所詮は自力《じりき》の計らいであり、しかも、凡夫《ぼんぶ》がいくら善行を積んだからといって一向にその功徳《くどく》は現れない。浄土真宗《じょうどしんしゅう》の回向《えこう》とは阿弥陀如来《あみだにょらい》の「本願力回向《ほんがんりきえこう》」で、阿弥陀如来《あみだにょらい》が衆生《しゅじょう》を往生《おうじょう》させようと願い、力が回し向けられるのである。だから、凡夫《ぼんぶ》は自力《じりき》の計らいを捨てて、ひたすら阿弥陀《あみだ》の本願《ほんがん》を信ずれば、自から阿弥陀《あみだ》の本願力《ほんがんりき》を授かることができるのである。

また、親鸞《しんらん》は回向《えこう》について「往相回向《おうそうえこう》」「還相回向《げんそうえこう》」の二つがあると説く。「往相《おうそう》」とは凡夫《ぼんぶ》が極楽往生《ごくらくおうじょう》することをいう。そして、往生《おうじょう》を可能にするのはわれわれ凡夫《ぼんぶ》の善行などではなく、すべて阿弥陀如来《あみだにょらい》の力によるとし、阿弥陀如来《あみだにょらい》に回し向けられた他力《たりき》によるのだという。次に「還相《げんそう》」とは往生《おうじょう》したものが再びこの娑婆世界《しゃばせかい》に還《かえ》って来ることをいう。往生《おうじょう》して悟りに至ったものは阿弥陀如来《あみだにょらい》と同じ救済の力を獲得し、人々を教化し、極楽往生《ごくらくおうじょう》を遂げさせることができるという。そして、このような力も阿弥陀如来《あみだにょらい》の本願他力《ほんがんたりき》によるというのである。

◆平生業成《へいぜいごうじょう》

法然《ほうねん》は阿弥陀如来《あみだにょらい》の本願力《ほんがんりき》を信じ、日ごろから念仏《ねんぶつ》を称《とな》えている人が、臨終《りんじゅう》に際して念仏《ねんぶつ》を称えると、阿弥陀如来《あみだにょらい》が観音菩薩《かんのんぼさつ》と勢至菩薩《せいしぼさつ》をはじめ大勢の菩薩《ぼさつ》を引き連れて極楽浄土《ごくらくじょうど》から迎えに来て、浄土《じょうど》に連れて行ってくれる、つまり、極楽往生《ごくらくおうじょう》させてくれると考えた。

これに対して、親鸞《しんらん》は日常生活の中で阿弥陀如来《あみだにょらい》の本願《ほんがん》の力を信じたその瞬間に往生《おうじょう》が約束されると説いた。そのように不動の信心を得た人々を「現生正定聚《げんしょうしょうじょうじゅ》」という。生きているうちに浄土往生《じょうどおうじょう》が正しく確定した人々という意味である。

『御消息《ごしょうそく》』の中で親鸞《しんらん》は「真実信心の行人《ぎょうにん》は、摂取不捨《せっしゅふしゃ》のゆゑに正定聚《しょうじょうじゅ》の位に住す。臨終《りんじゅう》まつことなし、来迎《らいこう》たのむことなし。信心のさだまるとき往生《おうじょう》また定まるなり」と説く。不動の信心を確立したものは、阿弥陀如来《あみだにょらい》の光明の中に掬《すく》い取られて決して捨てられることはない。だから、正定聚《しょうじょうじゅ》という位に入っているのである。臨終《りんじゅう》のときに往生《おうじょう》が決定するのではないから、臨終《りんじゅう》のときに阿弥陀如来《あみだにょらい》の来迎《らいこう》を願う必要もないのだ。信心が定まったときに、往生《おうじょう》も確定するのである。

阿弥陀如来《あみだにょらい》に対する不動の信仰心が確立したときに、阿弥陀如来《あみだにょらい》は往生《おうじょう》を約束してくれるという。だから、臨終《りんじゅう》のときに念仏《ねんぶつ》を称えたり、阿弥陀如来《あみだにょらい》の来迎《らいこう》を願わなくても確実に往生《おうじょう》させてくれるのである。

コラム／浄土真宗《じょうどしんしゅう》には追善回向《ついぜんえこう》がない

日本の仏教は先祖供養が中心で、とりわけ、どの宗派でも先祖のための年忌法要などを営むことが寺院の主な役割になっている。また法要を営むことは善行であり、限りない功徳《くどく》があると考えられている。

そして、その善行の功徳《くどく》を亡き先祖に回し向けるのが追善回向《ついぜんえこう》である。亡くなった人は肉体がないので善行を行うことができないとされる。亡き人の代わりに親族などの生きているものが、善行を追加して施し、その功徳《くどく》を亡き人に回し向け、成仏《じょうぶつ》の助けにしようというものだ。

これに対して親鸞《しんらん》は「親鸞《しんらん》は父母《ぶも》の孝養《こうよう》のためとて、一返にても念仏もうしたること、いまだそうらわず。そのゆえは、一切の有情《うじょう》はみなもて世々生々《せせしょうじょう》の父母《ぶも》、兄弟なり。いずれもいずれも、この順次生《じゅんじしょう》に仏になりてたすけそうらうべきなり」（『歎異抄《たんにしょう》』）といって、父母をはじめとする先祖のための供養を否定しているのである。親鸞《しんらん》は念仏《ねんぶつ》を報恩謝徳《ほうおんしゃとく》の念仏《ねんぶつ》と位置づけ（67ページを参照）、念仏《ねんぶつ》は往生《おうじょう》のための要因にはならないと説いたのである。そして、凡夫《ぼんぶ》の善行も自力《じりき》の計らいで、それを亡き人に回し向けても往生《おうじょう》の助けには微塵《みじん》ほどもならないというのである。

浄土真宗《じょうどしんしゅう》でも葬儀や年忌法要は営むが、これは阿弥陀如来《あみだにょらい》の恩に報い、功徳《くどく》に感謝する（報恩謝徳《ほうおんしゃとく》）ために行うのであって、追善供養《ついぜんくよう》とはいわない。

コラム／門徒物忌《もんとものい》み知らず

世間一般には今も、方位方角や家相、墓相などを気にして生きている人は少なくない。何か良からぬことが起こった人に、先祖の霊のまつり方が悪いから祟《たた》りが起こるのだなどといって、何百万円もする仏壇や壺《つぼ》などを売りつける、いわゆる霊感商法が過去に何度も問題になって来た。

釈迦《しやか》は霊魂の存在について考えてはならないといっている。だれもその存在を見たことがないものについて、考えることは何の役にも立たない。しかも、そのようなものに惑わされ、怯《おび》えるのは実に愚の骨頂だといっているのだ。そんなことを考える暇があったら、自分がいかに正しい生活や行いをするかをしっかりと考え、実行しなさいということだ。

親鸞《しんらん》も『正像末和讃《しようぞうまつわさん》』の中で「悲しきかな道俗の良時、吉日えらばしめ天神地祇をあがめつつ卜占祭祀《ぼくせんさいし》つとめとす」と述べ、道俗、出家も在家も挙《こぞ》って日の吉凶を重視し、神々を崇《あが》めて、占いによって事を決している状況を嘆いている。

釈迦《しやか》もいうように、仏教には先祖の霊の祟りなどという教えはない。親鸞《しんらん》もすべて衆生《しゆじよう》は阿弥陀如来《あみだにょらい》の本願《ほんがん》に救われている身であるから、世間の俗信や迷信に惑わされることはまったくなく、ただひたすら阿弥陀如来《あみだにょらい》の本願《ほんがん》を信じて生きよ、というのである。「門徒物忌《もんともの い》み知らず」とは、浄土真宗《じようどしんしゆう》の真の信徒（門徒）は親鸞《しんらん》の教えに従って、吉凶を占ったり、穢《けが》れを払ったりするを知らないという意味である。

第三章　親鸞《しんらん》以降の浄土真宗《じょうどしんしゅう》

◆大谷祖廟《そびょう》の成立と本願寺《ほんがんじ》の創建

親鸞《しんらん》は自らの遺体を鴨川に入れて魚の餌にし、葬儀などは決して執り行ってはならないと、きつく戒めてこの世を去った。しかし親鸞《しんらん》の没後、十年を経た文永九《ぶんえい》（一二七二）年の冬、親鸞《しんらん》を慕う末娘の覚信尼《かくしんに》と遺弟たちが盛大な法要《ほうよう》を営み、京都東山の大谷（現在の知恩院《ちおんいん》がある地）に親鸞《しんらん》の御影《ごえい》（肖像）を安置して廟堂《びょうどう》を建立した。これが大谷祖廟《そびょう》で、後の本願寺《ほんがんじ》の基礎となった。覚信尼《かくしんに》が初代の留守職《るすしき》となり、その後は覚信尼《かくしんに》の子孫が留守職《るすしき》を継承することになった。

第二代の留守職《るすしき》には覚恵《かくえ》（覚信尼《かくしんに》の長男）がなった。覚恵《かくえ》は青蓮院で天台教学を修め、その後、従兄《いとこ》の如信《にょしん》のもとで親鸞《しんらん》の教えを学び、弘安《こうあん》六年（一二八三）に母の覚《かく》信尼《しんに》から大谷廟堂《びょうどう》の留守職《るすしき》を譲り受けた。第三代は覚信尼《かくしんに》の孫にあたる覚如《かくにょ》が継いだ。すでに述べたように、真宗《しんしゅう》の内部には異解が横行していたが、覚如《かくにょ》は『改邪鈔《がいじゃしょう》』を著してその誤りを正した。覚如《かくにょ》が三代留守職《るすしき》を継ぐに当たっては、覚恵《かくえ》の異父弟にあたる唯善《ゆいぜん》との間に溝が深まり、唯善《ゆいぜん》は大谷廟堂《びょうどう》の鍵《かぎ》を奪うという暴挙に出たため、覚如《かくにょ》は父親の覚恵《かくえ》とともに一時、妻の実家に避難することになった。

親鸞《しんらん》は一宗派を開くことは全く考えておらず、同朋同行《どうぼうどうぎょう》がともに信仰を深めることのみを望んだ。したがって、親鸞《しんらん》亡き後の大谷廟堂《びょうどう》は親鸞《しんらん》の墓所であって、寺院ではなかった。だから、留守職《るすしき》という形をとったのである。しかし、覚如《かくにょ》は唯善《ゆいぜん》との争いを契機に大谷廟堂《びょうどう》を寺院として独立させ、ここに本願《ほんがん》寺建立の基礎を固めたのである。

したがって、宗派としての実質上の開祖は覚如《かくにょ》ということができるのだ。

また、覚如《かくにょ》は「三代伝持」を提唱し親鸞《しんらん》から覚信尼《かくしんに》、覚恵《かくえ》、覚如《かくにょ》とその血統が受け継がれていることを主張し、自らが第三世の正統を継ぐとした。

◆停滞した本願寺《ほんがんじ》

その後、善如《ぜんにょ》、綽如《とうにょ》、巧如《ぎょうにょ》と次第し、第七代の存如《ぞんにょ》のときに親鸞《しんらん》の肖像をまつる御《ご》影堂《えいどう》と阿弥陀《あみだ》堂《どう》の両堂を備えた、現在の本願寺《ほんがんじ》の伽藍《がらん》形式が整った。しかし、第四代あたりから第七代存如《ぞんにょ》までは本願寺《ほんがんじ》は停滞し、経済的にも極めて困窮していた。第八代の蓮如《れんにょ》が生まれる三年前（一四一二）ごろの本願寺《ほんがんじ》は、「人跡絶えて、参詣《さんけい》の人一人も見えず、さびさび」とした状態だったという。

　このように本願寺《ほんがんじ》が衰微したのは、覚如《かくにょ》が『改邪鈔《がいじゃしょう》』を著して親鸞《しんらん》の教えの正統を守る姿勢を見せたためとも考えられている。『歎異抄《たんにしょう》』の中で「親鸞《しんらん》は父母《ぶも》の孝養《こうよう》のためとて、一辺にても念仏もうしたること、いまだそうらわず」といっているように、本来の教えは先祖供養や年忌法要に価値を置かず、阿弥陀《あみだ》の本願《ほんがん》に絶対的な信を置くことを重んじたのである。

　ところが、日本人は仏教伝来以前から先祖崇拝を中心に据える宗教意識を強く持っており、民衆の教化のためには先祖供養と結びつくことが不可欠だったのである。覚《かく》如《にょ》は『改邪鈔《がいじゃしょう》』の中で「没後葬礼をもて本となすべきよう、いわれなき事」として葬儀などを否定的にとらえ、さらには春秋の彼岸《ひがん》も念仏行者にはいわれのないことであると言い切っている。親鸞《しんらん》の教えとはいえ、このような覚如《かくにょ》以来の教えが信者を本願《ほんがん》寺から離れさせる大きな要因になったと考えられている。

　この時代、同じ真宗《しんしゅう》でも関東や北陸、大和や近江など寺院は大いに栄え、参詣者《さんけい》が雲集していたという。それは本願寺《ほんがんじ》以外の真宗《しんしゅう》寺院が民衆の要望に沿って先祖供養や年忌法要、彼岸《ひがん》などを行っていたからであると考えられている。

◆蓮如《れんによ》登場

そのような苦境の中、第八代を継いだのが蓮如（一四一五〜一四九九）だった。存《ぞん》如《によ》の長男として生まれた蓮如は十七歳で出家し、若くして親鸞《しんらん》の著作を精読して教義を完全に自己のものにしていた。

『御文章《ごぶんしょう》』や『正信偈《しょうしんげ》』『和讃《わさん》』などを著して親鸞《しんらん》の教えを平易な日常語で説いて民衆の教化に努めた。彼は、人は皆、在家のままで何の修行もしなくても、どんな悪人でも阿弥陀《あみだ》の本願《ほんがん》を無条件に信ずれば、そのときに臨終を待たなくても往生《おうじょう》が決定するという絶対他力《ぜったいたりき》の教えを極めて平易な言葉で説いた。

彼は門徒（真宗《しんしゅう》の信徒）は親鸞《しんらん》の門徒で、同朋同行《どうぼうどうぎょう》であると言い、上席や末席を設けずに座し、袖《そで》の短いネズミ色の衣を着て、皆と同じものを食べ、親鸞《しんらん》の教えの要点だけを平易な言葉で巧みに説いた。庶民の中に溶け込んで、庶民の言葉で説く蓮如の布教は大きな成果を上げ、各地の農民の間に急速に広まっていったのである。

また、蓮如はムラ（村落）という行政単位で農村の布教にあたった。最初に年老や長などのムラの有力者を帰依《きえ》させ、彼らを核にしてムラ全体を門徒にしていった。このような蓮如《れんにょ》のユニークな布教方法によって、ムラ全体が阿弥陀《あみだ》の信仰で結ばれ、ムラの結束は極めて強固なものになったのである。そして、このような信仰上の結束の固さが一向一揆をより強大なものにしたのである。

いずれにしても蓮如《れんにょ》の大胆でユニーク、しかも地道な活躍によって本願寺《ほんがんじ》は隆盛にむかった。しかし、寛正《かんしょう》六年（一四六五）、真宗《しんしゅう》の拡大に危機感を抱いた比叡山《ひえいざん》の衆徒によって大谷本願寺《ほんがんじ》は破壊され、退却を余儀なくされた蓮如《れんにょ》は近江《おうみ》を転々とし、その後、越前《えちぜん》（現在の福井県）の吉崎《よしざき》に至って北陸で布教した。これが北陸に浄土真宗《じょうどしんしゅう》が栄えるきっかけとなった。

蓮如《れんにょ》が北陸でしっかりと浄土真宗《じょうどしんしゅう》の基盤を固めたころ、比叡山《ひえいざん》の勢力も次第に衰えて行った。その状況を見極めた蓮如《れんにょ》は、文明《ぶんめい》十年（一四七八）、京都に戻って山科本《やましなほん》願寺《がんじ》を再興した。蓮如《れんにょ》は七十七歳の時に五男の実如《じつにょ》に寺務を譲って山科《やましな》の南殿に隠居し、それから六年後には大坂の石山《いしやま》に一宇を建てて隠居所とした。これが石山本願寺《いしやまほんがんじ》のルーツである。

◆一向一揆《いっこういっき》と石山寺合戦《いしやまでらかっせん》

応仁《おうにん》の乱（一四六七〜七七）の前後から各地で土一揆《つちいっき》と呼ばれる農民の蜂起《ほうき》が起こり、年貢の減免や悪徳領主の罷免などを要求した。土一揆《つちいっき》では農民が要求を貫徹すると、たちまち一揆の構成員（村人）は解散し、その組織力は極めて弱かった。

しかし、応仁《おうにん》の乱後に守護などの勢力が衰退すると、国人《こくじん》と呼ばれる在地の武士が力をつけ、土一揆《つちいっき》に参加して指導的な役割を果たし、一揆を利用して守護を攻め、これを排除するようになってきた。このような国人が参加した一揆を国一揆といい、最初の大規模なものが文明《ぶんめい》十七年（一四八五）に起きた山城国《やましろのくに》一揆だった。

そして、このころから蓮如《れんにょ》の教えによって目覚めた民衆が各地で一向一揆を起こすようになった。これに対して国人《こくじん》ははじめ農民たちと戦ったが、農民たちの結束は固く、是《これ》と戦うことの不利をさとった国人たちは自ら本願寺《ほんがんじ》の門徒《もんと》となり、農民と一体となって戦い、守護勢力と戦うようになったのである。そして、文明《ぶんめい》六年（一四七四）、一向一揆は加賀の守護代小杉氏を破り、長享《ちょうきょう》二年（一四八八）にはついに加賀の守護富樫政親《とがしまさちか》を破った。これが有名な加賀の一向一揆で、以降、加賀国《かがのくに》は本願寺《ほんがんじ》の支配下に置かれ、門徒《もんと》農民、国人《こくじん》による自治が確立した。

蓮如《れんにょ》は「王法をもておもてとし、内心に他力《たりき》の信心を深くたくはへて、世間の仁義をもて本とすべし」（『御文《おふみ》』）といっているように、王法、つまり為政者の法に従いつつ、他力《たりき》の信心を深め、世間的には仁義に従うという態度をとった。守護などの為政者が信心を認めさえすれば、敢《あ》えてこれと戦う必要はないと考えたのである。すなわち、為政者が信教の自由を認めれば、世間の法や仁義に従うというスタンスをとったのである。一揆を起こして為政者を敵に回すことは得策ではないと考えたのである。だから、初期の一向一揆には本願寺《ほんがんじ》は加担せず、一揆を否定してこれを諫《いさ》めようとした。しかし、蓮如《れんにょ》の意に反してその後の一向一揆は全国で勢力を強め、長享の一揆のように一向一揆が次々と守護などを滅ぼすようになると、本願寺《ほんがんじ》は一揆と無縁ではいられなくなり、次第に一揆に巻き込まれる形になった。

そして、戦国時代も末になると甲斐《かい》（山梨）の武田、越前《えちぜん》（福井）の朝倉、越後《えちご》（新潟）の上杉などの戦国武将が本願寺《ほんがんじ》の門徒《もんと》となり、一向一揆と結んで敵対する勢力と戦うようになり、本願寺《ほんがんじ》はまさに一向一揆の中枢として機能するようになったのである。

前述したように、ほとんどの戦国武将が一向一揆と手を組んで、対抗勢力と戦った。その中で、尾張《おわり》の織田信長《おだのぶなが》は今川義元《いまがわよしもと》を破って以降、しだいに勢力を強め、全国制覇の軍をおこし、一向一揆とも徹底的に戦った。

山科本願寺《やましなほんがんじ》は第十代証如《しょうにょ》のときに天文法華《てんぶんほっけ》の乱で焼き討ちに遭い、蓮如《れんにょ》の開いた大坂の石山寺《いしやまでら》を本寺と定めてその基盤を整えていった。しかし、第十一代の顕如《けんにょ》の呼びかけで各地に一向一揆が起こった。これに対して信長《のぶなが》は徹底攻撃をかけ、各地の一向一揆はことごとく撃破された。そして、石山本願寺《いしやまほんがんじ》は一向一揆の牙城《がじょう》となり、ここを拠点として信長軍と熾烈《しれつ》な戦いを繰り広げた。この戦いがいわゆる「石山寺合戦《いしやまでらかっせん》」で十一年間に及んだ。

天正《てんしょう》八年（一五八〇）、顕如《けんにょ》は信長と和睦《わぼく》し、石山寺を明け渡した。ここが後の大坂城である。紀州鷺森《きしゅうさぎもり》に本願寺《ほんがんじ》を移転し、次いで貝塚、天満を経て天正十九年（一五九一）には豊臣秀吉《とよとみひでよし》から土地を寄進されて現在の京都六条堀川に寺基を定めた。蓮如《れんにょ》以来、百二十七年ぶりに本願寺《ほんがんじ》は京都に戻ることになった。

◆本願寺《ほんがんじ》を東西に分離した徳川家康《とくがわいえやす》

石山寺合戦《いしやまでらかっせん》が終結した翌年、顕如《けんにょ》が急逝し、第十二代はいったん長男の教如《きょうにょ》が継いだ。しかし、教如《きょうにょ》は秀吉《ひでよし》から隠退を迫られて、わずか一年で門主《もんす》の座を降りた。その結果、三男の准如《じゅんにょ》が継ぎ、はじめて長男以外の門主《もんす》が誕生した。これは石山寺合戦《いしやまでらかっせん》のときに顕如《けんにょ》が退城を主張したのに対して、長男の教如《きょうにょ》があくまでも籠城《ろうじょう》を主張したことから、本願寺《ほんがんじ》内部に対立が起こり、和睦後も確執を生じたためである。けっきょく長男の教如《きょうにょ》は父親の顕如《けんにょ》と袂《たもと》を分かったのであるが、徳川家康《とくがわいえやす》の時代になって、家康《いえやす》から寺領を与えられて東本願寺《ひがしほんがんじ》を創建した。巨大化した真宗《しんしゅう》教団に危機感を抱いた家康《いえやす》は、内部の確執に乗じて勢力の分散に成功したのである。

寛永《かんえい》十六年（一六三九）、第十三代を継承した良如《りょうにょ》は、本願寺《ほんがんじ》内に学寮《がくりょう》（現在の大谷大学）を設立し、宗学研究の発展を図った。この結果多くの学僧を輩出した。いっぽう、この時代には民衆の中に「信」に生きた妙好人《みょうこうにん》が多くあらわれた。

明治十四年には真宗本願寺派《しんしゅうほんがんじは》、昭和二十二年には浄土真宗本願寺派《じょうどしんしゅうほんがんじは》（通称「お西《にし》」）に改称して現在にいたっている。現在の伽藍《がらん》は元和《げんな》三年（一六一七）の火災以降に再建、または移築されたものである。

コラム／吉崎御坊《よしざきごぼう》と嫁威《よめおどし》肉付面《にくづきのめん》

吉崎御坊《よしざきごぼう》は福井県の北端、石川県との県境に位置する。文明《ぶんめい》三年（一四七一）、比叡山の僧兵によって本願寺《ほんがんじ》は破却された。その後、流浪の身となった蓮如《れんにょ》は越前の吉崎に至り、ここで領主の朝倉氏の帰依を受けて創建したのが吉崎御坊《よしざきごぼう》である。

その吉崎御坊《よしざきごぼう》に今も伝わるのが嫁威《よめおどし》肉付面《にくづきのめん》で、次のような言い伝えがある。

吉崎近郊の農家の嫁、お清は夫と子供を相次いで亡くした。その悲しみから蓮如《れんにょ》の法話を聞きに吉崎に通っていた。これに気付いた姑《しゅうとめ》は、来たばかりの素性もよくわからない坊さんの話など、悪影響を与えるばかりだと考え、嫁の吉崎通いを止めさせようと考えた。

思案した結果、鬼の面をかぶり、白衣を着て、夜道で嫁を威《おど》かすことにした。そして、ある夜、姑は夜道に立って嫁の前に立ち塞《ふさ》がった。しかし、蓮如《れんにょ》の法話《ほうわ》を聞いて心を落ち着かせた嫁にはその威しは通じず、逆に鬼の面が姑の顔に食い込んで取れなくなった。

苦しんだ姑は嫁にも勧められて、遂に蓮如《れんにょ》のところに行って助けを求めることにした。姑は蓮如《れんにょ》に一部始終を話し、深く反省すると鬼面は外れたという。

コラム／豪華な金仏壇は蓮如《れんによ》が考案した

蓮如《れんによ》は真宗《しんしゅう》の教えを分かり易く説き、ユニークな布教活動をして衰退していた本願寺《ほんがんじ》を見事に復興した。本願寺《ほんがんじ》復興に当たって蓮如《れんによ》はさまざまなアイデアを出したが、その一つに仏壇の奨励がある。

仏壇をまつるのは日本独自の風習で、すでに奈良時代からあったことが知られている。しかし、蓮如《れんによ》が活躍した時代にはまだ庶民の間には普及していなかった。親鸞《しんらん》は先祖供養を否定したが、蓮如《れんによ》は古くからの世俗の風習に合わせてむしろ先祖供養を積極的に取り入れた。そして、そのことが民衆の心をガッチリ摑《つか》み、本願寺《ほんがんじ》の発展につながったのである。

仏壇には内部に金箔《きんぱく》を貼った豪華な金仏壇と、黒塗りなどの比較的地味な唐木仏壇とがある。京都を中心に関西や北陸では金仏壇、関東などでは唐木仏壇というすみ分けがある。蓮如《れんによ》が奨励したのは金仏壇で、彼が拠点にした関西や精力的に布教活動を行った北陸では金仏壇が多いのである。

第四章　浄土真宗《じょうどしんしゅう》の主な寺院と親鸞《しんらん》ゆかりの寺院

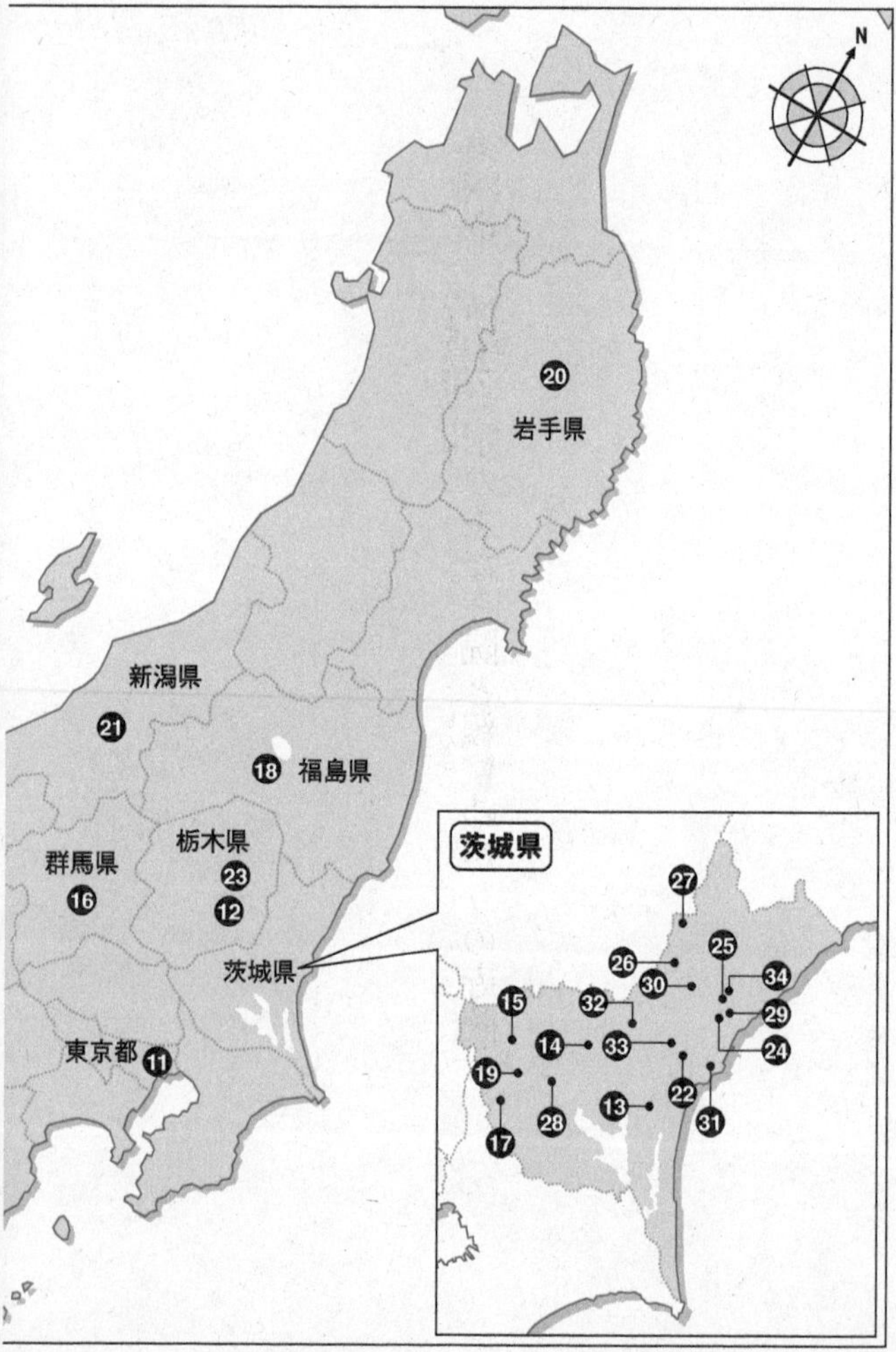
N
20
岩手県
新潟県
21
18
福島県
栃木県
群馬県
23
16
12
茨城県
東京都
11
茨城県
27
25
26
34
30
15
32
29
14
33
24
19
22
31
13
28
17

真宗十派の本山

二十四輩のお寺

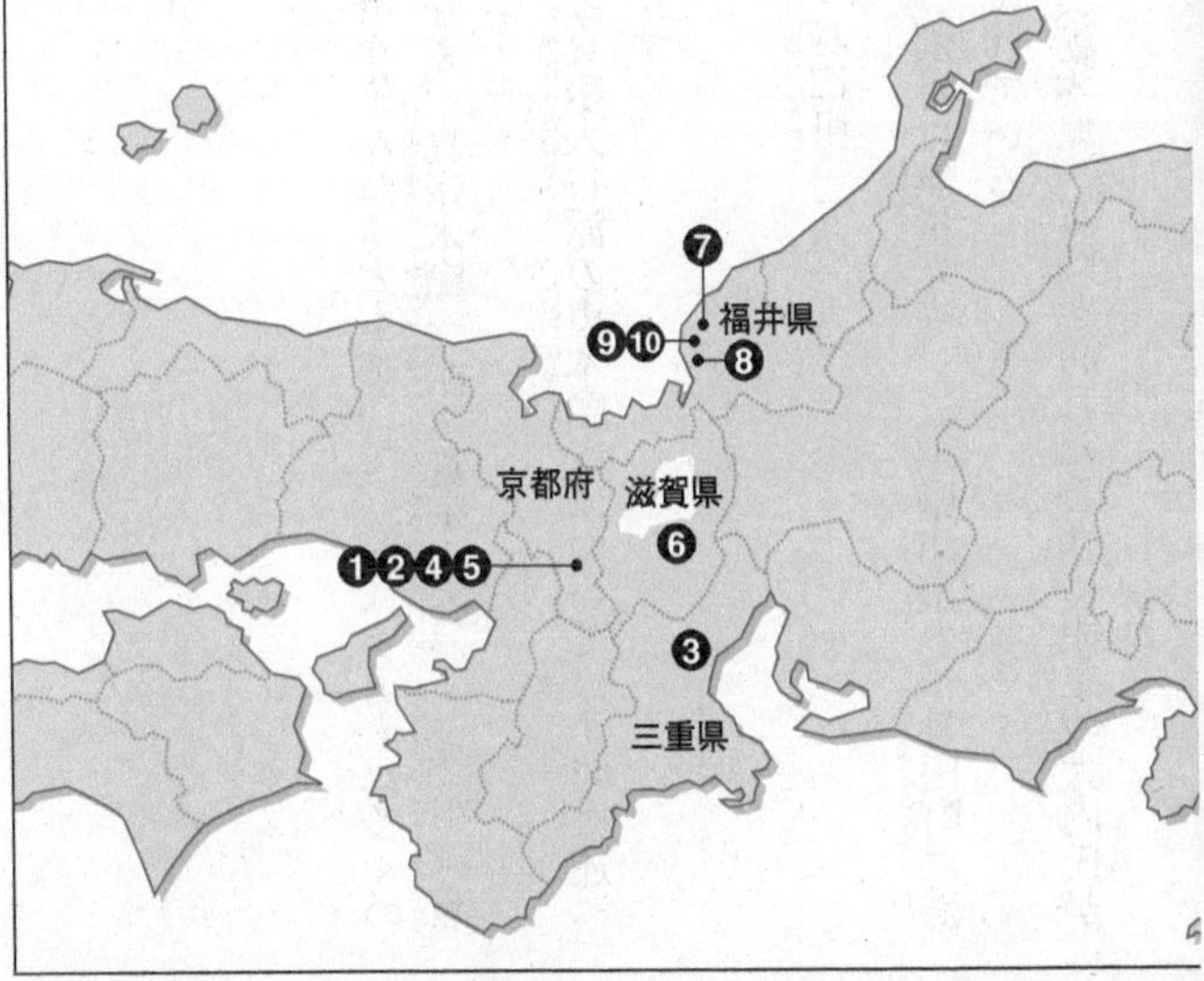

◆真宗《しんしゅう》十派の本山

浄土真宗《じょうどしんしゅう》はすでに親鸞《しんらん》の時代から異解を生んだこともあって、時代とともに多くの流派に分かれた。これらを真宗《しんしゅう》十派と呼ぶ。真宗本願寺派《しんしゅうほんがんじは》・真宗大谷派《しんしゅうおおたには》・真宗誠照寺派《しんしゅうじょうしょうじは》などがあり、それぞれに本山がある。

このうち、真宗本願寺派《しんしゅうほんがんじは》の西本願寺《にしほんがんじ》と真宗大谷派《しんしゅうおおたには》の東本願寺《ひがしほんがんじ》についてはすでに述べたので、ここでは他の八派の本山を紹介する。

専修寺《せんじゅじ》（真宗高田派《しんしゅうたかだは》本山／三重県津市一身田町《いっしんでんちょう》二八一九）

正式には高田《たかだ》山専修阿弥陀寺《きんせんじゅあみだじ》という。別号は無量光寺《むりょうこうじ》。三重県津市の一身田町《いっしんでんちょう》にあることから一身田御殿《いっしんでんごてん》と呼ばれて親しまれている。

親鸞《しんらん》が稲田で布教していた折、下野《しもつけ》（栃木県）真岡《もおか》を訪れたときに領主の大内氏が帰依した。その頃、親鸞《しんらん》は長野の善光寺《ぜんこうじ》の「一光三尊仏《いっこうさんぞんぶつ》」を感得して大内氏の援助によって高田に如来堂《にょらいどう》を創建し、一光三尊仏《いっこうさんぞんぶつ》を安置した。これが専修寺《せんじゅじ》のはじまりである。

このとき一族に真壁《まかべ》（茨城県）城主がいたが、この城主も親鸞《しんらん》に深く帰依し、家督を弟に譲って門弟になり、真仏坊《しんぶつぼう》と名乗った。その後、親鸞《しんらん》が京都に帰るに当たって専修寺《せんじゅじ》の経営を真仏坊《しんぶつぼう》に託した。その後、大内氏一門の帰依《きえ》と援助によって専修寺《せんじゅじ》は栄え、関東の真宗門徒《しんしゅうもんと》の中心となる。室町時代には足利尊氏《あしかがたかうじ》の保護を受け、勅願寺《ちょくがんじ》となって後柏原《ごかしわばら》天皇の皇子である真智《しんち》が入寺して門跡寺院となった。

寛正《かんしょう》六年（一四六五）、高田派《たかだは》第十世の真慧《しんね》が各地を行脚《あんぎゃ》して、一身田《いっしんでん》に専修寺《せんじゅじ》の前身の無量寿院《むりょうじゅいん》を創建した。その後、下野《しもつけ》高田の専修寺《せんじゅじ》が火災に遭い、一身田《いっしんでん》に本山が移されることになり、高田派の本山として多くの門徒《もんと》、参詣者《さんけい》を集めるようになった。

移転に伴って親鸞真筆《しんらんしんぴつ》の『三帖和讃《さんじょうわさん》』『西方指南抄《さいほうしなんしょう》』（以上、国宝）、『教行信証《きょうぎょうしんしょう》』『親鸞聖人伝絵《しんらんしょうにんでんえ》』（以上、重要文化財）などが移され、いまも寺宝として大切に収蔵されている。一身田専修寺《せんじゅじ》も二度の火災に遭い、現在の御影堂《ごえいどう》（他宗派では「みえいどう」と呼ぶ）は江戸時代のはじめに再建されたものである。また一光三尊阿弥陀如来《いっこうさんぞんあみだにょらい》を安置する如来堂《にょらいどう》は、江戸時代後半の一七四八年の再建で、ともに重要文化財だ。

なお、一身田《いっしんでん》という一風変わった地名は、律令時代の「三世一身《さんぜいっしん》の法」に由来するともいわれ、奈良時代前後からこの地に農業集落が形成されていたと見られている。

しかし、専修寺《せんじゅじ》がこの地に寺基を定めると寺内町が形成され、多くの門徒が参集するとともに、伊勢参宮の中継点としても栄えた。

佛光寺《ぶっこうじ》（真宗佛光寺派《しんしゅうぶっこうじは》本山／京都市下京区高倉通仏光寺下ル新開町三九七）

創建の経緯については諸説ある。寺伝によれば、越後《えちご》に配流された親鸞《しんらん》が赦免の翌年、京都に帰り、山科《やましな》に一宇を建立し、順徳《じゅんとく》天皇より聖徳太子《しょうとくたいし》にまつわる「興隆正法《こうりゅうしょうほう》」の勅願を賜って興隆正法寺《こうりゅうしょうほうじ》と号した。これが後の佛光寺《ぶっこうじ》で、親鸞《しんらん》はこの寺を門弟の真仏《しんぶつ》に託して、関東の布教に向かったとされている。

しかし、親鸞《しんらん》は赦免後、善光寺《ぜんこうじ》に二年半ほど滞在し、その後は茨城県の稲田に向かったというのが定説になっている。したがってこの寺伝は寺格を高めるために後に作られたものであることが分かる。

実際に佛光寺《ぶっこうじ》の創建に関わったのは、武蔵国《むさしのくに》の荒木田門徒《もんと》の源海《げんかい》や麻布の了海《りょうかい》であると考えられている。彼らは南無阿弥陀仏《なむあみだぶつ》の名号《みようごう》の周囲に幾筋もの光を放射状に放ち、阿弥陀如来《あみだにょらい》や釈迦如来《しゃかにょらい》をはじめとする仏菩薩《ぶつぼさつ》の尊像を描いた光明本尊《こうみようほんぞん》を用いて布教を行い、多くの民衆の支持を得て佛光寺《ぶっこうじ》を隆盛に向かわせた。

しかし、本願寺《ほんがんじ》第三世の覚如《かくにょ》は光明本尊《こうみようほんぞん》を用いた布教を否定し、『改邪鈔《がいじゃしょう》』の中でも痛烈な批判をしている。光明本尊《こうみようほんぞん》をいわば布教のツールとみなし、そんな小道具で真の信仰に導くことはできないというのが親鸞《しんらん》以来の真宗《しんしゅう》の立場だった。そのことが本願寺《ほんがんじ》の教えを硬直化させ、覚如《かくにょ》の後、第七世存如《ぞんにょ》のときまでは衰退の一途を辿《たど》ったのである。

元応《げんおう》二年（一三二〇）、第七世了源《りょうげん》が山科《やましな》の草庵《そうあん》を東山渋谷に移し、伽藍《がらん》を整備した。したがって、佛光寺《ぶっこうじ》では当寺の開創を了源《りようげん》としている。光明本尊《こうみようほんぞん》を用いた布教などで民衆の心を摑《つか》み、室町時代になると佛光寺《ぶっこうじ》は本願寺《ほんがんじ》を凌《しの》ぐ勢力を誇った。応仁《おうにん》の乱後、第十四世を継ぐはずだった経豪《きょうごう》がそのころ台頭してきた蓮如《れんにょ》に帰依《きえ》し、佛光寺《ぶっこうじ》十四世を弟の経誉《きょうよ》に譲り、山科に一宇を建立して佛光寺《ぶっこうじ》の旧称である興正寺《こうしょうじ》を名乗った。これによって佛光寺《ぶっこうじ》の寺運は急速に衰えることになった。

当初、興正寺《こうしょうじ》は三十三間堂《さんじゅうさんげんどう》の向いにあったが、天正《てんしょう》十四年（一五八六）、豊臣秀吉《とよとみひでよし》がこの地に方広寺《ほうこうじ》を創建して大仏をまつることを計画し、秀吉《ひでよし》の懇請によって現在地に移転した。

興正寺《こうしょうじ》（真宗興正派本山《しんしゅうこうしょうは》／京都市下京区堀川通七条上ル）

西本願寺《にしほんがんじ》の南隣にあり、前述したように佛光寺《ぶっこうじ》の旧称を寺号としている。佛光寺《ぶっこうじ》第十四世を継ぐはずだった経豪《きょうごう》が蓮如《れんにょ》に帰依して蓮教《れんきょう》と名乗り、蓮如《れんにょ》とともに各地を布教して寺運は盛大に向かった。しかし、天文《てんぶん》元年（一五三二）には兵火により、山科《やましな》本願寺とともに伽藍《がらん》は灰燼《かいじん》に帰した。

その後、大坂の石山寺《いしやまでら》に拠点を移した本願寺《ほんがんじ》とともに興正寺《こうしょうじ》も移転し、永禄《えいろく》十二年（一五六九）、本願寺《ほんがんじ》第十一世の顕如《けんにょ》の次男の顕尊《けんそん》が入寺して石山本願寺《いしやまほんがんじ》の脇門跡に任ぜられた。しかし、その翌年から十一年間に及ぶ石山寺合戦《いしやまでらかっせん》の火蓋《ひぶた》が切って落とされ、天正八年（一五八〇）には石山寺《いしやまでら》を明け渡すことになった。

本願寺《ほんがんじ》は大坂天満に移転して広大な伽藍《がらん》を建立し、天満《てんま》本願寺《ほんがんじ》となり、このとき興《こう》正寺《しょうじ》も天満《てんま》本願寺《ほんがんじ》近くに移転した。その後、天正《てんしょう》十九年（一五九一）には豊臣秀吉《とよとみひでよし》の都市計画により、京都に移転した本願寺《ほんがんじ》とともに現在地に移った。その後も本願寺《ほんがんじ》とともに歩んだが、明治九年（一八七六）、創建の精神の「興隆正法」を喧伝《けんでん》すべく、本願寺《ほんがんじ》から独立して興正派《こうしょうは》の本山になった。

錦織寺《きんしょくじ》（真宗木辺派《しんしゅうきべは》本山／滋賀県野洲市木部八二六）

もと慈覚大師《じかくだいし》円仁《えんにん》が毘沙門天《びしゃもんてん》をまつった毘沙門堂《びしゃもんどう》が起源とされる。親鸞《しんらん》は嘉禎《かてい》元年（一二三五）ごろ京都に帰る途中、この地を訪れ、阿弥陀如来《あみだにょらい》像をまつって地元の人々を教化したという。

このとき、領主の石畠《いしばたけ》資長《すけなが》が親鸞《しんらん》に深く帰依《きえ》して門弟となり、願明と号し、伽藍《がらん》を整備したのが錦織寺《きんしょくじ》のはじまりであるという。願明の後を継いだ愚咄《ぐとつ》（〜一三五二）は錦織寺《きんしょくじ》の職を弟に譲り、近江の瓜生津《うりゅうづ》の弘誓寺《ぐぜいじ》に移り、覚如《かくにょ》に帰依《きえ》した。そして、覚如《かくにょ》の子存覚《ぞんかく》が覚如《かくにょ》に義絶されたときには、その赦免のために尽力し、経済的にも支援した。

その機縁もあって一三五二年には存覚《ぞんかく》の七男、慈観《じかん》を錦織寺《きんしょくじ》の住職に迎えた。錦織《きんしょく》寺《じ》は木辺《きべ》門徒の拠点として大いに栄え、その勢力は伊勢、大和、紀州の広い地域で発展した。蓮如《れんにょ》が本願寺《ほんがんじ》を復興すると、木辺《きべ》門徒の多くも本願寺《ほんがんじ》に属するようになったが、その後も独自の強勢を保ち続けている。

なお、親鸞《しんらん》は『教行信証《きょうぎょうしんしょう》』をここで完成したといわれており、御影堂《ごえいどう》には完成したときの親鸞《しんらん》の喜びを表した「満足の御影」という画像が掲げられている。ただし、親鸞《しんらん》が『教行信証《きょうぎょうしんしょう》』を完成したのは京都でのことと考えられている。

専照寺《せんしょうじ》（真宗三門徒派本山《しんしゅうさんもんとはほんざん》／福井県福井市みのり二丁目三―七）

三門徒派《さんもんとは》は鎌倉時代の弘安《こうあん》三年（一二八〇）、高田の専修寺《せんじゅじ》に属していた如道《にょどう》が越前の大町に大町専修寺《せんじゅじ》を建立したことにはじまる。その後、如道《にょどう》の尽力によって大いに栄え、応長《おうちょう》元年（一三一一）には本願寺《ほんがんじ》第三世留守職《るすしき》の覚如《かくにょ》が、長男の存覚《ぞんかく》を伴って訪れ、如道《にょどう》に『教行信証《きょうぎょうしんしょう》』を授けた。

その後、如道《にょどう》の教えは専修寺《せんじゅじ》を拠点に栄え、多くの門徒が参集した。そして、如道《にょどう》の没後、門弟たちが横越に證誠寺《しょうじょうじ》、鯖江《さばえ》に誠照寺《じょうしょうじ》を建立し、専修寺《せんじゅじ》を専照寺《せんしょうじ》と改名した。この三つの寺を拠点とした門徒を三門徒派《さんもんとは》と呼んだのである。

室町時代には六代将軍、足利義教《あしかがよしのり》の帰依《きえ》を受け、寺領を寄進されたが、応仁《おうにん》の乱以降、頻発した大規模一揆《いっき》によって寺運は衰退の一途を辿った。そして、戦国時代末には織田信長《おだのぶなが》や豊臣秀吉《とよとみひでよし》に攻められ、寺勢はすっかり衰えてしまった。天正《てんしょう》十三年（一五八五）、正親町《おおぎまち》天皇によって朝廷の勅願所と定められたが、旧態を取り戻すことはできなかった。

江戸時代に入ると末寺の多くは離散して本願寺《ほんがんじ》の傘下に入り、享保《きようほう》九年（一七二四）には専照寺《せんしようじ》自体も天台宗《てんだいしゆう》の末寺になって命脈をつなぐというありさまだった。明治になって真宗《しんしゆう》に復し、東本願寺《ひがしほんがんじ》の末寺となった。しかし、同十一年（一八七八）に真宗三門徒派《しんしゆうさんもんとは》として独立した。

武生の毫摂寺《ごうしようじ》、鯖江《さばえ》の誠照寺《じようしようじ》、證誠寺《しようじようじ》とともに「越前《えちぜん》四カ本山」と呼ばれて門徒の拠点となっている。

毫摂寺《ごうしようじ》（真宗出雲路派《しんしゆういずもじは》本山／福井県越前市清水頭町第二号九番地）

寺伝では天福《てんぷく》元年（一二三三）に親鸞《しんらん》が京都の出雲路《いずもじ》（現在の京都市北区）に創建し、後に義絶した長子の善鸞《ぜんらん》に託したとされる。これが毫摂寺《ごうしようじ》の起源であるという。天福元年は親鸞《しんらん》が六十歳になった年で、帰洛《きらく》してすぐに毫摂寺《ごうしようじ》を建立したことになる。しかし、帰洛後の親鸞《しんらん》は著作に専念して、寺院建立などの表立った活動はしていない。長子の善鸞《ぜんらん》も異解を正すために、すぐに関東に下向しているから、毫摂寺《ごうしようじ》を託された善鸞《ぜんらん》が経営に当たったということも考えにくい。

毫摂寺《ごうしようじ》第三世とされているのが本願寺《ほんがんじ》第三世覚如《かくによ》の末子、善入《ぜんにゆう》である。彼は京都の今出川《いまでがわ》に寺基を移して布教活動を行った。第四世は善入《ぜんにゆう》の子の善智《ぜんち》が継いだが、彼は請われて越前の證誠寺《しようじようじ》の住持も兼ねることになった。室町時代初期は南北朝の騒乱などにより、世相が騒然とした。第五世の善幸《ぜんこう》は止む無く母とともに下向して、鯖江《さばえ》の證誠寺《しようじようじ》に寄寓《きぐう》することになった。

その後も明徳《めいとく》の乱や応仁《おうにん》の乱、さらには一向一揆《いっこういっき》などに翻弄《ほんろう》されて寺運は衰退する。戦国時代末になって藤原北家の血筋を引く柳原家から第十二世善照《ぜんしよう》を迎えた。慶長《けいちよう》三年（一五九六）、善照《ぜんしよう》は現在地に寺基を移し、精力的に布教活動を行って毫摂寺《ごうしようじ》を再興した。善照《ぜんしよう》は毫摂寺《ごうしようじ》の中興の祖として仰がれている。

このころ、この地に築城された小丸城が廃城となり、停滞していた城下町の五分一が毫摂寺《ごうしようじ》の門前となり、再び活況を呈するようになった。以降、毫摂寺《ごうしようじ》は「五分一本山」として親しまれるようになる。

また、江戸時代には後柏原《ごかしわばら》天皇や後陽成《ごようぜい》天皇によって勅願所と定められ、江戸時代を通じて天台宗《てんだいしゆう》青蓮院の門末だった。明治五年（一八七二）、教部省の指令で本願寺《ほんがんじ》派《は》と合同することになったが、同十一年、教部省の廃止に伴って出雲寺《いずもじ》派《は》として独立した。

御影堂《ごえいどう》は文化《ぶんか》八年（一八一一）の建立で親鸞《しんらん》聖人像をはじめ、歴代門主《もんす》の肖像を安置する。また、北国随一といわれる梵鐘《ぼんしょう》を持つ鐘楼《しょうろう》や向拝に繊細な彫刻を施した鐘楼も江戸時代に建立である。

證誠寺《しょうじょうじ》（真宗山元派本山《しんしゆうやまもとは》／福井県鯖江市《さばえし》横越町第一三号四三番地）

親鸞《しんらん》が越後《えちご》に配流される途次、越前《えちぜん》の山本荘に滞在し土地の人々に親しく法話《ほうわ》を行った。人々は親鸞《しんらん》に長く留《とど》まって教化してくれるよう懇願したが、配流の身の親鸞《しんらん》にはそれは叶《かな》わず、数日後人々に惜しまれながらこの地を後にした。

それから二十数年後、親鸞《しんらん》は京都に帰ったが、親鸞《しんらん》帰洛を知った有縁の人々が再び親鸞《しんらん》の山本荘への下向を懇願した。しかし、京都で著作に専念したかった親鸞《しんらん》はこれを断り、代わりに長子の善鸞《ぜんらん》を山本荘に向かわせた。ところが、野心多き善鸞《ぜんらん》は全国布教の意思を強く持っており、子どもの如浄《にょじょう》にこの地の教化を託した。如浄《にょじょう》は親鸞《しんらん》の分骨を山本荘にもたらし、伽藍《がらん》を整備してこれをまつった。如浄《にょじょう》は後二条天皇に拝謁して「山元山護念院證誠寺」の勅額《ちょくがく》と勅願寺《ちょくがんじ》の綸旨《りんじ》を賜り、発展の基盤を盤石にした。

その後、鎌倉時代から室町初期にかけては多くの門徒を獲得して繁栄した。しかし、室町時代中ごろになると、応仁《おうにん》の乱や一向一揆《いっこういっき》の影響で、たびたび兵火に見舞われ、寺基も転々とした。また、蓮如《れんにょ》が出るに及んで本願寺《ほんがんじ》が躍進すると、末寺や多くの門徒が本願寺《ほんがんじ》の傘下になり、證誠寺から離れた。

江戸時代の元禄《げんろく》三年（一六九〇）、福井藩主の現在地に移り、伽藍《がらん》を整えた。

誠照寺《じょうしょうじ》（真宗《しんしゅう》誠照寺派《じょうしょうじは》本山／福井県鯖江市《さばえし》本町三丁目二―三八）

親鸞《しんらん》が越後《えちご》に流される途上、鯖江《さばえ》で法話《ほうわ》を行った際、領主の波多野景之《はたのかげゆき》が深く帰依《きえ》し後に親鸞《しんらん》の五男の道性《どうしょう》を迎えて寺としたのが起源とされている。このとき、後二条天皇から真照寺《しんしょうじ》の寺号を賜り、伽藍《がらん》を整備し、まもなく鯖江《さばえ》の門前町が形成されたという。そして、道性《どうしょう》のあとをついだ如覚《にょかく》は三門徒派に属し、證誠寺《しょうじょうじ》や専照寺《せんしょうじ》などの三《さん》門徒派《もんとは》の寺院とともに急速に発展した。そして、三門徒派は室町時代には室町時代越前《えちぜん》から加賀《かが》、越後《えちご》、美濃《みの》にまで教線を広げ、後花園《ごはなぞの》天皇（一四二八～一四六四在位）から誠照寺《じょうしょうじ》の勅額《ちょくがく》を賜ったころには最盛期を迎えた。

しかし、その後は蓮如《れんにょ》の活躍による本願寺《ほんがんじ》の復権で勢力を削《そ》がれ、また、一向一揆の焼き打ちによって甚大な被害を受けた。そして、天正《てんしょう》十一年（一五八三）、賤ヶ岳《しずがたけ》の戦いで誠照寺《じょうしょうじ》の勢力が柴田勝家を支援したため、羽柴秀吉《はしばひでよし》の報復にあって伽藍《がらん》は壊滅的な被害を受け、寺運は一気に衰退した。

江戸時代には一時、天台宗《てんだいしゅう》の末寺となって命脈をつないでいたが、その後、二条家から門主《もんす》を迎えて門跡寺院の格式をそなえ、復興した。明治五年には教部省の通達により、本願寺《ほんがんじ》の傘下に入ったが、同十一年、教部省の廃止に伴って真宗《しんしゅう》 誠照寺派《じょうしょうじは》の本山として独立した。

◆二十四《にじゅうよ》輩《はい》のお寺

本願寺《ほんがんじ》第三世の覚如《かくにょ》が第二世如信《にょしん》の三十三回忌に当たって、親鸞《しんらん》から直接教えを受けた門弟の流れを汲《く》むものを集めて、布教に力を入れるよう奨励した。その際に直接親鸞《しんらん》の教えを受けた二十四人の門弟を選んだ。それが二十四《にじゅうよ》輩《はい》と呼ばれている。

飯沼の性信《しょうしん》、高田の真仏《しんぶつ》、鹿島の順信《じゅんしん》、南庄の乗然《じょうねん》、新堤《にいづつみ》の信楽《しんらく》、一谷《ひとつたに》の成然《じょうねん》、野田の西念《さいねん》、戌飼《いぬかい》の性証《しょうしょう》、飯沼の善性《ぜんしょう》、和賀の是信《ぜしん》、綾和《あやわ》の無為信《むいしん》、久慈《くじ》の善念《ぜんねん》、阿輪の信願《しんがん》、那荷《なか》の定信《じょうしん》、内田の道円《どうえん》、穴沢の入信《にゅうしん》、奥郡の念信《ねんしん》、八田《はった》の入信《にゅうしん》、檜原《ひのはら》の明《みょう》法《ほう》、村田の慈善《じぜん》、吉田の唯仏《ゆいぶつ》、戸森の唯信《ゆいしん》、畠谷《はたけたに》の唯信《ゆいしん》、鳥喰《とりばみ》の唯円《ゆいえん》の二十四人である。

報恩寺《ほうおんじ》（大谷派《おおたには》／東京都台東区東上野六―一三―一三）

建保《けんぽう》二年（一二一四）、親鸞《しんらん》の門弟の性信《しょうしん》が下総《しもうさ》の横曽根《よこぞね》（現在の茨城県水海道市）に念仏《ねんぶつ》道場を開いたことに始まる。江戸開府前年の慶長《けいちょう》七年（一六〇二）に江戸に移り、坂東報恩寺《ほうおんじ》と称した。

その後、江戸市中を三転し、文化《ぶんか》三年（一八〇六）に現在地に居を定めた。江戸時代を通じて幕府の保護を受け、三十石一斗の朱印地を授けられた。また、毎年一月十二日には「俎《まないた》開き」という行事が開かれる。

専修寺《せんじゅじ》（高田派《たかだは》／栃木県真岡《もおか》市高田一四八二）

三重県津市の一身田町《いっしんでんちょう》の専修寺《せんじゅじ》の起源で、親鸞《しんらん》が稲田で布教していたとき、下野《しもつけ》（栃木県）真岡《もおか》の高田を訪れ、領主の大内氏が帰依《きえ》した。このとき、親鸞《しんらん》は長野の善《ぜん》光寺《こうじ》の「一光三尊仏《いっこうさんぞんぶつ》」を感得して大内氏の援助によって高田に如来堂を創建、一光三《いっこうさん》尊仏《ぞんぶつ》を安置した。これが専修寺《せんじゅじ》のはじまりである。その後、親鸞《しんらん》は高弟の真仏《しんぶつ》に専修《せんじゅ》寺《じ》を託し、室町時代には高田派《たかだは》の拠点として大いに栄えた。

このころ、高田派《たかだは》の真慧《しんね》が三重県一身田《いっしんでん》に無量寿院《むりょうじゅいん》を創建し、ここを拠点に伊勢国《いせのくに》に教線を張った。真慧《しんね》は後土御門《ごつちみかど》天皇の帰依《きえ》を受けて、この寺は勅願寺の綸旨《りんじ》を賜った。

戦国時代になって高田の専修寺《せんじゅじ》が兵火に遭うと、歴代の住職が一身田《いっしんでん》の無量寺《むりょうじ》に移り住みはじめ、高田派《たかだは》の本山として認められるようになった。いっぽう、下野《しもつけ》の専修《せんじゅ》寺《じ》は江戸時代になって復興が進み、今も本寺専修寺《せんじゅじ》と呼ばれて多くの門徒の信仰の中心になっている。

無量寿寺《むりょうじゅじ》（本願寺派《ほんがんじは》／茨城県鉾田《ほこた》市《し》鳥栖《とす》一〇一三）

もともと三論宗《さんろんしゅう》の寺院として創建され、大同《だいどう》元年（八〇六）には平城天皇の勅願寺《ちょくがんじ》になっている。平安時代の末には荒廃していたが、元久《げんきゅう》元年（一二〇四）に頓阿《とんあ》という禅僧が再興し、禅寺に改めた。

しかし、このころ地頭の妻が十九歳で亡くなり、その迷った霊が夜ごと現れて、村人を恐怖のどん底に陥れた。無量寿寺《むりょうじゅじ》にも人が寄り付かなくなり、寺は廃業同然になった。そんな折、稲田の西念寺《さいねんじ》で活動していた親鸞《しんらん》が鹿島神宮に参拝するとの情報が入り、地頭をはじめ村人たちは親鸞《しんらん》に願って、霊を鎮めてもらうことにした。

村人の要請に応じて無量寿寺《むりょうじゅじ》を訪れた親鸞《しんらん》は、見事に霊を追い払って村人を救った。これを契機に寺号を無量寿寺《むりょうじゅじ》とし、門弟の順信坊《じゅんしんぼう》に譲って念仏《ねんぶつ》道場とした。順信坊《じゅんしんぼう》は鹿島神宮の神官だったが、親鸞《しんらん》に帰依《きえ》して門弟となり、後に鹿島門徒の指導者となる。

如来寺《にょらいじ》（大谷派《おおたには》／茨城県石岡市柿岡二七四一―一）

親鸞《しんらん》が夢告により霞ヶ浦から引き揚げた阿弥陀如来《あみだにょらい》像をまつった草庵《そうあん》が起源とされている。また、この寺には聖徳太子《しょうとくたいし》浮足像という像がある。こちらは聖徳太子《しょうとくたいし》を崇敬していた親鸞《しんらん》が大切にまつっていたものだ。

親鸞《しんらん》は草庵を門弟の乗然坊領海《じょうねんぼうりょうかい》に託し、そのとき聖徳太子《しょうとくたいし》浮足像を形見として授けた。その後、明応《めいおう》七年（一四九八）、如来寺《にょらいじ》十世了然《りょうぜん》のときに現在地に移した。

弘徳寺《こうとくじ》（大谷派《おおたには》／茨城県結城郡八千代町大字新地五四七）

弘徳寺《こうとくじ》を開いた信楽《しんらく》はもと相馬《そうま》三郎義清《よしきよ》という武士だったが、親鸞《しんらん》に深く帰依《きえ》して門弟となり、自邸を改造して寺に改め、弘徳寺《こうとくじ》と号して念仏《ねんぶつ》道場とした。

また、弘徳寺《こうとくじ》には「大蛇の頭骨」というものがある。これは親鸞《しんらん》が下野国《しもつけのくに》花見ヶ丘で退治した大蛇の頭の骨と伝えられている。その昔、夫への嫉妬《しっと》を募らせたムラの女が大蛇となって近くの池に棲《す》み、村人にさまざまな危害を加えていた。恐怖に慄《おのの》いた村人たちは娘を生贄《いけにえ》に捧《ささ》げて大蛇の怒りを鎮めようとした。

これを知ったムラの娘たちはみな逃げ惑ったが、相談の結果、籤引《くじび》きで決めることになり、神主の娘に白羽の矢がたった。娘は嘆き悲しみ日々泣き暮らした。その様子を哀れに思った神主と村人たちが相談して稲田に住む親鸞《しんらん》に助けを求めることにした。

村人の求めに応じてやって来た親鸞《しんらん》は、花見ヶ丘の大蛇の棲む池に赴いた。大蛇は牙《きば》をむいて向かってきたが、親鸞《しんらん》が静かに「浄土三部経《じょうどさんぶきょう》」を称《とな》えはじめると次第に大人しくなり、間もなく往生《おうじょう》し、村には平和な日々が訪れた。その後、信楽《しんらく》が大蛇の頭骨を持ち帰ってまつったという。

妙安寺《みょうあんじ》（大谷派《おおたには》／群馬県前橋市千代田町三―三―三〇）

関白九条兼実《かねざね》は政争の末、鎌倉時代のはじめに失脚した。このとき、兼実《かねざね》の十男、幸実《ゆきざね》も無実の罪で下総国《しもうさのくに》一之谷に配流された。その後、幸実《ゆきざね》は稲田に親鸞《しんらん》を訪ね、その教えに深く帰依《きえ》して門弟となり、成然《じょうねん》という法名《ほうみょう》を授けられたという。

その後、成然《じょうねん》は一之谷にある聖徳太子《しょうとくたいし》建立と伝えられ、当寺は廃寺になっていた寺を復興した。その後、妙安寺《みょうあんじ》は念仏《ねんぶつ》道場として栄えたが、天正《てんしょう》十八年（一五九〇）には初代川越藩主酒井重忠《しげただ》の請いに応じて川越に居を構えた。しかし、関ヶ原の合戦以降、酒井氏が前橋にお国替えになったことから現在地に移った。

江戸時代のはじめに本願寺《ほんがんじ》が東西に分離したとき、幕府の命令で当時の親鸞《しんらん》聖人像を東本願寺《ひがしほんがんじ》に移した。以降、「お里御坊」の名で親しまれている。

西念寺《さいねんじ》（大谷派《おおたには》／茨城県坂東市辺田《へた》三五五―一）

親鸞《しんらん》の門弟の西念《さいねん》が武蔵国《むさしのくに》野田（現在のさいたま市）に長命寺《ちょうめいじ》という念仏《ねんぶつ》道場を開き、生涯、念仏《ねんぶつ》の布教に努めて百八歳で大往生《だいおうじょう》を遂げたという。その後、長命寺《ちょうめいじ》は建《けん》武《む》の騒乱で兵火を受けて焼失したので、当時の住職は西念《さいねん》の生国の信濃国《しなののくに》（長野県）に移った。このとき、寺宝などは西念《さいねん》とゆかりのあった辺田の聖徳寺《しょうとくじ》に移し、江戸時代になって西念《さいねん》を開基として寺号を西念寺《さいねんじ》と改めた。

境内の梵鐘《ぼんしょう》には次のような伝説がある。昔、平将門《たいらのまさかど》の率いる兵士がこの寺を訪れ、梵鐘《ぼんしょう》を持ち去って陣鐘《じんがね》とした。しかし、鐘《かね》を撞《つ》くと「辺田村恋し、辺田村恋し」とむせび泣くような音が響き渡った。その音を聞いた兵士たちは気味悪がり、士気が上がらない。これに腹をたてた将門《まさかど》が寺に返すように命じたという。

蓮生寺《れんしょうじ》（大谷派《おおたには》／福島県東白川郡棚倉町大字棚倉字新町六〇―二）

鎌倉幕府の御家人、畠山重忠《はたけやましげただ》の子、重秀《しげひで》が親鸞《しんらん》に帰依《きえ》して証性《しょうしょう》の法名《ほうみょう》を授けられた。証性《しょうしょう》は下野国《しもつけのくに》（栃木県）に蓮生寺《れんしょうじ》を創建し、念仏《ねんぶつ》道場として栄えた。その後、江戸時代になって福島県白河郡に移転してきたという。茨城県の太田市にある蓮生寺《れんしょうじ》も証性《しょう》の創建とされている。

畠山重忠《はたけやましげただ》は常に阿弥陀如来《あみだにょらい》の軸を携行していたといい、四十四度の合戦には鎧《よろい》の袖《そで》に阿弥陀《あみだ》の軸を巻きつけて臨み、すべて勝ち戦になったという。重秀《しげひで》が親鸞《しんらん》に帰依《きえ》して念仏《ねんぶつ》信仰を広めたのも父の影響が大きかったのだろう。

東弘寺《とうこうじ》（大谷派《おおたには》／茨城県常総市大房九三）

赦免になった親鸞《しんらん》は常陸《ひたち》の稲田に向かう途上、国主の豊田氏の館《やかた》に滞留した。そのとき、当主の豊田四朗治親《はるちか》の夢に薬師如来《やくしにょらい》が現れ「この地は念仏弘通にふさわしいので、道場を創設せよ」といって柳の枝を一本授けた。目が覚めると、手元に件《くだん》の柳の枝があり、治親《はるちか》がそのいわれを話して親鸞《しんらん》に献じると、大いに喜んで庭に挿した。すると、不思議なことにその柳は一夜にして一丈の高さに成長した。この奇瑞《きずい》を見た治《はる》親《ちか》はすぐに親鸞《しんらん》の門弟となり、良信《りょうしん》という法名《ほうみょう》を授けられたという。治親《はるちか》は道場を開き、東弘庵処と名付けた。その東弘庵処を善性《ぜんしょう》が寺に改め、高柳山東弘寺《とうこうじ》と号した。開基の善性坊《ぜんしょうぼう》は順徳天皇の弟の但馬宮正懐親王といわれている。正懐親王は若くして比叡山《ひえいざん》に登って修行したが、腐敗堕落した比叡山《ひえいざん》の状況に失望し、二十歳で山を下りた。その後、東国に向かった正懐親王は下総《しもうさ》に至り、やがて稲田に親鸞《しんらん》を訪ねて門弟となった。

この道場に多くの信者が集まり、日々、念仏《ねんぶつ》の声が絶えなかったという。寺宝の薬《やく》師如来像《しにょらいぞう》は鎌倉時代末の元亨《げんこう》元年（一三二一）に作られたもので、この地を治めていた豊田氏の守護本尊。このほか、寺宝に聖徳太子《しょうとくたいし》像がある。

本誓寺《ほんせいじ》（大谷派《おおたには》／岩手県盛岡市名須川町三―一六）

開基の是信坊《ぜしんぼう》は俗名を吉田信明といい、藤原氏の一門の公家の出身と伝えられている。朝廷に仕えて大納言の位まで出世したが、政争に巻き込まれて失脚し、越前《えちぜん》（福井県）に流された。数年後に赦免になったが、京都には帰ることなく仏道に入った。師を求めた信明は親鸞《しんらん》の噂を聞き、常陸《ひたち》の稲田を訪れ、深く帰依《きえ》して門弟になったという。このとき、是信坊《ぜしんぼう》の法名《ほうみょう》を授けられた。

信明は終生、親鸞《しんらん》に仕えて教えを受けるつもりだったが、彼の信心の深さと能力を高く評価した親鸞《しんらん》は、是信《ぜしん》に東国の布教を命じた。是信《ぜしん》は師との別れを惜しんでこれを固辞したが、「辺鄙《へんぴ》の群類」の教化という親鸞《しんらん》の理想を汲んで復命することにしたという。出立に際して親鸞《しんらん》は自らが刻んだ御影《ごえい》を授けたといい、是信《ぜしん》はこれを携えて東国に向かい、本誓寺《ほんせいじ》を創建して東国の布教に専念したと伝えられている。

無為信寺《むいしんじ》（大谷派《おおたには》／新潟県阿賀野市下条町八―一二）

開基の無為信《むいしん》は俗名を武田信勝《のぶかつ》という会津生まれの武士だったが、戦いに明け暮れる武士の生活を厭《いと》い、稲田に親鸞《しんらん》を訪ねて帰依《きえ》し門弟となった。無為信《むいしん》の法名《ほうみよう》を授けられたという。

その後、親鸞《しんらん》の側に仕えたが、親鸞《しんらん》が京都に帰った後、師の命によって生国の会津に一宇を建立したのが無為信寺のはじまりである。無為信《むいしん》の教化によって多くの門徒が集まった無為信寺《むいしんじ》は念仏《ねんぶつ》道場として大いに栄えた。

承応《じようおう》三年（一六五四）には内藤氏の保護を受けて白川郡に移転したが、その後、内藤氏のお国替えによって駿河国《するがのくに》（静岡県）に移転。寺勢は衰え一時は廃寺となった。しかし、享保《きようほう》年間（一七一六〜三五）には京都の東本願寺《ひがしほんがんじ》内に再興され、その後、宝《ほう》暦《れき》年間（一七五一〜六三）に越後《えちご》（新潟県）の現在地に再興された。

善重寺《ぜんじゆうじ》（大谷派《おおたには》／茨城県水戸市酒門町二〇九六）

開基の善念坊《ぜんねんぼう》は鎌倉幕府の有力御家人の直系で、三浦三郎義重《よししげ》という武士だったと伝えられている。しかし、父の実忠《さねただ》は北条氏との争いに敗れて討ち死にし、義重《よししげ》は難を逃れて常陸《ひたち》にやって来た。

水戸の桜川のほとりに差し掛かったとき、一人の僧侶《そうりよ》が川を渡れず難儀をしていた。見かねた義重《よししげ》は僧侶を背負って川を渡らせた。その僧侶こそ親鸞《しんらん》だったのである。これが縁で義重《よししげ》は親鸞《しんらん》から親しく教えを聞き、すぐに門弟になって善念坊《ぜんねんぼう》の法名《ほうみょう》を授けられたという。後に親鸞《しんらん》は桜川のほとりに一宇を建立し、善念《ぜんねん》に託した。善念《ぜんねん》はここで多くの人々を教え導き、弘安《こうあん》八年（一二八五）に八十五歳で生涯を終えた。

その後、善重寺《ぜんじゅうじ》は何度か移転して寺勢も衰えるが、江戸時代のはじめに水戸光圀《みつくに》によって現在地に再興された。光圀《みつくに》は領内の寺院を統廃合したが、有力な寺院は殊遇した。善重寺《ぜんじゅうじ》も親鸞《しんらん》の旧跡ということで特別の計らいを受け、江戸時代には領内の触頭を務めた。また、善重寺《ぜんじゅうじ》には国の重要文化財に指定されている鎌倉時代の聖徳太子《しょうとくたいし》像があるが、この像も水戸光圀《みつくに》が寄進したものである。

慈願寺《じがんじ》（本願寺《ほんがんじ》派《は》／栃木県那須郡那珂川町健武一二三〇）

開基の信願坊《しんがんぼう》は清和源氏の末裔《まつえい》の佐竹一族の出身で、稲木三河守《みかわのかみ》義清《よしきよ》といい、稲木

（現在の常陸太田市）の城主だった。後に出家して慈清《じしょう》と号したが、稲田の親鸞《しんらん》を訪ねて深く帰依《きえ》し門弟となった。そのとき、信願坊定信《しんがんぼうじょうしん》の法名《ほうみょう》を授けられる。天福《てんぷく》元年（一二三三）、常陸栗野鹿崎（現在の茨城県桂村）に道場を開き、念仏《ねんぶつ》の教えを広めた。

慈願寺《じがんじ》は稲木家に仕えていた和久勝介という少年が信願《しんがん》の供をして稲田に通っているうちに親鸞《しんらん》の教えを受けて信願《しんがん》の弟子になり、定念《じょうねん》と号したことにはじまる。その後、和久勝介は故郷の健武《たけぶ》（現在の栃木県那須郡那珂川町建武）に帰った後、親鸞《しんらん》を招いて七日間の説法を行い、健武《たけぶ》の道場を開いた。そして勝介はこの道場を信願《しんがん》に寄進した。その後、本願寺《ほんがんじ》第三世の覚如《かくにょ》が健武《たけぶ》の道場を訪ねて滞在し、慈願寺《じがんじ》の寺号を授けた。

阿弥陀寺《あみだじ》（大谷派《おおたには》／茨城県那珂市額田《ぬかだ》南郷三七五）

もともと常陸《ひたち》の大山の地には、法然《ほうねん》の孫弟子の行観《ぎょうかん》が開いた阿弥陀寺《あみだじ》という浄土宗《じょうどしゅう》の寺があった。

親鸞《しんらん》は建暦《けんりやく》元年（一二一一）に赦免になり、翌年の正月二十五日には師の法然《ほうねん》が亡くなった。赦免になっても京都に帰らず、関東に留《とど》まることを決意したが、法然《ほうねん》の追悼法要をどこかで営みたいという気持ちが強かったことだろう。建保《けんぽう》四年（一二一六）、親鸞《しんらん》は師の法然《ほうねん》ゆかりの阿弥陀寺《あみだじ》を訪れ、その境内に草庵《そうあん》を結び大山禅坊《おおやまぜんぼう》と称した。そして、同年十二月に法然《ほうねん》の追悼法要を営み、三尊六高祖荘厳像をまつった。これが大山禅坊阿弥陀寺《おおやまぜんぼうあみだじ》の起源である。

この法要は「満足の法要」と呼ばれ、また、法要が契機となって北は奥州（福島県）、西は下野《しもつけ》（栃木県）に教線を伸ばすことができたことから「真宗興行の法要」とも呼ばれている。

また、法要に際して親鸞《しんらん》は直筆の「帰命尽十方無量光如来《きみようじんじつぽうむりようこうによらい》」という十字名号《じゆうじみようごう》を中心に聖徳太子《しようとくたいし》と法然《ほうねん》を描いた画像と六高僧の画像を掲げた。この画像は今も阿弥陀寺《あみだじ》に伝えられている。

それから約二十年後、親鸞《しんらん》は単身京都に帰ることになるが、帰洛《きらく》に際して大山禅坊《おおやまぜんぼう》を門弟の定信坊《じようしんぼう》に託した。定信坊《じようしんぼう》は三井寺《みいでら》で修行した密教僧《みつきよう》だったが、布教のために関東に下った折に親鸞《しんらん》に出会い、帰依《きえ》して門弟になって定信《じようしん》の法名《ほうみよう》を授けられた。

正応《しようおう》三年（一二九〇）、本願寺《ほんがんじ》第三世覚如《かくによ》が大山禅坊《おおやまぜんぼう》を訪れ、阿弥陀寺《あみだじ》の寺号を授けた。そして、明徳《めいとく》二年（一三九一）、真宗《しんしゆう》に帰依《きえ》した額田《ぬかだ》城主の懇請により、大山から額田《ぬかだ》城の守護として額田《ぬかだ》城内（現在地）に移された。

枕石寺《ちんせきじ》（大谷派《おおたには》／茨城県常陸《ひたち》太田市上河合町一一〇二一）

開基の日野左衛門尉頼秋《さえもんのじょうよりあき》は親鸞《しんらん》と同族の貴族、日野氏の出身で文武両道に優れていた。しかし、自らの能力と才能を過信する余り、傲慢《ごうまん》な振る舞いが目立ち、周囲に恨みを買って讒訴《ざんそ》され、承元《しょうげん》元年（一二〇七）、常陸国《ひたちのくに》（茨城県）に流罪となった。

四年後には赦免になったが、その間に頼秋《よりあき》の文武の才能と人柄を慕って多くの者が門弟となった。赦免後、頼秋《よりあき》は京都に戻るつもりだったが、門弟たちは当地に留まる事を懇願した。そこで、頼秋《よりあき》は館《やかた》を営み、門弟たちの武道と学問の指導に当たることにしたという。このころ、親鸞《しんらん》は越後《えちご》での流罪を放たれ、関東での布教に力を入れていた。そして、この地に同じ日野氏の同族で、しかも親鸞《しんらん》と同様、無実の罪で配流になった頼秋《よりあき》の噂を耳にし、是非この人物に会ってみたいと思ったのだろう。

はたして、親鸞《しんらん》は旧暦十一月二十七日の大雪の夕方、頼秋《よりあき》の館を訪ねた。親鸞《しんらん》の訪問を快く思わなかった頼秋《よりあき》は、碌《ろく》に言葉も交わさずすげなく追い払った。そして、親鸞《しんらん》が一夜の宿を求めると、木の下や石の上を宿とするのが釈迦《しゃか》以来、仏弟子の習いであるといって、親鸞《しんらん》を追い払った。

親鸞《しんらん》は頼秋《よりあき》の傲慢《ごうまん》な態度にも立腹せず、頼秋《よりあき》をいま救わなければ未来永劫《えいごう》にわたって苦界《くがい》を彷徨《さまよ》うだろうと考え、館の前の踏み石を枕にして一夜を過ごす覚悟を決めた。その夜、頼秋《よりあき》の夢枕に観音菩薩《かんのんぼさつ》が現れ「お前はいま、阿弥陀如来《あみだにょらい》の化身である尊いお坊様がいらしていることに気付いていない。いま、お導きを頂かなければ未来永劫《えいごう》にわたって苦界を彷徨《さまよ》うことになるぞ！」と告げて姿を消した。

驚いて飛び起きた頼秋《よりあき》が外に出てみると、親鸞《しんらん》は頼秋《よりあき》の言った通り、石を枕にして降り積もった雪に埋もれて念仏《ねんぶつ》を称《とな》えていた。頼秋《よりあき》は自らの行いを恥じ、すぐさま親鸞《しんらん》を家の中に招いて法話《ほうわ》を聞き、門弟になる決意をしたという。この時、入西坊道円《にゅうさいぼうどうえん》という法名《ほうみょう》を授けられた。

入西《にゅうさい》は自邸を寺に改め、多くの人々が参集して念仏《ねんぶつ》の中心道場となった。その後、たびたび移転を繰り返し、天文《てんぶん》九年（一五四〇）に現在地に移転し、江戸時代になって水戸光圀《みつくに》から大門山の山号を賜り、水戸藩の保護のもと繁栄した。

壽命寺《じゅみょうじ》（本願寺派《ほんがんじは》／茨城県常陸《ひたち》大宮市野口三〇四二―一）

開基の入信坊《にゅうしんぼう》は佐竹義繁《よししげ》という武士で、父の秀義《ひでよし》は源頼朝《みなもとのよりとも》に帰順する鎌倉幕府の御家人だった。佐竹氏はもと清和源氏の家系をひく家柄だが、義繁《よししげ》は戦乱の世を厭《いと》い、遁世《とんせい》してひたすら念仏三昧《ねんぶつざんまい》の日々を過ごしていたという。

ある日、夢に僧侶《そうりょ》が現れ「いくら自力の念仏《ねんぶつ》を称えても、極楽往生《ごくらくおうじょう》は叶《かな》わない。弥《み》陀《だ》の本願《ほんがん》を信じて身を任せ、他力《たりき》の念仏《ねんぶつ》に専念せよ！　私は西方極楽浄土《さいほうごくらくじょうど》の使いだから疑ってはならない」と告げて天に飛び立った。目を覚ました義繁《よししげ》はさっそく稲田に親鸞《しんらん》を訪ねて夢のお告げの話をした。

すると、親鸞《しんらん》は阿弥陀如来《あみだにょらい》の本願《ほんがん》は末法《まっぽう》の世の無知の輩《やから》をこそ力強く救おうとの誓《せい》願《がん》である。だから、その本願《ほんがん》を疑うことなく一心に信ずる以外に往生道《おうじょうどう》はないと、他《た》力本願《りきほんがん》の教えを明確に説いた。これを聞いた義繁《よししげ》はいたく感激し、直ちに門弟にしてくれるよう懇願した。そして、入門を許された義繁《よししげ》は入信《にゅうしん》の法名《ほうみょう》を授けられた。

またある夜、親鸞《しんらん》が西の方を見ていると、一里ほど先に一筋の光が現れた。親鸞《しんらん》は入信《にゅうしん》を連れて光の方に近づいて行くと、光はますます強くなって輝いた。光明が指しているところを掘ってみると、一寸八分の阿弥陀如来《あみだにょらい》像が出てきた。

そこで、親鸞《しんらん》はその場所にお堂を建立し、地中から出てきた阿弥陀如来像をまつった。計り知れない（無量の）寿命を持つ、仏（無量寿仏《むりょうじゅぶつ》）、すなわち阿弥陀如来《あみだにょらい》を本尊としたので壽命寺《じゅみょうじ》と号したという。そして、親鸞《しんらん》は帰洛《きらく》に際して入信に壽命寺《じゅみょうじ》を託した。

照願寺《しょうがんじ》（大谷派《おおたには》／茨城県常陸《ひたち》大宮市鷲子《とりのこ》二二三六）

開基は栃木県との県境付近を所領とした高沢城主、高沢氏信《うじのぶ》という武士である。氏《うじ》信《のぶ》は父の遺言で戦いを止め仏門に入ることを決意した。そして、観音菩薩《かんのんぼさつ》の夢告によって稲田に親鸞《しんらん》を訪ねて説法を聞き、すぐさま門弟になることを許された。このとき、氏信《うじのぶ》は念信《ねんしん》という法名を授けられ、那加小舟（現在の茨城県那珂郡）に草庵《そうあん》を結んで、念仏《ねんぶつ》の道場とした。

親鸞《しんらん》はこの草庵を六回訪ねて念仏《ねんぶつ》の指導に当たったと伝えられ、多くの門徒が参集して栄えたという。その後、正安《しょうあん》元年（一二九九）には毘沙幢《びしゃどう》（常陸大宮市小舟）に、延徳《えんとく》二年（一四九〇）に現在地の鷲子《とりのこ》に移り、二十四輩の聖地として信仰されている。

照願寺《しょうがんじ》には「親鸞《しんらん》聖人見返りの桜」という桜の木がある。親鸞《しんらん》が照願寺《しょうがんじ》を訪れたとき、まだ桜の蕾《つぼみ》はかたかったが、翌日、起きると満開になっていた。親鸞《しんらん》はこの奇瑞《きずい》を大いに喜び、桜の木を振り返りながら念仏《ねんぶつ》を称えたという。さらに当寺には大仏師運慶《うんけい》の長男の湛慶《たんけい》作と伝えられる聖徳太子《しょうとくたいし》像がある。

常福寺《じょうふくじ》（大谷派《おおたには》／茨城県つくば市大曽根六八五）

開基の入信《にゅうしん》は源氏新羅《しんら》三郎義光《よしみつ》の末裔《まつえい》で、八田七郎知朝という武士だった。親鸞《しんらん》が知朝の領内にある太子堂（聖徳太子《しょうとくたいし》をまつる堂）に参詣《さんけい》したとき、親しく専修念仏《せんじゅねんぶつ》の教えを聞いた。

知朝は大いに感激して、すぐさま門弟になる許しを請うた。親鸞《しんらん》はこれを認めて入《にゅう》信《しん》の法名を授けた。その後、知朝は自邸を改装して寺に改め、建保《けんぽう》四年（一二一六）に常福寺《じょうふくじ》を創建した。

親鸞《しんらん》の帰洛《きらく》に際して、師を慕って京都を目指したが、嘉禎《かてい》三年（一二三七）、尾張の運善寺《うんぜんじ》という寺で客死した。その後は門徒や門弟たちが法灯を継ぎ、念仏《ねんぶつ》道場として栄えたが戦国時代の騒乱で兵火を受け、天文《てんぶん》十年（一五四一）、現在の大曽根に移転した。

明治になって二度の火災に遭って本堂などを焼失したが、その都度、再建され、親《しん》鸞《らん》の真筆、十字名号《じゅうじみょうごう》などの宝物類は避難して難を逃れた。現在も多くの門徒に支えられて念仏《ねんぶつ》道場として栄えている。

上宮寺《じょうぐうじ》（本願寺派《ほんがんじは》／茨城県那珂市米崎二三七〇）

開基の明法坊《みょうほうぼう》はもともと弁円《べんえん》という山岳修行者（近世の山伏）だったが、親鸞《しんらん》の念《ねん》仏《ぶつ》の教えが稲田を中心に急速に広まったことに妬《ねた》みを持ち、さまざまな手段で妨害しようとした。あるときは板敷山の山頂で護摩《ごま》を焚《た》いて呪い殺そうとした。また、あるときは刀や弓矢をもって襲い、殺害しようとした。

このような暴挙がことごとく失敗に終わると、最後に弁円《べんえん》は親鸞《しんらん》のいる稲田の道場に刀や弓矢を持って向かい、親鸞《しんらん》を殺そうとした。しかし、親鸞《しんらん》は凄《すさ》まじい形相で乗り込んで来た弁円《べんえん》を穏やかな表情で迎え、そのような暴挙を咎《とが》めることもなく、一言、「弁円《べんえん》さんも、さぞ辛《つら》かったことだろう」と言った。

弁円《べんえん》はその人となりと堂々たる態度に圧倒され、武器を捨ててひれ伏し、門弟にしてくれるよう懇願したという。親鸞《しんらん》は快く受け入れ、明法坊《みょうほうぼう》という法名《ほうみょう》を授けた。以降、明法《みょうほう》は親鸞《しんらん》のもとで念仏《ねんぶつ》の教えを学び、自ら念仏《ねんぶつ》道場を開いて多くの人々に念仏《ねんぶつ》を指導した。

弁円《べんえん》は建長《けんちょう》三年（一二五一）、七十二歳で往生《おうじょう》を遂げるが、その後、弁円《べんえん》の念仏《ねんぶつ》道場は上宮寺《じょうぐうじ》と号し、戦国時代末になって幾度か移転し、天正《てんしょう》十一年（一五八三）、現在地に寺基を定めた。寺宝として「絵本着色聖徳太子《しょうとくたいし》絵伝」があり、国の重要文化財に指定されている。また、弁円《べんえん》が所持していたというほら貝もある。

常弘寺《じょうこうじ》（本願寺派《ほんがんじは》／茨城県常陸《ひたち》大宮市石沢一四六七）

常弘寺《じょうこうじ》の開基は後鳥羽院朝臣壺井大学頭橘重義《ごとばいんあそんつぼいだいがくのかみたちばなしげよし》といい、文学の才能があり、とくに和歌に優れていたという。その重義《しげよし》が関東に下って常陸国《ひたちのくに》の玉川辺村田郷というところにあった太子堂に参籠《さんろう》した。

その夜、聖徳太子《しょうとくたいし》が夢枕に立ち「ここから西南の地に高僧がいて日々、説法をされている。その高僧こそ阿弥陀如来《あみだにょらい》の化身である。すぐにその高僧のところに参じて教えを受けなさい」と告げた。

目が覚めた重義《しげよし》はすぐさま稲田の親鸞《しんらん》を訪ね、その教えに感動して門弟にしてくれるように懇願した。親鸞《しんらん》はこれを受け入れ、慈善坊《じぜんぼう》という法名《ほうみょう》を授けた。建保《けんぽう》三年（一二一五）のことである。

以降、慈善坊《じぜんぼう》は親鸞《しんらん》の指導のもと念仏《ねんぶつ》に専念し、嘉禄《かろく》元年（一二二五）には夢告のあった太子堂のところに草庵《そうあん》を結び、念仏《ねんぶつ》の道場とした。このとき親鸞《しんらん》が玉川山宝珠院常弘寺《じょうこうじ》の寺号を授けたという。以降、七百五十年以上にわたって創建の場所で、念《ねん》仏《ぶつ》道場として栄えている珍しい寺院である。

浄光寺《じょうこうじ》（本願寺派《ほんがんじは》／茨城県ひたちなか市館山九〇一五）

開基の唯仏坊《ゆいぶつぼう》は藤原隼人祐頼貞《よりさだ》という藤原氏出身の貴族だったが、平安末期から鎌倉初期に源平の争乱などに巻き込まれ、壮年期に生国の薩摩（鹿児島県）から関東に移り住んだ。枝川（水戸市）に館《やかた》を設けていたが、そのころ評判の親鸞《しんらん》を稲田に訪ね、他力本願《たりきほんがん》の教えに感激して門弟になり、親鸞《しんらん》から唯仏坊《ゆいぶつぼう》の法名《ほうみょう》を授けられた。貞応《じょうおう》元年（一二二二）のことである。

その後、枝川の館を念仏《ねんぶつ》道場に改め、親鸞《しんらん》の指導も受けて多くの門徒が参集して栄えた。その後、天正《てんしょう》二年（一五七四）には佐竹家十九代当主の佐竹義宣《よしのぶ》が常陸《ひたち》太田に寺領を寄進し、天正十九年には枝川にあった寺を水戸城内に移した。

江戸時代になって元禄《げんろく》九年（一六九六）には、水戸光圀《みつくに》が現在地に寺領を寄進し、水戸城内の堂宇を移し、荘厳な伽藍《がらん》が出来上がった。水戸徳川家の殊遇を受けた浄光《じょうこう》寺《じ》は多いに栄え、本願寺《ほんがんじ》別院と呼ばれて隆盛を極め、第十九代住職には水戸光圀《みつくに》の養女が嫁いだ。

しかし、幕末には館山の地が尊王攘夷《そんのうじょうい》過激派の天狗派とこれに対立していた保守派の諸生派との間の激戦地となり、諸生に通じていたとされる住職は追放され明治初年には一時、廃寺になった。しかし、明治十一年、信者や縁者の熱烈な希望で復興され、現在に至っている。

唯信寺《ゆいしんじ》（大谷派《おおたには》／茨城県笠間市太田町四三六）

開基の唯信《ゆいしん》は宍戸《ししど》城主の三男で、俗名《ぞくみょう》を宍戸《ししど》山城守義治《よしはる》といった。生来、学問好きだった義治《よしはる》は稲田に親鸞《しんらん》を訪ねて教えを聞き、二十二歳のときに門弟となり、唯信坊《ゆいしんぼう》の法名《ほうみょう》を授けられた。

以降、常に親鸞《しんらん》に付き従い、細々とした仕事をこなして親鸞《しんらん》師を助けた。親鸞《しんらん》が京都に帰るときに名残を惜しむ唯信《ゆいしん》に真筆の御影《ごえい》を授けたといい、当寺の寺宝になっている。

江戸時代後半の文化《ぶんか》文政《ぶんせい》のころ、天災地変や飢饉《ききん》が続いて、人心は動揺し、人口が激減した。藩主からこの事態をいかに収拾したら良いかと尋ねられた時の住職は「信仰厚く丹誠なる良民の移住こそ良策」と答え、自ら加賀、能登、越後《えちご》を回って人々に移住を訴えて連れ帰り、領内各所に住まわせた。今もこのときの子孫が唯信《ゆいしん》寺門徒の多くを占めているという。

第二次大戦のとき兵火に遭い、堂塔の大半は灰燼《かいじん》に帰した。しかし、唯信《ゆいしん》が授けられた御影《ごえい》は他所に避難していて無事で、戦後、伽藍《がらん》を再建して堂内に安置されている。

信願寺《しんがんじ》（本願寺派《ほんがんじは》／茨城県水戸市緑町一―二―一二）

開基の唯信坊《ゆいしんぼう》は唯信寺《ゆいしんじ》を開いた唯信《ゆいしん》とは別人で、俗名を幡谷次郎信勝という武士だった。常陸国《ひたちのくに》の幡谷城の城主だった信勝は、ある夜、稲田から鹿島に教化に向かった親鸞《しんらん》に会って教えを聞くようにとの夢告を受ける。あわてて城外に出てみると、念仏《ねんぶつ》を称《とな》えながら歩く僧侶《そうりょ》の一行に出会い、その中に親鸞《しんらん》がいたのである。信勝は夜を徹して親鸞《しんらん》と語り合い、その他力本願《たりきほんがん》の教えに感激して門弟になることを決意し、唯信《ゆいしん》の法名《ほうみょう》を授けられた。貞永《じょうえい》元年（一二三二）のことである。その後、信勝は念仏《ねんぶつ》に専念し、自領に道場を建てた。これが信願寺《しんがんじ》の起源で、多くの信者が集まって発展の礎を築いた。

　その後、何度か移転を繰り返したが、延宝《えんぽう》九年（一六八一）、藩命により現在地に寺基を定め、現在に至っている。鎌倉時代に製作されたと推定される本尊の阿弥陀如《あみだにょ》来像《らい》は、いわゆる善光寺《ぜんこうじ》式阿弥陀如来《あみだにょらい》像を模したものである。

西光寺《さいこうじ》（大谷派《おおたには》／茨城県常陸《ひたち》太田市河原町七三八）

『歎異抄《たんにしょう》』の作者として知られる唯円《ゆいえん》が開いた寺とされてきたが、近年の研究では唯《ゆい》円《えん》とは同名異人という説が有力になっている。西光寺《さいこうじ》の唯円《ゆいえん》は俗名を橋本伊代守綱宗《つなむね》といい、武蔵国楢山《むさしのくにならやま》城主だった。広大な領地を持ち、清千代丸という子供とともに幸せな日々を送っていたが、清千代丸は八歳のときに夭逝《ようせい》する。

　この一件ですっかり世を儚《はかな》んだ綱宗《つなむね》は城を弟に譲り、修行僧となって諸国を転々とした。常陸国《ひたちのくに》にやって来た綱宗《つなむね》はある夜、念持仏として携えていた薬師如来《やくしにょらい》の「稲田の親鸞《しんらん》のもとを訪ねて、教えを聞け」との夢告を聞いた。綱宗《つなむね》はさっそく親鸞《しんらん》のもとを訪ね、他力本願《たりきほんがん》の教えに感激して門弟となり、唯円坊《ゆいえんぼう》の法名《ほうみょう》を授かったという。建保三年（一二一五）、時に綱宗《つなむね》三十四歳の時だったと伝わる。

この寺には親鸞《しんらん》の「鬼神成仏」の話が伝えられている。昔、おためという美しい農民の娘がいた。十八歳になった彼女は郷土の豪族の家に奉公に行ったが、その家の息子と相思相愛の仲になった。それを知った豪族の父親は身分の違うおためとの結婚に猛反対し、近在の富豪の娘と結婚させ、彼女はその家を追い出されてしまう。おための恋慕の情は激しい憎悪に代わり、鬼になって富豪を呪い殺すことを決意した。

その話を聞いて哀れに思った親鸞《しんらん》がおための家を訪ねると、鬼が凄《すさ》まじい形相で呪いの祈りをしていた。だが、親鸞《しんらん》が説法を始めると素直に聞き入り、見る見るもとの美しい姿に戻った。それからは、日々、念仏《ねんぶつ》を称え、見事に往生《おうじょう》を遂げたという。

◆法界寺《ほうかいじ》――親鸞《しんらん》を輩出した日野一族の菩提寺《ぼだいじ》

法界寺《ほうかいじ》は醍醐寺《だいごじ》の南方、宇治市との境に近い、京都市伏見区日野に所在する。この日野という土地は、『方丈記』の著者として知られる鴨長明《かものちょうめい》の住んだところであり、浄土真宗《じょうどしんしゅう》の基を築いた親鸞《しんらん》の生誕地としても知られている。

もともとこの地には藤原一族の墓地があり、藤原道長《みちなが》（九六六～一〇二七）によって浄妙寺《じょうみょうじ》という寺が建立された。その浄妙寺の一部を日野氏の祖である日野資業《すけなり》が譲り受け、平安時代末の永承《えいしょう》六年（一〇五一）、もと文章博士で後に出家した日野資業《すけなり》が、薬師如来《やくしにょらい》を安置する堂を建てたのが法界寺《ほうかいじ》の始まりとされている。薬師如来《やくしにょらい》像の胎内には、日野氏に代々伝わる、伝教大師最澄《でんぎょうだいしさいちょう》自作といわれる三寸の薬師像を納めたという。

また、寺の創建については別の説もある。すなわち、日野資業《すなけり》の四代前の藤原家宗《いえむね》が弘仁《こうにん》十三年（八二二）、最澄《さいちょう》自作の薬師像を本尊とし、最澄《さいちょう》を開基として一族の氏寺を建てたとするものである。ただし、これについて詳細は不詳だ。

いずれにしても、法界寺《ほうかいじ》は古くから日野薬師の名で親しまれ、信仰されてきたが、平安後期に阿弥陀《あみだ》信仰が盛んになり、一〇五二年が末法《まっぽう》の世の始まりとされて、一〇五三年には宇治平等院鳳凰堂《うじびょうどういんほうおうどう》が完成し、この娑婆世界《しゃばせかい》（地上）に極楽浄土《ごくらくじょうど》の光景が形づくられた。そのような時代背景の下、法界寺《ほうかいじ》にも阿弥陀堂《あみだどう》が建てられ、丈六の阿弥《あみ》陀如来《だにょらい》像がまつられたのである。

平安時代後期の法界寺《ほうかいじ》には、当時の日記等の記録で判明するだけで少なくとも五体の丈六の阿弥陀如来《あみだにょらい》像が存在したことがわかっている。現在、阿弥陀堂《あみだどう》に安置される像がそのうちの一体と考えられており、定朝が造立した平等院《びょうどういん》の阿弥陀如来《あみだにょらい》像のすぐ後に造られたと考えられている。

創建当初の法界寺《ほうかいじ》には一族が観音堂《かんのんどう》や五大堂などの建物を寄進し、壮観な伽藍《がらん》を誇っていたという。しかし、その後の火災などによって焼失し、とくに応仁《おうにん》の乱（一四六七〜七七）では、後に山城国《やましろのくに》守護代になった香西又六《こうざいまたろく》という武将の焼き打ちを受け、阿弥陀堂《あみだどう》を残してすべての伽藍《がらん》が焼失した。又六《またろく》は寺社に対して無理無体な要求を繰り返し、それに従わない寺社には次々に焼き打ちなどの攻撃をしたのである。

しかし、室町時代の後半になると、再び日野薬師の名で信仰を集め、東寺《とうじ》、法雲寺《ほううんじ》、平等寺《びょうどうじ》、護国寺《ごこくじ》、広隆寺《こうりゅうじ》、延暦寺《えんりゃくじ》などとともに「七仏薬師詣《しちぶつやくしもう》で」が行われるようになった。また、日野薬師は「乳薬師《ちちやくし》」とも呼ばれ、母乳の出が良くなるということから女性の間で盛んに信仰されてきた。本尊の薬師如来《やくしにょらい》が胴部に胎内仏を納めていることから、その胎内仏から母乳が湧き出るとして、民間信仰を生んだのである。

親鸞《しんらん》は、承安《じょうあん》三年（一一七三）に法界寺《ほうかいじ》に隣接する家で生まれたとされている。法《ほう》界寺《かいじ》の近くには親鸞《しんらん》の生誕地にちなんで、江戸時代に創建された日野誕生院がある。

◆青蓮院《しょうれんいん》——親鸞《しんらん》が出家した寺で天台三門跡《てんだいさんもんぜき》の一つ

青蓮院《しょうれんいん》は妙法院《みょうほういん》、三千院《さんぜんいん》とともに天台三門跡《てんだいさんもんぜき》として知られており、知恩院《ちおんいん》の北隣に位置している。親鸞《しんらん》は九歳のときにここで、天台座主《てんだいざす》の慈円《じえん》を師として得度《とくど》した（49ページを参照）。慈円《じえん》は関白九条兼実《かねざね》の弟で、天台座主《てんだいざす》を四度つとめ、歴史書『愚管抄《ぐかんしょう》』の著者としても知られる。

また、兄の九条兼実《かねざね》が法然《ほうねん》に深く帰依《きえ》し、『選択本願念仏集《せんちゃくほんがんねんぶつしゅう》』を著して兼実《かねざね》に進呈したことはよく知られている。慈円《じえん》も法然《ほうねん》の保護者で、法然《ほうねん》が流罪から帰京したときには、自らの禅室を彼に与えたという。

その後、親鸞《しんらん》は比叡山《ひえいざん》に登り、二十年間、堂僧として過ごすが、二十九歳のときには山を下りて六角堂《ろっかくどう》に籠《こも》って、仏の夢告を受けて法然《ほうねん》の門下に入る。九歳の少年が兄弟ともに親交のあった法然《ほうねん》の門弟になることなど、慈円《じえん》にも親鸞《しんらん》にも知る由もなかった。親鸞《しんらん》が慈円《じえん》のもとで得度《とくど》したことはまさに奇《く》しき縁だったのである。

青蓮院《しょうれんいん》の境内の北側には植髪堂という建物があり、中に親鸞《しんらん》が剃髪《ていはつ》したときの毛髪を植えた童子形（子どもの姿をした）の像がまつられている。また、遺髪の一部は裏手の遺髪塔に納められているという。親鸞《しんらん》が剃髪したとき、その髪を生母が大事に保管していたといわれる（もっとも、生母は親鸞《しんらん》が得度《とくど》する前に亡くなったともいわれている）。

◆頂法寺《ちょうほうじ》（六角堂）

第三十代敏達《びだつ》天皇の時代、淡路国《あわじのくに》（兵庫県淡路島）に黄金の如意輪観音《にょいりんかんのん》の小仏が漂着した。この像は聖徳太子《しょうとくたいし》が前生、唐で修行していたときに信仰していたもので、太子はこれを得て念持仏《ねんじぶつ》としていたという。

太子が十六歳のとき、仏教受け入れに反対する物部《もののべ》氏との間に決戦があり、そのとき、蘇我氏側の太子は念持仏《ねんじぶつ》にこの一戦に勝利をもたらしてくれたなら、四天王をまつる寺を建てると誓った。決戦は見事、蘇我氏が勝利し、太子は約束通り大坂に四天王をまつる寺（四天王寺《してんのうじ》）を建てることにした。

四天王寺《してんのうじ》建立のための用材を求めて、小野妹子《おののいもこ》とともに今の六角堂《ろっかくどう》のある地にやって来た太子は、念持仏《ねんじぶつ》の如意輪観音《にょいりんかんのん》を丁重に傍らにまつって、そこにあった池で水垢離《みずごり》（水で身体を清めること）をした。水垢離《みずごり》を終えた太子が再び如意輪観音《にょいりんかんのん》を持とうとすると、一寸八分（約五・五センチ）の小仏にもかかわらず、重さが増してどうにも持ち上げることができない。

すると観音《かんのん》が「自分は七世にわたって太子を守護してきたが、今後はこの地に留まって人々を救済したい」といったという。そこで、太子は一宇を建立して如意輪観音《にょいりんかんのん》をまつった。すると、東の方から老翁がやって来て霊木の在処《ありか》を教えてくれたので、太子はそれを用いて六角形《ろっかくけい》のお堂を建てた。これが頂法寺《ちょうほうじ》のはじまりで、六角円堂であることから六角堂《ろっかくどう》の名で親しまれている。

ただし、以上の話は聖徳太子《しょうとくたいし》伝説にまつわる言い伝えで、実際の創建は十世紀の後半と見られている。そして平安時代の末には、西国三十三観音霊場の十八番札所として信仰を集めるようになった。

二十九歳で比叡山《ひえいざん》を下りた親鸞《しんらん》は、その足で六角堂《ろっかくどう》に向かい、百日間の参籠《さんろう》をした。参籠《さんろう》とは日夜、お堂に籠って神仏を礼拝し、そのお告げを受けるもので、わが国で古くから行われている信仰形態である。親鸞《しんらん》は聖徳太子《しょうとくたいし》を厚く信仰しており、その機縁から太子が建立して念持仏《ねんじぶつ》をまつったお堂に迷わず参籠しようと考えたのだろう。

そして、九十五日目に救世観音《ぐぜかんのん》から「そなたがこれまでの因縁によって、たとえ女《にょ》犯戒《ぼんかい》（女性と交わってはならないという仏教の戒律《かいりつ》）を犯しても、私（救世観音《ぐぜかんのん》）が玉女《ぎょくにょ》という女性に変身して、肉体的な交わりを受けよう。そして、そなたの生涯を立派に荘厳《しょうごん》し、臨終《りんじゅう》のときには導いて極楽浄土に往生させてあげよう。これは私の誓願《せいがん》であるから、すべての人に説き聞かせなさい」とお告げを受けた。

そのとき、親鸞《しんらん》が東の方を望むと、険しい山々に数千万人の人々が集まっていた。それらの人々に救世観音《ぐぜかんのん》の言葉を告げたところで、夢から覚めたと親鸞《しんらん》は記している。磯長の叡福寺《えいふくじ》の聖徳太子廟《しょうとくたいしびょう》を訪れたとき「おまえの命はあと十年である」と告げられてから、ちょうど十年目の出来事だった。六角堂《ろっかくどう》を出た親鸞《しんらん》は吉水《よしみず》の念仏《ねんぶつ》道場に法然《ほうねん》を訪ね、即座に弟子となり、以降、専修念仏《せんじゅねんぶつ》の道に生涯をかけたのだった。

◆安養寺《あんようじ》――法然《ほうねん》が専修念仏《せんじゅねんぶつ》を広めた庵跡《いおりあと》

平安京遷都に際して桓武《かんむ》天皇の命により、伝教大師最澄《でんぎょうだいしさいちょう》が都の守護として創建したと伝えられている。

その後、天台宗《てんだいしゅう》寺院として栄え、平安時代末には比叡山《ひえいざん》を下り法然《ほうねん》がこの地に吉水《よしみず》の草庵《そうあん》を結んで、専修念仏《せんじゅねんぶつ》の道場とした。吉水《よしみず》の名はこの地に霊水が湧いたことにちなむという。

この吉水《よしみず》の草庵には老若男女貴賤《きせん》を問わず、実に多くの人が参集し、終日、念仏《ねんぶつ》の声が絶えなかったという。そして、建仁《けんにん》元年（一二〇一）、比叡山《ひえいざん》を下り、六角堂《ろっかくどう》に参籠《さんろう》して救世観音《ぐぜかんのん》の夢告を受けた親鸞《しんらん》がこの草案に馳《は》せ参じ、その場で法然《ほうねん》の弟子になった（54ページを参照）。以降、親鸞《しんらん》は承元《しょうげん》元年（一二〇七）、念仏停止《ねんぶつちょうじ》の沙汰《さた》がでるまでの六年間、法然《ほうねん》や他の弟子、在家の信者とともに念仏《ねんぶつ》に専念した。法然《ほうねん》や親鸞《しんらん》が流罪となった後、吉水の草庵は瞬く間に荒廃したが、安養寺《あんようじ》も寺運が衰えた。そこで、青蓮院《しょうれんいん》門跡の慈円《じえん》が復興し、慈円山大乗院安養寺《じえんざんだいじょういんあんようじ》と号した。かつて知恩院《ちおんいん》山門あたりから円山公園一帯は安養寺《あんようじ》の寺域で、円山の名は慈円山《じえんざん》の慈をとったことに由来する。

その後、鎌倉時代の末には再び荒廃するが、室町時代のはじめに時宗《じしゅう》の国阿《こくあ》が復興して発展の基を築いた。そして、江戸時代には幕府の保護を受けて寺運は隆盛を極め、他阿弥、眼阿弥、重阿弥、左阿弥、連阿弥、正阿弥という六坊を設けて栄えた。これら六坊はそれぞれ見事な庭園を設え、遊山の人々に茶席《しつら》などを供するようになり、円山一帯は京都有数の行楽地としても栄えるようになる。

しかし、明治維新の神仏分離政策や廃仏毀釈《はいぶつきしやく》によって寺領を没収され、六坊は廃寺となった。明治九年（一八七六）には円山公園の整備のため、さらに寺地を没収された。現在、山門の入り口には「法然親鸞《ほうねんしんらん》両上人御旧跡吉水《よしみず》草庵、慈円山安養寺《じえんざんあんようじ》」の石碑が建つ。

◆角坊別院――親鸞終焉《しんらんしゅうえん》の地とされる庵跡

六十歳を過ぎてから京都に帰った親鸞《しんらん》は、五条西洞院《ごじょうにしのとういん》あたりを気に入ってしばらくここに住んだと伝えられている。しかし、日が経つにつれて関東の門弟などが親鸞《しんらん》を慕ってはるばる訪ねて来るようになり、同朋同行《どうぼうどうぎょう》を標榜《ひょうぼう》した親鸞《しんらん》は、師弟関係を結ぶことを嫌って、これを避けるように居所を転々とするようになった。亡くなるまでの三十年足らずの間に、おそらく十回近く引っ越しを繰り返したようである。そして、建長《けんちょう》七年（一二五五）、八十三歳のとき、当時の住まいが火災に遭って焼け出され、善法坊《ぜんほうぼう》というところに移った。そして、親鸞《しんらん》が八十六歳のときに高《たか》田派《だは》の顕智《けんち》が善法坊《ぜんほうぼう》を訪ねて親鸞《しんらん》と会ったことが記されている。六角堂《ろっかくどう》の北、御池通に沿ったところに「善法坊跡」がある。

その後、最晩年になって居所を移したと考えられるが、幕末に親鸞《しんらん》の六百年御忌に際して、『親鸞聖人絵伝《しんらんしょうにんえでん》』などをもとに終焉の地を調査し、山陰線の花園駅の南にその地を確定し、土地を取得して堂宇を建立して親鸞《しんらん》の功績を顕彰《けんしょう》した。これが親鸞《しんらん》終焉の地、角坊別院である。

◆崇泰院《そうたいいん》――大谷本願寺《ほんがんじ》発祥の地

この地は覚信尼《かくしんに》の夫、小野宮禅念の所有地だったが、この年に夫が亡くなり、覚信《かくしん》尼《に》がその遺産を父の墓所として寄進した。このとき、覚信尼《かくしんに》が初代留守《るす》職《しき》となった。その後、正安《しょうあん》四年（一三〇二）には覚信尼《かくしんに》の前夫の子どもの覚恵《かくえ》と小野宮禅念との間にできた唯善《ゆいぜん》が留守《るす》職《しき》相続を巡って激しく対立した。しかし、闘争中に覚恵《かくえ》が死亡したため、延慶《えんけい》二年（一三〇九）、青蓮院《しょうれんいん》の裁定により覚恵《かくえ》の子の覚如《かくにょ》が留守《るす》職《しき》を継ぐことになった。

これに激怒した唯善《ゆいぜん》は本堂を破壊し、遺骨と御影《ごえい》を持って鎌倉に逃亡するという暴挙に出た。しかし、遺骨はすぐに取り戻され、高田の顕如《けんにょ》が御影《ごえい》を刻んで仮堂に安置《あんち》した。その後、応長《おうちょう》元年（一三一一）には本堂が建立され、第三代留守《るす》職《しき》の覚如《かくにょ》が廟《びょう》堂《どう》から寺院にして本願寺《ほんがんじ》と号した。

しかし、覚如《かくにょ》の後、本願寺《ほんがんじ》は真宗の他の派閥に押される形で次第に衰退していった。そんな状況の中、応永《おうえい》二十二年（一四一五）には、後に本願寺《ほんがんじ》第八世となる蓮如《れんにょ》が生まれる。このころの本願寺《ほんがんじ》は「人跡絶えて、参詣《さんけい》の人ひとりもなく、さびさびとした」状態だったという。

四十三歳で門主《もんす》となった蓮如《れんによ》は、精力的に布教活動を行い、その結果、本願寺《ほんがんじ》は急速に発展した。しかし、これに反発した比叡山《ひえいざん》の衆徒（僧兵）が寛正《かんしょう》六年（一四六五）に本願寺《ほんがんじ》を焼き討ちし、堂宇は灰燼《かいじん》に帰したが、親鸞《しんらん》の遺骨は事前に避難して無事だった。これを「寛正《かんしょう》の法難《ほうなん》」といっている。

法難《ほうなん》後、本願寺《ほんがんじ》は山科《やましな》に移転し、この地には念仏《ねんぶつ》道場が建てられた。そして、江戸開府を前にした慶長《けいちょう》八年（一六〇三）、徳川家康《とくがわいえやす》は生母の於大《おだい》の方の菩提《ぼだい》を弔うために知恩院《ちおんいん》の大改修を行った。

このとき、家康《いえやす》は知恩院《ちおんいん》再建普請奉行の竹村道清に命じて伽藍《がらん》を整備し、崇泰院殿《そうたいいんでん》という道清の法号《ほうごう》にちなんで、崇泰院《そうたいいん》の寺号を定めた。明治になって神仏分離や廃仏《はいぶつ》毀釈《きしやく》の影響を受けて衰退し、一時は無住の時代もあった。

明治三十一年（一八九八）、本山が支援して庫裏《くり》が再建され、同三十四年には本堂が再建された。現在は知恩院《ちおんいん》の子院として浄土宗《じようどしゆう》に属している。

コラム／寺院とは思えないような浄土真宗《じょうどしんしゅう》のお寺

浄土真宗《じょうどしんしゅう》の僧侶《そうりょ》の多くは剃髪《ていはつ》せず、ワイシャツを着てネクタイをし、その上から簡易法衣と呼ばれる衣をまとうことが多い。簡易法衣は明治になってから考案されたものだが、このような出《い》で立《た》ちをするのは、親鸞《しんらん》が非《ひ》僧非俗《そうひぞく》を主張したことによる。できるだけ、出家の僧侶らしくなく、かといって俗人でもないということをアピールしているのだ。

そして、浄土真宗《じょうどしんしゅう》の寺院建築もお寺とは思えない建物が多い。たとえば神戸の本願寺《ほんがんじ》別院（本願寺派《ほんがんじは》）は大正六年（一九一七）に火災で焼失した後に、第二十二代法主、大谷光瑞《こうずい》が再建したもので、通商「モダン寺」と呼ばれるインド様式の建物である。五つの尖塔《せんとう》を設け、ステンドグラスを配した、まさにモダン寺の名にふさわしい建物である。

大谷光瑞《こうずい》は明治の末にインドに渡り、大谷探検隊を組織して西域の石窟《せっくつ》寺院などを発掘したことでも知られている。インド暮らしが長かった光瑞《こうずい》がインド風の建築様式に惹《ひ》かれてこれを採用したもので、親鸞《しんらん》の非《ひ》僧非俗《そうひぞく》の理念にもかなった仏教寺院らしくない建物である。

このほか、インド様式の建物としては東京の築地本願寺《つきじほんがんじ》（東京別院）や名古屋別院（本願寺派《ほんがんじは》）などが知られている。築地本願寺は昭和九年（一九三四）、名古屋別院は同四十七年（一九七二）の再建で、どちらも古代インド様式と近代建築を巧みに調和させた建物である。

コラム／阿弥陀堂《あみだどう》より大きな御影堂《ごえいどう》

浄土宗《じょうどしゅう》や浄土真宗《じょうどしんしゅう》の寺院では阿弥陀如来《あみだにょらい》をまつる阿弥陀堂《あみだどう》を西に（東向）に建て、宗祖の法然《ほうねん》や親鸞《しんらん》の御影（肖像で、浄土宗《じょうどしゅう》や他の宗派では「みえい」というが、浄土真宗《じょうどしんしゅう》では「ごえい」という）をまつった御影堂を隣接して設えることが多い。この場合、阿弥陀堂《あみだどう》よりも御影堂の方がかなり大きくなることが多い。

たとえば、浄土宗《じょうどしゅう》の総本山知恩院《ちおんいん》では北側に巨大な御影堂《みえいどう》が建ち、その東側に御影堂《みえいどう》の三分の一にも満たない阿弥陀堂《あみだどう》が建つ。また、東西本願寺《ほんがんじ》では西に（東向に）、右に御影堂《ごえいどう》、左手に阿弥陀堂《あみだどう》が甍《いらか》を並べるが、どちらも、阿弥陀堂《あみだどう》は御影堂《ごえいどう》の半分にも満たない規模である。

このように浄土教《じょうどきょう》の教主である阿弥陀如来《あみだにょらい》をまつる阿弥陀堂《あみだどう》よりも、法然《ほうねん》や親鸞《しんらん》などの祖師《そし》（開祖）をまつる御影堂の方が大きいのは、開祖の求心力がより強いからだと考えられている。鎌倉時代になって仏教が民衆の中に広まって行くと、法然《ほうねん》や日蓮《にちれん》などの開祖は、民衆の中に深く入り込み、彼らと直接、接して教えを広めた。

その結果、開祖はより身近な存在として尊崇され、阿弥陀如来《あみだにょらい》などの仏よりも親しみを込めて信仰されるようになったのだ。そこで、祖師《そし》をまつる御影堂の方が大きく作られるようになったのである。

第五章　浄土真宗《じょうどしんしゅう》のお経

凡　例

一、現在の浄土真宗《じょうどしんしゅう》各宗派において、法事や葬儀などでもよく読まれる、代表的なお経を選んだ。それぞれ冒頭に「概要」を記したうえ、お経は上段に「原文」、下段に「現代語訳」を配した。

一、表記は現代仮名遣いとし、漢字は新字体を用いた。また読解の便を図るため、原文には全て現代仮名遣いによる振り仮名を付し、促音のみ「ッ」を用いた。

一、経典の原文と読み方は派によって異なる場合がある。便宜上、本書では本願寺派《ほんがんじは》を基本としたが、大谷派《おおたには》については、原文の異なる部分を（　）で補い、読みの異なる部分は右側に振り仮名を併記した。

一、原文と現代語訳との対応関係を明確にするため、現代語訳中に当該個所の原文を適宜【　】で記した。また（　）部分は、より意味が通り易くなるように、言葉を補ったものである。

一、現代語訳中、語句や内容についてとくに説明が必要な箇所には注番号を付記し、お経の後に「注釈」を設けた。

仏説無量寿経《ぶっせつむりょうじゅきょう》（讃仏偈《さんぶつげ》）

遠い昔、阿弥陀如来《あみだにょらい》はインドのある国の王だったが、世自在王仏《せじざいおうぶつ》というブッダのもとで出家し、法蔵比丘《ほうぞうびく》という一介の修行僧になった。法蔵比丘《ほうぞうびく》は師の世自在王仏《せじざいおうぶつ》の優れた徳を讃《たた》え、自らも師のようなブッダとなって衆生を救済したいという願いを表明し、そのことを師に認めてくれるよう請うという内容である。

四言八十句からなる詩句は法蔵比丘《ほうぞうびく》がいかなる困難をも乗り越えて、願《がん》を成就しようというかたい決意で結ばれている。

阿弥陀如来《あみだにょらい》が本願《ほんがん》を表明し、その実現に向けたかたい決意を表したもので、浄土《じょうど》信仰の原点となる詩句として重要視されている。一般には「歎仏頌《たんぶつじゅ》」と呼ばれているが、浄土真宗《じょうどしんしゅう》では「讃仏偈《さんぶつげ》」と呼ぶ。

原文

光《こう》顔《げん》巍《ぎ》巍《ぎ》
威《い》神《じん》無《む》極《ごく》
如《にょ》是《ぜ》焔《えん》明《みょう》
無《む》与《よ》等《とう》者《しゃ》
日《にち》月《がっ》摩《ま》尼《に》
珠《しゅ》光《こう》焔《えん》耀《にょう》
皆《かい》悉《しっ》隠《おん》蔽《ぺい》

現代語訳

光り輝く師（世自在王仏《せじざいおうぶつ》▼1）のお顔【光顔《こうげん》】は神々しく【巍巍《ぎぎ》】、その威光【威神《いじん》】は極まる所がない（どこまでも届く）。このような極めて優れた威光は他に比べるものがない。太陽や月、あるいは如意珠《にょいしゅ》や珠玉《しゅぎょく》▼2がいかに燦然《さんぜん》と輝こうとも、（それらの輝きは、世自在王仏《せじざいおうぶつ》の威光によって）ことごとく覆い尽くされ、まるで墨のかたまりのようだ。

猶《ゆ》若《にゃく》聚《じゅ》墨《もく》
如《にょ》来《らい》容《よう》顔《げん》
超《ちょう》世《せ》無《む》倫《りん》
正《しょう》覚《がく》大《だい》音《おん》
響《こう》流《る》十《じッ》方《ぽう》
戒《かい》聞《もん》精《しょう》進《じん》
三《さん》昧《まい》智《ち》慧《え》
威《い》徳《とく》無《む》侶《りょ》
殊《しゅ》勝《しょう》希《け》有《う》

如来《にょらい》（世自在王仏《せじざいおうぶつ》）の風貌《ふうぼう》やその姿は、この世のすべてのものを超えた（素晴らしいもので）他に比べるものがない。（完璧《かんぺき》な悟りの境地に到達している）師（世自在王仏《せじざいおうぶつ》）のお声は、大きく高らかで【大音《だいおん》】、あらゆる方角【十方《じッぽう》】に（果てしなく）響き渡る。[3]（世自在王仏《せじざいおうぶつ》は）戒律を守り【戒《かい》】、多くのブッダの教えを聞き【聞《もん》】、精進《しょうじん》すること、身心を統一していること【三昧《さんまい》】、そして、その結果として偉大な智慧《ちえ》を具《そな》えていること。そういった世自在王仏《せじざいおうぶつ》の威徳は他に比べるものがない（ほど優れたものである）。深く熟考して真実を明らかにし【深諦《じんたい》】[4]、諸仏《しょぶつ》の広大無辺な教え【法《ほう》

深《じん》諦《たい》善《ぜん》念《ねん》　諸《しょ》仏《ぶつ》法《ほう》海《かい》
窮《ぐ》深《じん》尽《じん》奥《のう》　究《く》其《ご》涯《がい》底《たい・てい》
無《む》明《みょう》欲《よく》怒《ぬ》　世《せ》尊《そん》永《よう》無《む》
人《にん》雄《のう》師《し》子《し》　神《じん》徳《とく》無《む》量《りょう》
功《く》勲《くん》広《こう》大《だい》

海《かい》】に思いを馳《は》せ、その奥深い意味を極め、その深遠な奥底にある真の意味を究め尽くしている。無知と欲と怒り【無明欲怒《むみょうよくぬ》】▼5とは、師（世《せ》自在王仏《じざいおうぶつ》）に於《お》いては完全に絶えて尽きている。

また、師（世自在王仏《せじざいおうぶつ》）は人々の中の英雄【人雄《にんのう》】▼6で、獅子《しし》▼7のように堂々としている。（そして、今までに）数限りない功績をあげ、その智慧《ちえ》は限りなく深遠である。（人々を救う）偉大な光明《こうみょう》は、全宇宙【大千《だいせん》（世界《せかい》）】▼8の隅々にまで行

智《ち》慧《え》深《じん》妙《みょう》　光《こう》明《みょう》威《い》相《そう》
震《しん》動《どう》大《だい》千《せん》　願《がん》我《が》作《さ》仏《ぶつ・ぶ》
斉《さい・ざい》聖《しょう》法《ほう》王《おう》　過《か》度《ど》生《しょう》死《じ》
靡《み》不《ふ》解《げ》脱《だつ・だ》　布《ふ》施《せ》調《じょう・ぢょう》意《い》
戒《かい》忍《にん》精《しょう》進《じん》

き渡るのだ。

願わくは、私（法蔵比丘《ほうぞうびく》、後の阿弥陀如来《あみだにょらい》）も（悟りを開いて）ブッダとなり、（世自在王仏《せじざいおうぶつ》のような）神聖このうえない仏【聖法王《しょうほうおう》】となり、（この娑婆世界《しゃばせかい》で）迷い苦しんでいる人々を救い、すべての人々を解脱《げだつ》させてあげたい。

布施《ふせ》と心の制御【調意《じょうい》】と戒律を守ることと耐えること【忍《にん》】と善行を行うことに弛《たゆ》まず努力すること【精進《しょうじん》】と瞑想《めいそう》を深めることによっ

如《によ》是《ぜ》三《さん》昧《まい》
智《ち》慧《え》為《い》上《じょう》
吾《ご》誓《せい》得《とく》仏《ぶつ》
普《ふ》行《ぎょう》此《し》願《がん》
一《いッ》切《さい》恐《く》懼《く》
為《い》作《さ》大《だい》安《あん》
仮《け》使《し》有《う》仏《ぶつ》
百《ひゃく》千《せん》億《のく》万《まん》
無《む》量《りょう》大《だい》聖《しょう》

て悟りの智慧《ちえ》を完成する（修行）。この修行が最上の修行である。[9]

私は誓う。（私が人々を救うために立てた）願《がん》[10]を実現するために修行して、ブッダとなり、あらゆる苦難に怯《おび》える人たちに、大いなる安らぎ【大安《だいあん》】を与えたいと思う。たとえ、この広大無辺の宇宙に無数【百千億万《ひゃくせんのくまん》】[11]の仏【大聖《だいしょう》】[12]がいて、その数はガンジス河の砂【恒沙《ごうじゃ》】[13]のように膨大なものであっても、それら一切の諸仏《しょぶつ》を供養《くよう》（して助けを求める）するよりも、固い決意をもって、（六波羅蜜《ろくはらみつ》の）正しい修行に励み、それを続けることが大切である。

数《しゅ》如《によ》恒《ごう》沙《じゃ》
供《く》養《よう》一《いッ》切《さい》
斯《し》等《とう》諸《しょ》仏《ぶつ》
不《ふ》如《によ》求《ぐ》道《どう》
堅《けん》正《しょう》不《ふ》却《きゃく》
譬《ひ》如《によ》恒《ごう》沙《じゃ》
諸《しょ》仏《ぶつ》《ぶッ》世《せ》界《かい》
復《ぶ》不《ふ》可《か》計《け》
無《む》数《しゅ》刹《せつ》《せッ》土《ど》

たとえば、ガンジス河の砂の数ほどの多くの仏の世界（仏国土《ぶっこくど》）があり、また、数えきれないほどの【無数《むしゅ》】の国土《こくど》【刹土《せつど》】があったとしても、（私がブッダとなったなら）それらすべての国々に光明《こうみょう》を放って照らし出すだろう。（このような決意の下に）精進《しょうじん》して、神のよう

光《こう》明《みょう》悉《しッ》照《しょう》
遍《へん》此《し》諸《しょ》国《こく》
如《にょ》是《ぜ》精《しょう》進《じん》
威《い》神《じん》難《なん》量《りょう》
令《りょう》我《が》作《さ》仏《ぶつ》《ぶ》
国《こく》土《ど》第《だい》一《いち》
其《ご》衆《しゅ》奇《き》妙《みょう》
道《どう》場《じょう》超《ちょう》絶《ぜつ》《ぜッ》
国《こく》如《にょ》泥《ない》洹《おん》

な威力を具えたいと思う。

私がブッダとなった暁には、（私が治める国《こく》土《ど》を他に比べるもののない）最高の国土《こくど》[14]にするであろう【国土第一《こくどだいいち》】。（私が創る国土《こくど》の）人々はみな素晴らしい品格を具えている。そして、彼らが修行する道場もこの上なく優れている。そこはまるで悟りの世界【泥洹《ないおん》】[15]のようで、他に比べようのない素晴らしい世界だ。私はまさに（この娑婆《しゃば》世《せ》界《かい》で苦

而《に》無《む》等《とう》双《そう》
我《が》当《とう》哀《あい》愍《みん》
度《ど》脱《だつ》《だッ》一《いッ》切《さい》
十《じッ》方《ぽう》来《らい》生《しょう》
心《しん》悦《ねつ》《ねッ》清《しょう》浄《じょう》
已《い》到《とう》我《が》国《こく》
快《け》楽《らく》安《あん》穏《のん》
幸《こう》仏《ぶつ》《ぶ》信《しん》明《みょう》
是《ぜ》我《が》真《しん》証《しょう》

しむ）一切の衆生《しゅじょう》のことをあわれみ悲しんで、悟りの世界に導きたいと思う。あらゆる方角【十方《じっぽう》】に点在する世界から、私の世界に生まれようとした[16]者の喜びに満《み》ち溢《あふ》れ、清らかな心で過ごすことができるだろう。そして、私の国に生まれたすべての人がこの上ない楽しみを享受し、安穏《あんのん》に暮らすことができるようにしたいと思う【快楽安穏《けらくあんのん》】[17]。

願わくはわが師（世自在王仏《せじざいおうぶつ》）よ！　私が今、申しましたような国土《こくど》を建設できるかどうか、その証《あかし》【信明《しんみょう》】をお示しください！　あなたこ

発《ほっ》願《がん》於《お》彼《ひ》
力《りき》精《しょう》所《しょ》欲《よく》
十《じッ》方《ぽう》世《せ》尊《そん》
智《ち》慧《え》無《む》礙《げ》
常《じょう》令《りょう》此《し》尊《そん》
知《ち》我《が》心《しん》行《ぎょう》
仮《け》令《りょう》身《しん》止《し》
諸《しょ》苦《く》毒《どく》中《ちゅう》
我《が》行《ぎょう》精《しょう》進《じん》

そ、私の真の証人【我真証《がしんしょう》】▼18になるでしょう。

（あなたがその証をお示しくだされば）私が願《がん》を発して、その願《がん》が実現可能になるように努力精進《しょうじん》したいと思います。

十方《じっぽう》のブッダ【世尊《せそん》】たちは、（人々を）自由自在に救うことができる優れた智慧《ちえ》【智慧無礙《ちえむげ》】をそなえていらっしゃる。それらのブッダたちに大願《たいがん》を成就するために修行に励む私を見守っていただきたい。たとえ、この身がどのような苦難【苦毒《くどく》】の底に沈もうとも、私は努力精進《しょうじん》して、その苦難を耐え忍び、（願《がん》を立てて厳しい修行生活に入ったことを）決して後悔しないだろう。

忍《にん》終《じゅう》不《ふ》悔《け》

▼1 **世自在王仏《せじざいおうぶつ》** サンスクリット語ではローカ・イーシュヴァラという。仏教では釈《しゃ》迦《か》の過去にも未来にも多くのブッダが出現したとされるが、『仏説無量寿経《ぶっせつむりょうじゅきょう》』では無数劫《むしゅこう》というとてつもなく遠い昔に悟りを開いてブッダとなったと説き、遠い過去に釈迦《しゃか》が前生で修行中だったとき、釈迦《しゃか》が遠い未来に悟りを開いてブッダとなるだろうと太鼓判をおした燃燈仏《ねんとうぶつ》から過去に遡《さかのぼ》ること八十一人目のブッダであるという。

▼2 **如意珠《にょいしゅ》や珠玉《しゅぎょく》** 如意宝珠《にょいほうじゅ》ともいい、意の如く願い事を叶《かな》えてくれる魔法の珠《たま》。如《にょ》意輪観音《いりんかんのん》や地蔵菩薩《じぞうぼさつ》、吉祥天《きっしょうてん》などが持つ桃の実のようなものが如意宝珠《にょいほうじゅ》だ。珠玉も尊い珠という意味で、如意珠《にょいしゅ》と同じように有り難いものだ。

▼3 **あらゆる方角に（果《は》てしなく）響《ひび》き渡《わた》る** 如来《にょらい》に具《そな》わっている三十二相八十種好《そうはちじっしゅこう》（偉人の特徴）の中に「梵音相《ぼんのんそう》」というのがある。「梵《ぼん》」は優れたという意味で、如《にょ》来《らい》の声は大きく澄み渡っていて、四方八方にどこまでも届き、しかも、すぐ近くにいてもちょうど良い音量で心地よく耳に入って来るという。『法華経《ほけきょう》』に出て来る「海潮音《かいちょうおん》」も如来《にょらい》の声を形容した言葉だ。また、梵鐘《ぼんしょう》も妙《たえ》なる響きを放つことから、梵音《ぼんのん》に譬《たと》えられる。

▼4 深諦《じんたい》「諦《たい》」は真理（真実）の意味。その真実を明らめる（諦《あきら》める）ことである。仏教の根幹は苦《く》・集《じゅう》・滅《めつ》・道《どう》の「四諦《したい》（四つの真理）」を明らかに知ることにある。

▼5 無明欲怒《むみょうよくぬ》「無明《むみょう》」は凡夫《ぼんぷ》に具わる根本的な認識の誤りで、無明《むみょう》に覆われているから真実を見ることができない。薄暮の細い道に落ちていた一本の縄を蛇と間違え、それを恐れて回り道し、草むらに潜んでいた毒蛇に嚙《か》まれて死ぬ。人間は無知（無《む》明《みょう》）からとんでもない結果に遭遇することがあるのだ。「欲」は貪欲《どんよく》。深い欲望のことである。この欲によってわれわれの心は乱れ、正しい道を歩むことができない。「怒《ぬ》」は他人やモノに対する怒りの感情。

▼6 人雄《にんのう》 ブッダは人々の中の英雄という意味。また、偉大な英雄ということから「大雄《だいゆう》」ともいわれる。禅宗《ぜんしゅう》寺院で仏殿（本堂）を「大雄宝殿《だいゆうほうでん》」などというが、これは偉大な英雄が住む宝の殿堂という意味だ。

▼7 獅子《しし》 ブッダは百獣の王、獅子（ライオン）に譬《たと》えられる。獅子の前ではすべての動物が大人しく従うように、ブッダの教えにはすべての人が従う。ブッダは真実のみを説くため、最終的にはすべての人が納得して従うからである。また、日本の各宗派の管長などは「猊下《げいか》」という尊称で呼ばれる。この「猊《げい》」は獅子の視線のことで、その下にいるものはみな従うという意味だ。

▼8 大千《だいせん》（世界《せかい》） 仏教の世界観で須弥山《しゅみせん》を中心とした無数の仏国土《ぶっこくど》が集まったもので、全宇宙を表わす。一つの仏国土《ぶっこくど》が千個集まったものを「小千世界《しょうせんせかい》」、小千世界《しょうせんせかい》が千

個集まった世界を「中千世界《ちゅうせんせかい》」、中千世界《ちゅうせんせかい》が千個集まったものを「大千世界《だいせんせかい》」といい、総称して「三千大千世界《さんぜんだいせんせかい》」あるいは「大千世界《だいせんせかい》」という。

▼9　**布施《ふせ》と心《こころ》の制御《せいぎょ》～最上《さいじょう》の修行《しゅぎょう》である**　人に施しをする「布施《ふせ》」、戒律をまもる「持《じ》戒《かい》」、他人の言動などに対する怒りの感情を抑えて耐える「忍辱《にんにく》」、弛《たゆ》まなく善行に努力する「精進《しょうじん》」、心を鎮め、精神を統一して瞑想《めいそう》に入る「禅定《ぜんじょう》」、これらのことを常に実践すると悟りの「智慧《ちえ》」が顕現する。これは、大乗《だいじょう》仏教で在家の人々の修行の根幹を成す「六波羅蜜《ろくはらみつ》」と呼ばれるものである。

▼10　**願《がん》**　阿弥陀如来《あみだにょらい》は法蔵比丘《ほうぞうびく》といった修行時代に、衆生《しゅじょう》救済のために四十八《しじゅうはち》の大願《たいがん》を立てた。

▼11　**百千億万《ひゃくせんのくまん》**　数えることが不能な膨大な数を表わす常套句《じょうとうく》。仏典にはしばしばこのような表現が出て来る。

▼12　**大聖《だいしょう》**　悟りを開いた仏に対する尊称で、菩薩《ぼさつ》についても用いられる。

▼13　**恒沙《ごうじゃ》**　「恒河沙《ごうがしゃ》」ともいい、恒河《ごうが》はガンジス河の意味で、ガンジス河の砂の数ほど多いということである。実数ではないが、古くから十の五十二乗、あるいは五十六乗などといわれている。

▼14　**最高《さいこう》の国土《こくど》**　阿弥陀如来《あみだにょらい》の西方極楽浄土《さいほうごくらくじょうど》のことで、以下、法蔵比丘《ほうぞうびく》が思い描く理想的な国土《こくど》の様子の描写が続く。

▼15　**泥洹《ないおん》**　涅槃《ねはん》、すなわち「悟りの世界」のこと。

▼16 あらゆる方角《ほうがく》～生《う》まれようとした者《もの》　極楽《ごくらく》世界に生まれること。すなわち、極楽往《ごくらくおう》生《じょう》。

▼17 快楽安穏《けらくあんのん》　「極楽浄土《ごくらくじょうど》」とは、楽しみを極めた世界で、この国に生まれると（往生《おうじょう》すると）、さまざまな楽しみを享受し、いつも、心穏やかに過ごすことができる。いつも楽しいのは享楽の限りを尽くすからではない。ここに生まれたものは刻々と煩悩《ぼんのう》（欲望）が無くなっていく。だから、あれが欲しいとかああしたい、こうしたいと言ったことに執着しなくなる。心穏やかに過ごすことができ、間もなく悟りの世界に入って行くという。

▼18 我真証《がしんしょう》　大乗《だいじょう》仏教では過去にも未来にも多くのブッダが出現したとされるが、将来、悟りを開く者は、先輩のブッダから「お前は将来、必ず私と同じ悟りを開きブッダとなるであろう」というお墨付きを貰《もら》わなければならない。このことを「授《じゅ》記《き》」といい、釈迦《しゃか》は遠い前生で燃燈仏《ねんとうぶつ》というブッダに授記《じゅき》を受け、その釈迦《しゃか》は弥勒《みろく》菩薩《ぼさつ》に自分（釈迦）がこの世を去ってから五十六億七千万年後に娑婆世界《しゃばせかい》に降りて悟りを開き、ブッダとなってすべての衆生《しゅじょう》を救うだろうとの授記《じゅき》を与えた。

仏説無量寿経《ぶっせつむりょうじゅきょう》（重誓偈《じゅうせいげ》）

法蔵比丘《ほうぞうびく》が四十八《しじゅうはち》の大願《たいがん》を述べ終わり、その要点を五言四四句にまとめて重ねて歌い上げたことから「重誓偈《じゅうせいげ》」の名で呼ばれている。

冒頭にもし自分が仏となっても衆生《しゅじょう》を救うことができなければ「誓ひて正覚を成らじ（悟りを開いてブッダとはならない）」と三回にわたって誓っていることから、浄土《じょうど》宗《しゅう》などでは「三誓偈《さんせいげ》」と呼んでいる。

仏は修行時代に自分がブッダとなったあかつきにどのような手段で衆生を救済するかという、願を立てるが、すべての仏の願の中で阿弥陀如来《あみだにょらい》の四十八の大願《たいがん》がもっとも優れたもので、この願がすべての苦悩を抱える人々を救う絶対的な真実であるということを天地が感動して証明すると結んでいる。

原文

我《が》建《ごん》超《ちょう》世《せ》願《がん》
必《ひッ》至《し》無《む》上《じょう》道《どう》
斯《し》願《がん》不《ふ》満《まん》足《ぞく》
誓《せい》不《ふ》成《じょう》正《しょう》覚《がく》
我《が》於《お》無《む》量《りょう》劫《こう》
不《ふ》為《い》大《だい》施《せ》主《しゅ》
普《ふ》済《さい》諸《しょ》貧《びん》苦《ぐ》

現代語訳

私はこの上なく優れた願《がん》【超世願《ちょうせがん》】を立てた。（この願《がん》を実現すれば）この上ない悟りの境地【無上道《むじょうどう》】に至るだろう。しかし、もしこの願《がん》が実現できなければ、私は決して悟りを開いてブッダとならない【不成正覚《ふじょうしょうがく》】▼1ことを誓う。とてつもなく長い年月にわたって、大施《だいせ》主《しゅ》となって、広く種々の困窮する人々を救うことができなければ、誓って仏にはならないだろう。

誓《せい》不《ふ》成《じょう》正《しょう》覚《がく》
我《が》至《し》成《じょう》仏《ぶつ》道《どう》
名《みょう》声《しょう》超《ちょう》十《じッ》方《ぽう》
究《く》竟《きょう》靡《み》所《しょ》聞《もん》
誓《せい》不《ふ》成《じょう》正《しょう》覚《がく》
離《り》欲《よく》深《じん》正《しょう》念《ねん》
浄《じょう》慧《え》修《しゅ》梵《ぼん》行《ぎょう》
志《し》求《ぐ》無《む》上《じょう》道《どう》
為《い》諸《しょ》天《てん》人《にん》師《し》

私がブッダとなるための道を進んで、それを完成してブッダとなった暁に、私の名声は全世界【十方《じッぽう》】に行き渡るだろう。しかし、もしも行き渡らないところがあれば、私は決してブッダにならないことを誓う。

私は欲を離れ、深く正しい思慮【深正念《じんしょうねん》】▼2の中にあり、清らかな智慧《ちえ》を得て、菩薩《ぼさつ》の神聖な修行【梵行《ぼんぎょう》】▼3を修め、この上ない悟り【無上道《むじょうどう》】を求めて、もろもろの神や人の師【天人師《てんにんし》】▼4になるであろう。超人的な【神力《じんりき》】偉大な光を放って、全宇宙を照らし、貪《むさぼ》りと怒りと無知の迷い【三垢冥《さんくみょう》】▼5を消し去り、広くさまざまな災いや困難から（衆生《しゅじょう》を）救いたいと思っている。

神《じん》力《りき》演《えん》大《だい》光《こう》
普《ふ》照《しょう》無《む》際《さい》土《ど》
消《しょう》除《じょ》三《さん》垢《く》冥《みょう》
広《こう》済《さい》衆《しゅ》厄《やく》難《なん》
開《かい》彼《ひ》智《ち》慧《え》眼《げん》
滅《めッ》此《し》昏《こん》盲《もう》闇《あん》
閉《へい》塞《そく》諸《しょ》悪《あく》道《どう》
通《つ》達《だッ》《だつ》善《ぜん》趣《しゅ》門《もん》
功《こう》祚《そ》成《じょう》満《まん》足《ぞく》

（この娑婆《しゃば》世界《せかい》で迷っている人々の）智慧《ちえ》の眼を開き、無知の闇を破り、種々の悪い世界【悪道《あくどう》】[6]への道を閉じ、善い世界【善趣《ぜんしゅ》】[7]の門に人々を至らせよう。（私は）悟りを開いてブッダとなり【功祚成満足《こうそじょうまんぞく》】[8]、その威光（光明《こうみょう》）はあらゆる世界【十方《じっぽう》】を輝かせる。そのため、太陽や月の光も輝きが目立たなくなり、神々の威光【天光《てんこう》】も隠れてしまうだろう。生きとし生けるものに、ブッダの教え【法蔵《ほうぞう》】を授け、広くその宝のような功徳《くどく》を施し、教え導くだろう。

威《い》曜《よう》朗《ろう》十《じッ》方《ぽう》
日《にち》月《がっ》戢《しゅ しゅう》重《じゅう》暉《き》
天《てん》光《こう》隠《おん》不《ふ》現《げん》
為《い》衆《しゅ》開《かい》法《ほう》蔵《ぞう》
広《こう》施《せ》功《く》徳《どく》宝《ほう》
常《じょう》於《お》大《だい》衆《しゅ》中《ぢゅう じゅう》
説《せッ》法《ぽう》師《し》子《し》吼《く》
供《く》養《よう》一《いッ》切《さい》仏《ぶっ ぶ》
具《ぐ》足《そく》衆《しゅ》徳《とく》本《ほん》

（また、私は）すべてのブッダを供養《くよう》し、たくさんの功徳《くどく》を具《そな》え、（衆生《しゅじょう》救済の）願《がん》と（深遠な悟りの）智慧《ちえ》をすべて具えて、迷いの世界【三界《さんがい》】▼9の導師となるであろう。ブッダの完璧《かんぺき》な

願《がん》慧《ね》悉《しつ》成《じょう》満《まん》
得《とく》為《い》三《さん》界《がい》雄《おう》
如《にょ》仏《ぶつ・ぶッ》無《む》礙《げ》智《ち》
通《つう》達《だつ・だッ》靡《み》不《ふ》照《しょう》
願《がん》我《が》功《く》慧《え》力《りき》
等《とう》此《し》最《さい》勝《しょう》尊《そん》
斯《し》願《がん》若《にゃッ》剋《こッ》果《か》
大《だい》千《せん》応《おう》感《かん》動《どう》
虚《こ》空《くう》諸《しょ》天《てん》人《にん》

智慧《ちえ》【無礙智《むげち》】は何ものにも妨げられることがなく、すべてを照らすことができる。願わくは私の智慧《ちえ》の力もブッダ【最勝尊《さいしょうそん》】▼10と同じものであって欲しい。このような私の願いが成し遂げられるならば、全宇宙【大千《だいせん》】が感動し、天界の神々と地上にいる人々は、（世にも有り難い）妙《たえ》なる華を雨のように降らすであろう。

当《とう》雨《う》珍《ちん》妙《みょう》華《け》

▼1 **正覚《しょうがく》** 正しい覚り（悟り）の意味。

▼2 **正念《しょうねん》** 初期の仏教では悟りに至るための実践（修行）方法として「八正道《はっしょうどう》」という八つの項目が挙げられた。先《ま》ず、正見《しょうけん》は世の中の真理を正しく見ること。正思《しょうし》は正見《しょうけん》で認識した真理について正しく考察すること。正語《しょうご》は真実味のある正しい言葉を語ること。正業《しょうごう》は穢《けが》れのない清らかな生活をすること。正命《しょうみょう》は善い行いを慎み、仏の教えに従って生活すること。正 精進《しょうしょうじん》は善行を行うために弛《たゆ》まず努力すること。そして、正念《しょうねん》は邪念を離れ、正しい道について考えること。最後に正定《しょうじょう》は精神を集中して安定した迷いのない清浄な境地に入ること。つまり、深い瞑想《めいそう》に入ることである。大乗仏教《だいじょうぶっきょう》の時代に、八正道《はっしょうどう》から発展した在家の修行が布施《ふせ》、持戒《じかい》、忍辱《にんにく》、精《しょう》進《じん》、禅定《ぜんじょう》、智慧《ちえ》からなる「六波羅蜜《ろくはらみつ》」だ。

▼3 **梵行《ぼんぎょう》** 「梵《ぼん》」はサンスクリット語でブラフマンといい、もともと天地創造の神、梵《ぼん》天《てん》のことだった。それが仏教に取り入れられて「優れている」「神聖な」という意味で用いられるようになった。「梵行《ぼんぎょう》」は悟りに至るための優れた修行のこと。

▼4 **天人師《てんにんし》** 如来《にょらい》（ブッダ）にはさまざまな呼び名があり、これを「如来《にょらい》の十号《じゅうごう》」と

言っている。

十号《じゅうごう》とは「如来《にょらい》（真理の世界からやって来た人）」「応供《おうぐ》（供養《くよう》に値する人）」「正遍知《しょうへんち》（正しい智慧《ちえ》を持つ人）」「明行足《みょうぎょうそく》（戒律を守り、深い瞑想によって悟りを得た人）」「善逝《ぜんぜい》（この上ない悟りの世界に達した人）」「世間解《せけんげ》（世の中のことをすべて知っている人）」「無上士《むじょうし》（人類の中の最高の人）」「調御丈夫《じょうごじょうぶ》（御者が馬をよく操るように、人々を導いて悟りに至らしめる人）」「天人師《てんにんし》（神々と人間の師）」「世尊《せそん》（世の尊敬に値する人）」の十の呼び名で、みな、ブッダの尊称である。仏教では神々（天）も人間と同じように娑婆世界《しゃばせかい》で輪廻転生《りんねてんしょう》を繰り返すと考える。だから、神々も悟りを開くためにブッダを師とする必要があるのだ。

▼5　**三垢冥**《さんくみょう》　貪《とん》、怒り、愚痴の三つは煩悩《ぼんのう》の根本と考えられている。仏教ではふつうこれを「三毒《さんどく》」といっているが、「三垢瞑《さんくみょう》」も同じ意味である。

▼6　**悪道**《あくどう》　衆生《しゅじょう》が輪廻転生《りんねてんしょう》を繰り返す六道《ろくどう》のうち、地獄《じごく》、餓鬼《がき》、畜生《ちくしょう》の三つの道（世界）は「三悪道《さんまくどう》」と呼ばれる悲惨な世界だ。

▼7　**善趣**《ぜんしゅ》　ここでは三悪道《さんまくどう》以外の修羅《しゅら》、人間《にんげん》、天《てん》のことではなく、六道輪廻《ろくどうりんね》から解脱《げだつ》（抜け出すこと）した悟りの世界。仏の世界を指している。

▼8　**功祚成満足**《こうそじょうまんぞく》　「功祚《こうそ》」はブッダの位のことで、「成満足《じょうまんぞく》」はそれを完成すること。つまり、悟りを開いてブッダとなることだ。

▼9　**三界**《さんがい》　凡夫《ぼんぷ》が住む迷いの世界（娑婆世界《しゃばせかい》）で、「欲界《よくかい》」「色界《しきかい》」「無色界《むしきかい》」の三つの

世界からなるので三界《さんがい》と呼ばれる。「欲界《よくかい》」は煩悩《ぼんのう》（欲望）が渦巻くわれわれ凡夫《ぼんぷ》の世界。「色界《しきかい》」は煩悩《ぼんのう》をある程度、断ちきった出家の修行僧の世界。「無色界《むしきかい》」は修行を重ねて悟りの世界により近づいた高僧の世界ということができる。「三界《さんがい》に家なし」という言葉があるが、無色界《むしきかい》に至ってもまだ輪廻転生《りんねてんしょう》を繰り返すわれわれ凡夫《ぼんぷ》は、次に生を受けたときに六道《ろくどう》のうちのどこに生まれるか分からない。だから、この世の今の人生は仮住まいということだ。

▼10 **最勝尊《さいしょうそん》** 如来《にょらい》（ブッダ）の尊称。最も勝《すぐ》れた、最も尊い智慧《ちえ》を持つことからこのように呼ばれる。また、その智慧《ちえ》はブッダの頭のてっぺんに凝縮されているといわれ、密教《みっきょう》では「仏頂尊《ぶっちょうそん》」「最勝仏頂《さいしょうぶっちょう》」という尊像が造られて厚く信仰されている。仏頂《ぶっちょう》とは仏像（如来《にょらい》像）の頭頂の部分の肉髻《にっけい》という膨らみのこと。

仏説観無量寿経《ぶっせつかんむりょうじゅきょう》　第九真身願文《しんじんがんもん》

釈迦《しゃか》の時代、インドにマガダ国という大国があった。国王のビンビサーラにはヴェーデーヒー（韋提希《いだいけ》）という妃がいたが、なかなか子宝に恵まれなかった。思い悩んだ韋提希《いだいけ》夫人が占い師に見てもらうと、山奥の修行者を殺せば子供ができると告げられた。これを信じ込んだ韋提希《いだいけ》夫人はビンビサーラ王を説得し、使者を送って行者を殺してしまった。

すると、間もなく韋提希《いだいけ》夫人は懐妊したが、再び、占い師がやって来て、これから生まれて来る王子は両親に大変な恨みを持っている。王子は長ずると両親を殺すであろうと予言した。これを聞いて恐怖のどん底に突き落とされた夫人は、二階に産室を設け、一階には切先を上にした無数の鋭い剣を突き立て、そこに王子を生み落して殺そうと考えた。しかし、生まれてきた王子は小指を一本、切り落としただけで済んだ。夫妻は王子をアジャータシャトル（阿闍世《あじゃせ》）と名付けた。王子は何不自由なくすくすくと育ったが、長じて釈迦《しやか》の従妹《いとこ》のダイバダッタ（提婆達多）から出生の秘密を聞かされると激怒し、即刻、父のビンビサーラ王を牢獄《ろうごく》に幽閉して自ら王位に就いた。ビンビサーラ王は食事も与えられず、そのことを憂慮した韋提希《いだいけ》夫人は密《ひそ》かに食事を運んだ。しかし、そのことが分かると阿闍世《あじやせ》王は夫人をも幽閉してしまった。

そのとき、霊鷲山《りようじゆせん》で『法華経《ほけきよう》』を説法していた釈迦《しやか》は、韋提希《いだいけ》夫人の悲しみを察知し、説法を中断して夫人のもとを訪れた。神々しい釈迦《しやか》の姿を眼前にした夫人は歓喜して苦しい心境を矢継ぎ早に語った。釈迦《しやか》は夫人の話を黙って聞いた。この場面は『観無量寿経《かんむりようじゆきよう》』の中で「無言の説法」として有名である。

夫人はそれ以上、言葉で言い表すことができなくなり、ひたすら身を投げ出して釈迦《しや》迦《か》に礼拝を繰り返した。その姿を見た釈迦《しやか》は神通力《じんずうりき》をもって夫人の眼前に阿弥陀如来《あみだにようらい》の素晴らしい極楽浄土《ごくらくじようど》の光景を出現させ、そこに往生《おうじよう》するための十六の瞑想法（十六観《じゆうろくかん》）を教えた。その九番目が「真身観文《しんじんがんもん》」である。阿弥陀如来《あみだにようらい》そのものを観想（イメージ）するもので、阿弥陀如来《あみだにようらい》の姿を観想することですべての諸仏をイメージすることができるというものだ。

「十六観《じゆうろくかん》」は以下のような内容である。

（一）日想観《にっそうかん》――夕陽を眺めて西方に極楽浄土《ごくらくじょうど》があるという思いを起こす。
（二）水想観《すいそうかん》――水と氷の美しさを観じて極楽浄土《ごくらくじょうど》の大地に思いを馳《は》せる。
（三）地想観《ちそうかん》――水想観を完成して極楽浄土《ごくらくじょうど》の大地の美しさにしみじみと思いを馳せる。
（四）樹想観《じゅそうかん》――金銀宝石でできているという極楽浄土《ごくらくじょうど》の樹木（宝樹）に思いを馳せる。宝樹観《ほうじゅかん》ともいう。
（五）八功徳水想観《はっくどくすいそうかん》――極楽浄土《ごくらくじょうど》の池や霊水に思いを馳せるもので、宝池観《ほうちかん》ともいわれる。
（六）楼想観《ろうそうかん》――金銀宝石でできているという極楽浄土《ごくらくじょうど》の建物（宝楼）に思いを馳せるもので、宝楼観《ほうろうかん》ともいう。この楼想観《ろうそうかん》の完成によって（一）から（五）までの観想が自《おの》ずから成就するので、総想観《そうそうかん》ともいう。
（七）蓮座想観《れんざそうかん》――阿弥陀如来《あみだにょらい》の蓮華《れんげ》の台座に思いを馳せる。
（八）像想観《ぞうそうかん》――仏像を拝観して阿弥陀如来《あみだにょらい》の姿に思いを馳せる。
（九）偏観一切色身想観《へんかんいっさいしきしんそうかん》（真身観《しんしんかん》）――阿弥陀如来《あみだにょらい》の真の姿を思うことによって、一切諸仏の姿を目の当たりにすることができる。
（十）観音観《かんのんかん》――阿弥陀如来《あみだにょらい》の脇侍《きょうじ》である観音菩薩《かんのんぼさつ》に思いを馳せる。

（十一）勢至観《せいしかん》――同じく阿弥陀如来《あみだにょらい》の脇侍《きょうじ》である勢至菩薩《せいしぼさつ》に思いを馳せる。
（十二）普観想観《ふかんそうかん》――極楽浄土《ごくらくじょうど》のすべての仏菩薩《ぶつぼさつ》に思いを馳せる。
（十三）雑想観《ざつそうかん》――能力や素質が劣っていて、（十）から（十二）の観想ができない者が大身《たいしん》、小身《しょうしん》の阿弥陀如来《あみだにょらい》に思いを馳せる。
（十四）〜（十六）上輩観《じょうはいかん》・中輩観《ちゅうはいかん》・下輩観《げはいかん》――それぞれの能力や素質によって上輩《じょうはい》、中輩《ちゅうはい》、下輩《げはい》に分け、それぞれにふさわしい修行によって極楽浄土《ごくらくじょうど》に生まれる光景に思いを馳せる。

原文

仏《ぶつ》告《ごう》阿《あ》難《なん》及《ぎゅう》韋《い》提《だい》
希《け》此《し》想《そう》成《じょう》已《い》次《し》当《とう》
更《きょう》観《かん》無《む》量《りょう》寿《じゅ》仏《ぶっ》身《しん》

現代語訳

ブッダ（釈迦《しゃか》）は阿難（205ページ▼12参照）と韋提希《いだいけ》夫人に向かって言った。仏の姿を観じた（イメージした）次に、▼1さらに無量寿仏《むりょうじゅぶつ》▼2（阿《あ》弥陀如来《みだにょらい》）の姿と光明《こうみょう》を観じなさい。無量光仏《むりょうこうぶつ》の身体は夜摩天《やまてん》▼3の紫金色《しこんじき》【閻浮檀金《えんぶだんごん》】▼4の百千万

相《そう》光《こう》明《みょう》阿《あ》難《なん》当《とう》知《ち》
無《む》量《りょう》寿《じゅ》仏《ぶッ》身《しん》如《にょ》百《ひゃく》
千《せん》万《まん》億《のく》夜《や》摩《ま》天《てん》閻《えん》
浮《ぶ》檀《だん》金《ごん》色《じき》仏《ぶッ》身《しん》高《こう》
六《ろく》十《じゅう》万《まん》億《のく》那《な》由《ゆ》他《た》
恒《ごう》河《が》沙《しゃ》由《ゆ》旬《じゅん》眉《み》間《けん》
白《びゃく》毫《ごう》右《う》旋《せん》婉《おん》転《でん》如《にょ》
五《ご》須《しゅ》弥《み》山《せん》仏《ぶつ》眼《げん》如《にょ》
四《し》大《だい》海《かい》水《すい》青《しょう》白《びゃく》分《ふん》

倍の勢いで輝いている。仏身《ぶっしん》の高さ（仏の身長）は、とてつもなく高く、六十万億那由他恒河沙《ろくじゅうまんのくなゆたごうがしゃ》由旬《ゆじゅん》▼5もある。眉間《みけん》の白い毛【白毫《びゃくごう》】は右に巡って丸まっており、その大きさは須弥山《しゅみせん》を五つ合わせたぐらいある。また、ブッダの眼は須弥山《しゅみせん》を囲む四つの海【四大海《しだいかい》】▼6の水のように、青白く澄み切っている。

明《みよう》身《しん》諸《しよ》毛《もう》孔《く》演《えん》出《じゆつ》
光《こう》明《みよう》如《によ》須《しゆ》弥《み》山《せん》彼《ひ》
仏《ぶつ》円《えん》光《こう》如《によ》百《ひやく》億《おく》三《さん》
千《ぜん》大《だい》千《せん》世《せ》界《かい》於《お》円《えん》
光《こう》中《じゆう》有《う》百《ひやく》万《まん》億《のく》那《な》
由《ゆ》他《た》恒《ごう》河《が》沙《しや》化《け》仏《ぶつ》
一《いち》一《いち》化《け》仏《ぶつ》亦《やく》有《う》衆《しゆ》
多《だ》無《む》数《しゆ》化《け》菩《ぼ》薩《さつ》以《い》
為《い》侍《じ》者《しや》無《む》量《りよう》寿《じゆ》仏《ぶつ》

身体じゅうの毛穴から光明《こうみょう》が放たれ、その光景はまるで燦然《さんぜん》と輝く須弥山《しゅみせん》のようだ。また、ブッダの後光《ごこう》▼7【円光《えんこう》】は三千大千世界《さんぜんだいせんせかい》を百億も合わせたような雄大なスケールである。その後《ご》光《こう》の中には数えきれないほど多くの【百万億那《ひゃくまんのくな》由他恒河沙《ゆたごうがしゃ》】ブッダ（阿弥陀如来《あみだにょらい》）の分身の化《け》仏《ぶつ》があり、さらに一つひとつの化仏《けぶつ》の中には無数の化菩薩《けぼさつ》▼8が侍者として従っている。

有《う》八《はち》万《まん》四《し》千《せん》相《そう》一《いち》
一《いち》相《そう》各《かく》有《う》八《はち》万《まん》四《し》
千《せん》随《ずい》形《ぎょう》好《こう》一《いち》一《いち》好《こう》
復《ぶ》有《う》八《はち》万《まん》四《し》千《せん》光《こう》
明《みょう》一《いち》一《いち》光《こう》明《みょう》偏《へん》照《じょう》
十《じッ》方《ぽう》世《せ》界《かい》念《ねん》仏《ぶッ》衆《しゅ》
生《じょう》摂《せっ》取《しゅ》不《ふ》捨《しゃ》其《ご》光《こう》
明《みょう》相《そう》好《ごう》及《ぎゅう》与《よ》化《け》仏《ぶっ》
不《ふ》可《か》具《ぐ》説《せっ》但《たん》当《とう》憶《おく》

無量寿仏《むりょうじゅぶつ》には数限りない【八万四千《はちまんしせん》】（われわれ凡人には見られない）優れた特徴【相《そう》】があり、その一つひとつにそれに付随した数限りない相《そう》が具《そな》わっている。そして、一つひとつの付随した特徴からは無数の光明《こうみょう》が放たれている。その一つひとつの光明《こうみょう》は世界の隅々【十方世界《じッぽうせかい》】まで照らし、念仏《ねんぶつ》を称《とな》えて極楽往生《ごくらくおうじょう》を願う人々を必ず救い取り、決して見捨てることはないのだ。

（実は）無量寿仏《むりょうじゅぶつ》（阿弥陀如来《あみだにょらい》）の光明《こうみょう》や身体の特徴、および化仏《けぶつ》については（それらが余りにも偉大で人間の想像をはるかに超えており、言葉で表わすことができない。だから）詳しく説くことができないのだ【不可具説《ふかぐせつ》[9]】。だから、

想《そう》令《りょう》心《しん》眼《げん》見《けん》見《けん》此《し》
事《じ》者《しゃ》即《そッ》見《けん》十《じッ》方《ぽう》一《いッ》
切《さい》諸《しょ》仏《ぶつ》以《い》見《けん》諸《しょ》仏《ぶッ》
故《こ》名《みょう》念《ねん》仏《ぶッ》三《さん》昧《まい》作《さ》
是《ぜ》観《かん》者《しゃ》名《みょう》観《かん》一《いッ》切《さい》
仏《ぶッ》身《しん》以《い》観《かん》仏《ぶつ》身《しん》故《こ》
亦《やッ》見《けん》仏《ぶッ》心《しん》仏《ぶッ》心《しん》者《じゃ》
大《だい》慈《じ》悲《ひ》是《ぜ》以《い》無《む》縁《えん》
慈《じ》摂《せッ》諸《しょ》衆《しゅ》生《じょう》作《さ》此《し》

観想（イメージ）【憶想《おくそう》】して、心眼によって見ることしかできないのだ。心眼で無量寿仏《むりょうじゅぶつ》の特徴を見ることができたものは、他の一切のブッダを見ることができる。一切のブッダを見ることができるから、この観法は念仏三昧《ねんぶつさんまい》▼10といわれるのだ。また、この観法は一切のブッダの身体を観ずる（イメージする）方法とも呼ばれている。そして、この観法によって仏の身体を見ることができれば、その心をも知ることができる。仏の心とは大慈悲《だいじひ》▼11のことだ。仏は常にこの無限【無縁《むえん》】の慈悲《じひ》をもって人々を救うのだ。

この観法を実践するものは死んだ【捨身他世《しゃしんたせ》】後に、浄土《じょうど》に生まれ、多くの仏の前で何ごとにも執着しない安らぎの境地【無生忍《むしょうにん》】▼12に入

観《かん》者《しや》捨《しや》身《しん》他《た》世《せ》生《しよう》
諸《しよ》仏《ぶつ》前《ぜん》得《とく》無《む》生《しよう》忍《にん》
是《ぜ》故《こ》智《ち》者《しや》応《おう》当《とう》繫《け》
心《しん》諦《たい》観《かん》無《む》量《りよう》寿《じゆ》仏《ぶつ》
観《かん》無《む》量《りよう》寿《じゆ》仏《ぶつ》者《しや》従《じゆう》
一《いち》相《そう》好《ごう》入《にゆう》但《たん》観《かん》眉《み》
間《けん》白《びやく》毫《ごう》極《ごく》令《りよう》明《みよう》了《りよう》
見《けん》眉《み》間《けん》白《びやく》毫《ごう》者《しや》八《はち》
万《まん》四《し》千《せん》相《そう》好《ごう》自《じ》然《ねん》

ることができる。だから、智者《ちしや》（心ある人）は努めて仏を明らかに見るようにするべきだ。そして、無量寿仏《むりようじゆぶつ》を見ようとするなら、身体の優れた特徴のうち、先《ま》ず一つの特徴から見ていくべきだ。それは、眉間白毫《みけんびやくごう》で、それを見て仏のイメージをハッキリさせるのだ。

眉間の白毫《びやくごう》を見るものには八万四千《はちまんしせん》にも及ぶ、身体の優れた特徴が自然に露《あら》わになってくる。そして、無量寿仏《むりようじゆぶつ》の姿をとらえることができた

当《とう》現《げん》見《けん》無《む》量《りょう》寿《じゅ》仏《ぶツ》
者《しゃ》即《そツ》見《けん》十《じツ》方《ぽう》無《む》量《りょう》
諸《しょ》仏《ぶっ》得《とツ》見《けん》無《む》量《りょう》諸《しょ》
仏《ぶツ》故《こ》諸《しょ》仏《ぶっ》現《げん》前《ぜん》授《じゅ》
記《き》是《ぜ》為《い》徧《へん》観《かん》一《いツ》切《さい》
色《しき》身《しん》想《そう》名《みょう》第《だい》九《く》観《かん》
作《さ》此《し》観《かん》者《しゃ》名《みょう》為《い》正《しょう》
観《がん》若《にゃく》他《た》観《かん》者《しゃ》名《みょう》為《い》
邪《じゃ》観《かん》

ものは、あらゆる無数のブッダの姿を見ることができるのだ。あらゆるブッダを見たならば、その人は無数のブッダから仏になることを予言される【授記《じゅき》】[13]。

（今述べてきたように）この観想はすべてのブッダの身体（姿）をとらえるもので、「第九《だいく》の観《かん》」と名付けている。そして、（十六観《じゅうろくかん》のうちでもこの観想がもっとも重要で）この「真身《しんしん》観《かん》」の実践を正しい観想【正観《しょうがん》】、他の観想を誤った観想【邪観《じゃかん》】[14]というのである。

▼1　次に《つぎ》　十六観《じゅうろくかん》の第八の「像想観《ぞうそうかん》」で仏像を拝観して阿弥陀如来《あみだにょらい》の姿に思いを馳《は》せた「次に」、この「真身観《しんしんかん》」を実践しなさい、という意味。

▼2　無量寿仏《むりょうじゅぶつ》　阿弥陀如来《あみだにょらい》には無量寿仏《むりょうじゅぶつ》、無量光仏《むりょうこうぶつ》という二つの名前がある。無量寿《むりょうじゅ》仏《ぶつ》はサンスクリット語でアミターユス、無量光仏《むりょうこうぶつ》はアミターバという。両者に共通するアミタは「計り知れない（無量）」という意味で、アーユスは「寿命」、アーバは「光明《こうみょう》」という意味だ。無量の寿命と光明《こうみょう》とも兼《か》ね具《そな》えたという意味で、両者に共通するアミタを音写して阿弥陀《あみだ》という。

▼3　夜摩天《やまてん》　われわれが輪廻転生《りんねてんしょう》する迷いの世界である三界《さんがい》（168ページ▼9参照）のうち、欲界《よくかい》は地獄《じごく》、餓鬼《がき》、畜生《ちくしょう》、修羅《しゅら》、人間《にんげん》、天《てん》の六道《ろくどう》と、その上方に位置する六つの天界（六欲天《ろくよくてん》）からなっており、その第六天が夜摩天《やまてん》で、昼夜を分かたず光《こう》明《みょう》が光り輝いているという。

▼4　閻浮檀金《えんぶだんごん》　▼3の夜摩天《やまてん》にある黄金のことで、赤黄色で金の中でも最も尊いものとされている。夜摩天《やまてん》にはその黄金が放つ光が満《み》ち溢《あふ》れているという。

▼5　六十万億那由他恒河沙由旬《ろくじゅうまんのくなゆたごうがしゃゆじゅん》　「那由他《なゆた》」は数の単位で、一千億とされている。「恒河《ごうが》沙《しゃ》」はガンジス河の砂の数ほどという意味で、極めて膨大な数をあらわす。「由《ゆ》旬《じゅん》」も距離や長さの単位で、一説に一四・四キロメートルという。ここでは六十万×一億×一千億×一四・四キロメートルということになる。由旬《ゆじゅん》の前に恒河沙《ごうがしゃ》の語をおくことでそんなとてつもない高さ（仏の身長）をさらに強調しているのだ。実

数ではなく、極めて高いことを表現したもの。仏典にはよく出て来る表現である。

▼6 **四大海**《しだいかい》 仏教の世界観で世界の中心に聳《そび》える須弥山《しゅみせん》の四方にあるという大海。

▼7 **後光**《ごこう》 三十二相《そう》、八十種好《はちじっしゅこう》のなかに「条光相《じょうこうそう》」というのがある。仏の背後には常に一条の光があるというものだ。仏像の背後にある光背《こうはい》はこの光を表わしたものだ。

▼8 **化仏**《けぶつ》**〜化菩薩**《けぼさつ》 ブッダが衆生《しゅじょう》救済のために表わした変化身《へんげしん》で、ブッダの分身と考えられている。たとえば、阿弥陀如来《あみだにょらい》の侍者として従うが観音菩薩《かんのんぼさつ》の頭上には阿弥陀如来《あみだにょらい》の化仏《けぶつ》（小仏）が表わされている。

▼9 **不可具説**《ふかぐせつ》 仏（如来《にょらい》）は余りにも偉大で、われわれ人間の視覚をはじめとする感覚器官では到底とらえることができない。『法華経《ほけきょう》』など他の経典でもそのように説かれている。そして、その姿を見るには経典の記述などの導きによって、イメージするよりほかにない。大乗《だいじょう》仏教の時代になって紀元一世紀の中ごろにガンダーラではじめて仏像が登場するが、仏像はわれわれ凡夫《ぼんぷ》がブッダをイメージするための手助けとなるものだ。

▼10 **念仏三昧**《ねんぶつさんまい》 浄土《じょうど》信仰では「南無阿弥陀仏《なむあみだぶつ》」と声をだして称《とな》える念仏《ねんぶつ》が一般的である。しかし、念仏《ねんぶつ》は文字通り「仏を念ずる（イメージする）こと」である。だから、早い時代には声を出さず、瞑想《めいそう》して仏をイメージする念仏《ねんぶつ》が行われており、これを「観念念仏《かんねんねんぶつ》」という。

観念念仏《かんねんねんぶつ》は坐禅《ざぜん》と同じ観想法である。また、仏（ブッダ）とはわれわれ人間の中に潜む仏性《ぶっしょう》（純粋な精神性）を示し、念仏《ねんぶつ》とは客体としての仏を見るのではなく、人間の心の中にある仏性《ぶっしょう》を見ることである。深山幽谷で坐禅《ざぜん》に励む禅宗《ぜんしゅう》の修行僧にはこれが可能かもしれないが、在家の者には静かに瞑想して仏性《ぶっしょう》を見ることは困難だ。そこで、声を出して「南無阿弥陀仏《なむあみだぶつ》」と称える称名念仏《しょうみょうねんぶつ》が考案された。声を出して一心に称えているうちにしだいに陶酔状態になり、仏に会うという神秘体験をすることもあるのだ。また、「三昧《さんまい》」はサンスクリット語のサマーディの音写語で、瞑想することである。精神を集中して一心に念仏《ねんぶつ》を称えること。これが念仏三昧《ねんぶつさんまい》だ。

▼11 **大慈悲《だいじひ》**　ブッダは常に衆生《しゅじょう》を完璧《かんぺき》に救おうという慈悲《じひ》の心で満たされている。

▼12 **無生忍《むしょうにん》**　不生不滅《ふしょうふめつ》の道理、すなわち、世の中のすべての存在は生ずることも滅することもないという真理を受け止めること。われわれ凡夫《ぼんぷ》は何かが生じた（得た）、滅した（無くなった）などといって、一喜一憂して常に心を乱しているが、この世の実体は不生不滅《ふしょうふめつ》なのである。これを知れば寂浄《じゃくじょう》の世界に安住することができる。

▼13 **授記《じゅき》**　先輩のブッダから授けられる、将来、必ずブッダになるという予言（太鼓判）。ふつうは釈迦《しゃか》などの極めて優れた者にしか与えられないが、『観無量寿経《かんむりょうじゅきょう》』では白毫《びゃくごう》を観想して阿弥陀如来《あみだにょらい》の姿をとらえ、さらには、無数のブッダに出会うことができれば、すべての人に与えられると説く。

▼14 **邪観《じゃかん》**　ここでは「十六観《じゅうろくかん》」以外の観想を指す。そして、十六観《じゅうろくかん》のなかでもこの「真身観《しんしんかん》」が最も勝《すぐ》れているといっている。浄土《じょうど》信仰が阿弥陀如来《あみだにょらい》に出会い、救っ

てもらうことを根本においているので、必然的にこの第九観《だいくかん》がもっとも重要視され、十六観《じゅうろくかん》の他の観《かん》は第九観《だいくかん》に至るまでのプロセスなどを説いたものである。

仏説阿弥陀経《ぶっせつあみだきょう》

極楽浄土《ごくらくじょうど》の光景を克明に説き、六方（東西南北と天地）の諸仏が極楽浄土《ごくらくじょうど》に存在し続けていることを証明し、念仏《ねんぶつ》を称えればそこに往生《おうじょう》できることを説いた経典である。「浄土三部経《じょうどさんぶきょう》」の中ではもっとも短い経典だが、死後、赴く世界について述べていることから葬儀のときなどによく読まれる。また、この経典に説かれる「倶会一処《くえいっしょ》」という言葉は墓標などによく刻まれる。死んだあと、極楽浄土《ごくらくじょうど》でみんなで一緒に会いましょうという意味である。

原文

如是《にょぜ》我聞《がもん》。一時《いちじ》仏《ぶつ》在《ざい》舎衛《しゃえ》

現代語訳

このように私は聞いている【如是我聞《にょぜがもん》】。▼1

国《こく》。祇《ぎ》樹《じゅ》給《きッ》《ぎッ》孤《こ》独《どく》園《おん》。与《よ》大《だい》比《び》丘《く》衆《しゅ》。千《せん》二《に》百《ひゃく》五《ご》十《じゅう》人《にん》倶《く》。皆《かい》是《ぜ》大《だい》阿《あ》羅《ら》漢《かん》。衆《しゅ》所《しょ》知《ち》識《しき》。長《ちょう》老《ろう》舎《しゃ》利《り》弗《ほつ》《ほ》。摩《ま》訶《か》目《もッ》犍《けん》連《れん》。摩《ま》訶《か》迦《か》葉《しょう》。摩《ま》訶《か》迦《か》旃《せん》延《ねん》。摩《ま》訶《か》倶《く》絺《ち》羅《ら》。離《り》婆《は》多《た》《だ》。周《しゅ》《しゅう》利《り》槃《はん》陀《だ》伽《が》《か》。難《なん》陀《だ》。阿《あ》難《なん》陀《だ》。羅《ら》睺《ご》羅《ら》。憍《きょう》梵《ぼん》波《は》提《だい》。賓《びん》頭《ず》盧《る》頗《は》羅《ら》堕《だ》。迦《か》留《る》陀《だ》夷《い》。摩《ま》訶《か》劫《こう》賓《ひん》那《な》。薄《はッ》《は》拘《く》羅《ら》。阿《あ》㝹《ぬ》楼《ろう》《る》駄《だ》。如《にょ》是《ぜ》等《とう》。諸《しょ》大《だい》弟《で》子《し》。并《びょう》諸《しょ》菩《ぼ》薩《さつ》《さ》摩《ま》訶《か》薩《さつ》。文《もん》

あるとき、ブッダ（釈迦《しゃか》）は千二百五十人の出家の修行僧とともに、シュラーヴァスティー（舎衛国《しゃえこく》▼2）の祇園精舎《ぎおんしょうじゃ》▼3におられた。

そこに集まった人々はみな、大阿羅漢《だいあらかん》▼4の位にあり、多くの人々によく知られていたのだ。すなわち、（参集した弟子たちとは）長老舎利弗《しゃりほつ》（シャーリプトラ）、摩訶目犍連《まかもっけんれん》▼5（マハー・マウドガリヤーヤナ）、摩訶迦葉《まかかしょう》▼6（マハー・カーシャパ）、摩訶迦旃延《まかかせんねん》▼7（マハー・カーティヤーヤナ）、摩訶《まか》倶絺羅《くちら》▼8（マハー・カウシュティラ）、離婆多《りはた》▼9（レーヴァタ）、周利槃陀伽《しゅりはんだが》▼10（シュッディパンタカ）、難陀《なんだ》▼11（ナンダ）、阿難陀《あなんだ》▼12（アーナンダ）、羅睺羅《らごら》▼13（ラーフラ）、憍梵波提《きょうぼんはだい》▼14（ガヴァーンパティ）、賓頭盧《びんずる》頗羅堕《はらだ》▼15（ピンドーラ・バーラドヴァージャ）、迦《か》留陀夷《るだい》▼16（カローダーイン）、摩訶劫賓那《まかこうひんな》▼17（マハー・カッピナ）、薄拘羅《はくら》▼18（ヴァックラ）、阿㝹楼駄《あぬるだ》▼19（ア

殊《じゅ》師《し》利《り》法《ほう》王《おう》子《じ》。阿《あ》逸《いッ》多《た》菩《ぼ》薩《さつ》。乾《けん》陀《だ》訶《か》提《だい》菩《ぼ》薩《さつ》。常《じょう》精《しょう》進《じん》菩《ぼ》薩《さつ》。与《よ》如《にょ》是《ぜ》等《とう》。諸《しょ》大《だい》菩《ぼ》薩《さつ》。及《ぎゅう》釈《しゃく》提《だい》桓《かん》因《いん》等《とう》。無《む》量《りょう》諸《しょ》天《てん》。大《だい》衆《しゅ》倶《く》。

爾《に》時《じ》仏《ぶつ》告《ごう》。長《ちょう》老《ろう》舎《しゃ》利《り》弗《ほつ》。従《じゅ》是《ぜ》西《さい》方《ほう》。過《か》十《じゅう》万《まん》億《のく》仏《ぶつ》土《ど》。有《う》世《せ》界《かい》。名《みょう》曰《わつ》極《ごく》楽《らく》。其《ご》土《ど》有《う》仏《ぶつ》。号《ごう》阿《あ》弥《み》陀《だ》。今《こん》現《げん》在《ざい》説《せッ》法《ぽう》。舎《しゃ》利《り》弗《ほつ》。彼《ひ》土《ど》何《が》故《こ》。名《みょう》為《い》極《ごく》楽《らく》。其《ご》国《こく》衆《しゅ》生《じょう》。無《む》有《う》衆《しゅ》苦《く》。但《たん》

ニルッダ)、などの優れた弟子【大弟子《だいでし》】。また、文殊菩薩《もんじゅぼさつ》【文殊師利法王子《もんじゅしりほうおうじ》】[20]、阿逸多菩薩《あいったぼさつ》[21]、乾《けん》陀訶提菩薩《だかだいぼさつ》[22]、常精進菩薩《じょうしょうじんぼさつ》[23]、および、帝釈天《たいしゃくてん》【釈提桓因《しゃくだいかんいん》】[24]などの無数の神々やたくさんの人々が座を連ねていた。[25]

そのとき、ブッダは長老[26]、舎利弗《しゃりほつ》に次のように告げた。

「ここ(娑婆世界《しゃばせかい》)から西の方に進んで無数の仏の国土《こくど》【十万億仏土《じゅうまんのくぶつど》】[27]をすぎたところに、ひとつの世界があり、極楽《ごくらく》と呼ばれている。そして、その国土《こくど》には阿弥陀仏《あみだぶつ》というブッダ【仏《ぶつ》】がおられ、今、現に教えを説かれているのだ。舎利弗《しゃりほつ》よ!　その国土《こくど》はなぜ「極楽《ごくらく》」と呼ばれ

受《じゅ》諸《しょ》楽《らく》。故《こ》名《みょう》極《ごく》楽《らく》。又《う》舎《しゃ》利《り》弗《ほっ・ほ》。極《ごく》楽《らッ》国《こく》土《ど》。七《しち》重《じゅう》欄《らん》楯《じゅん》。七《しち》重《じゅう》羅《ら》網《もう》。七《しち》重《じゅう》行《ごう・ぎょう》樹《じゅ》。皆《かい》是《ぜ》四《し》宝《ほう》。周《しゅう》帀《そう》囲《い》繞《にょう》。是《ぜ》故《こ》彼《ひ》国《こく》。名《みょう》曰《わっ・わ》極《ごく》楽《らく》。又《う》舎《しゃ》利《り》弗《ほっ・ほ》。極《ごく》楽《らッ》国《こく》土《ど》。有《う》七《しッ》宝《ぽう》池《ち》。八《はッ》功《く》徳《どく》水《すい》。充《しゅ・じゅう》満《まん》其《ご》中《ちゅう》。池《ち》底《てい・たい》純《じゅん》以《に》。金《こん》沙《しゃ》布《ふ》地《じ》。四《し》辺《へん》階《かい》道《どう》。金《こん》銀《ごん》瑠《る》璃《り》。玻《は》瓈《り》合《ごう》成《じょう》。上《じょう》有《う》楼《ろう》閣《かく》。亦《やく》以《い》金《こん》銀《ごん》瑠《る》璃《り》。玻《は》瓈《り》硨《しゃ》磲《こ》。赤《しゃく》珠《しゅ》碼《め》碯《のう》。而《に》厳《ごん》

るのだろうか。その国土《こくど》には生きとし生けるものには一切の苦しみがなく、ただあらゆる楽しみだけを享受することができる。だから、極楽《ごくらく》と呼ばれているのだ。また、舎利弗《しゃりほつ》よ！　七重に取り巻いた欄干【欄楯《らんじゅん》】▼28、七重の鈴をつけた網【羅網《らもう》】▼29、七重の並木【行樹《ごうじゅ》】があり、それらはすべて金・銀・瑠璃《るり》▼30・玻璃《はり》（水晶）などの四種の宝石でできており、浄土《じょうど》をすべて覆っているのだ。それでこの壮麗な国土《こくど》は極楽《ごくらく》と呼ばれているのだ。

また、舎利弗《しゃりほつ》よ！　極楽浄土《ごくらくじょうど》には七宝《しっぽう》（七種の宝石）で飾られた池がある。その池は八つの優れた功徳《くどく》のある水【八功徳水《はっくどくすい》】で満たされており、池の底には金の砂が（びっしりと）敷き詰められている。そして、池の四方に設けられた階段は、金・銀・瑠璃《るり》・玻璃（水晶）の四種

飾《じき》之《し》。池《ち》中《ちゅう》蓮《れん》華《げ》。大《だい》如《にょ》車《しゃ》輪《りん》。
青《しょう》色《しき》青《しょう》光《こう》。黄《おう》色《しき》黄《おう》光《こう》。赤《しゃく》色《しき》
赤《しゃッ》光《こう》。白《びゃく》色《しき》白《びゃッ》光《こう》。微《み》妙《みょう》香《こう》
潔《けツ》《けつ》。舎《しゃ》利《り》弗《ほっ》《ほ》。極《ごく》楽《らッ》国《こく》土《ど》。成《じょう》就《じゅ》
如《にょ》是《ぜ》。功《く》徳《どく》荘《しょう》厳《ごん》。
又《う》舎《しゃ》利《り》弗《ほっ》《ほ》。彼《ひ》仏《ぶッ》国《こく》土《ど》。常《じょう》作《さ》
天《てん》楽《がく》。黄《おう》金《ごん》為《い》地《じ》。昼《ちゅう》夜《や》六《ろく》時《じ》。
而《に》雨《う》曼《まん》陀《だ》羅《ら》華《け》。其《ご》国《こく》衆《しゅ》生《じょう》。
常《じょう》以《い》清《しょう》旦《たん》。各《かく》以《い》衣《え》裓《こく》。盛《じょう》衆《しゅ》
妙《みょう》華《け》。供《く》養《よう》他《た》方《ほう》。十《じゅう》万《まん》億《のく》仏《ぶつ》《ぶ》。
即《そく》以《い》食《じき》時《じ》。還《げん》到《とう》本《ほん》国《ごく》。飯《ぼん》食《じき》

の宝石でできている。また、階段の上に聳《そび》える高殿は金・銀・瑠璃《るり》・玻璃《はり》・硨磲《しゃこ》[31]・赤珠《しゃくしゅ》[32]・碼碯《めのう》の七つの宝石類によって美しく飾られている。池に咲き誇るハスの花は車輪のような大輪で、青色のハスには青い光、黄色のハスには黄色い光、赤色のハスには赤い光、白色のハスには白い光があり、この世にはない清らかで香《かぐわ》しい姿を見せている【微妙香潔《みみょうこうけつ》】[33]。舎利弗《しゃりほつ》よ！　極楽国土《ごくらくこくど》はこのように有り難い設《しつら》え【功徳荘厳《くどくしょうごん》】で、極めて美しく飾られているのだ。

また、舎利弗《しゃりほつ》よ！　極楽浄土《ごくらくじょうど》ではつねに（妙《たえ》なる）天上の音楽が（天人《てんにん》たちによって）奏でられている。大地は黄金からなり、昼夜を分かたず【昼夜六時《ちゅうやろくじ》】[34]天上（天界）からさまざまな美しい花【曼陀羅華《まんだらけ》】[35]が降り注いでいる。その

経《きょう》行《ぎょう》。舎《しゃ》利《り》弗《ほつ》《ほ》。極《ごく》楽《らッ》国《こく》土《ど》成《じょう》就《じゅ》如《にょ》是《ぜ》。功《く》徳《どく》荘《しょう》厳《ごん》。

復《ぶ》次《し》舎《しゃ》利《り》弗《ほつ》《ほ》。彼《ひ》国《こく》常《じょう》有《う》。種《しゅ》種《じゅ》奇《き》妙《みょう》。雑《ざッ》色《しき》之《し》鳥《ちょう》。白《びゃッ》鵠《こう》孔《く》雀《じゃく》。鸚《おう》鵡《む》舎《しゃ》利《り》。迦《か》陵《りょう》頻《びん》伽《が》。共《ぐ》命《みょう》之《し》鳥《ちょう》。是《ぜ》諸《しょ》衆《しゅ》鳥《ちょう》。昼《ちゅう》夜《や》六《ろく》時《じ》。出《すい》《しゅつ》和《わ》雅《げ》音《おん》。其《ご》音《おん》演《えん》暢《ちょう》。五《ご》根《こん》五《ご》力《りき》。七《しち》菩《ぼ》提《だい》分《ぶん》。八《はッ》聖《しょう》道《どう》分《ぶん》。如《にょ》是《ぜ》等《とう》法《ほう》。其《ご》土《ど》衆《しゅ》生《じょう》。聞《もん》是《ぜ》音《おん》已《に》。皆《かい》悉《しつ》《しッ》念《ねん》仏《ぶつ》《ぶ》。念《ねん》法《ぽう》念《ねん》僧《そう》。舎《しゃ》利《り》弗《ほつ》《ほ》。汝《にょ》勿《もつ》《も》謂《い》此《し》鳥《ちょう》。実《じつ》

国の生きとし生けるもの【衆生《しゅじょう》】は、夜明けに各々美しい花を華皿に盛って他の十万億の仏のところにいって、それを供えて供養《くよう》する。そして、昼食の時間になると極楽浄土《ごくらくじょうど》に帰り、食事をして休息をとる【経行《きょうぎょう》】▼36のである。

舎利弗《しゃりほつ》よ！ 極楽浄土《ごくらくじょうど》とはこのようにすぐれた設えで美しく飾られているのだ！

また、つぎに舎利弗《しゃりほつ》よ！ その国には種々の珍しい鳥がたくさん棲《す》んでいる。白鳥【白鵠《びゃっこう》】、孔雀《くじゃく》、鸚鵡《おうむ》、百舌鳥《もず》【舎利《しゃり》】▼37、妙音鳥《みょうおんちょう》【迦陵頻伽《かりょうびんが》】▼38、命命鳥《みょうみょうちょう》【共命《ぐみょう》】▼39などである。それらの鳥たちは昼夜を問わず、つねに美しく優雅な声【和雅《わげ》音《おん》】で鳴いている。そして、それらの鳥の鳴声は悟りの道に向かわせる五つの働きや力【五根《ごこん》、五力《ごりき》】▼40、悟りに役立つ七つの事柄【七菩提分《しちぼだいぶん》】▼41、八つの聖なる道【八聖道分《はッしょうどうぶん》】▼42などを説き明かし

是《ぜ》罪《ざい》報《ほう》所《しょ》生《しょう》。所《しょ》以《い》者《しゃ》何《が》。彼《ひ》仏《ぶッ》国《こく》土《ど》。無《む》三《さん》悪《まく》趣《しゅ》。舎《しゃ》利《り》弗《ほっ》《ほ》。其《ご》仏《ぶッ》国《こく》土《ど》。尚《しょう》無《む》三《さん》悪《まく》道《どう》之《し》名《みょう》。何《が》況《きょう》有《う》実《じつ》。是《ぜ》諸《しょ》衆《しゅ》鳥《ちょう》皆《かい》是《ぜ》阿《あ》弥《み》陀《だ》仏《ぶつ》。欲《よく》令《りょう》法《ほう》音《おん》宣《せん》流《る》。変《へん》化《げ》所《しょ》作《さ》。舎《しゃ》利《り》弗《ほっ》《ほ》。彼《ひ》仏《ぶッ》国《こく》土《ど》。微《み》風《ふ》吹《すい》動《どう》。諸《しょ》宝《ほう》行《ぎょう》《ごう》樹《じゅ》。及《ぎッ》《ぎゅう》宝《ぼう》《ほう》羅《ら》網《もう》。出《しゅッ》《すい》微《み》妙《みょう》音《おん》。譬《ひ》如《にょ》百《ひゃく》千《せん》種《じゅ》楽《がく》。同《どう》時《じ》倶《く》作《さ》。聞《もん》是《ぜ》音《おん》者《しゃ》。皆《かい》自《じ》然《ねん》生《しょう》《じょう》。念《ねん》仏《ぶつ》《ぶ》念《ねん》法《ぼう》。念《ねん》僧《そう》之《し》心《しん》。舎《しゃ》利《り》弗《ほっ》《ほ》。其《ご》仏《ぶッ》

ているのだ。極楽浄土《ごくらくじょうど》の生きとし生けるものたち【衆生《しゅじょう》】はこれらの（ありがたい）鳥の声を聞き終わると、みな、仏を念じ、法を念じ、僧を念じるようになるのである【念仏念法念僧《ねんぶつねんぼうねんそう》】▼[43]。

舎利弗《しゃりほっ》よ！　お前はこれらの鳥が過去の罪業《ざいごう》の報い【罪報《ざいほう》】で生まれたと思ってはならない。なぜかといえば、極楽浄土《ごくらくじょうど》には地獄《じごく》・餓鬼《がき》・畜生《ちくしょう》という三つの悪い境涯《きょうがい》【三悪道《さんまくどう》】▼[44]の名もなく、ましてそれらが実体としてあるわけでもないからだ！　これらの鳥はみな、阿弥陀仏《あみだぶつ》が仏陀《ぶつだ》の教えを広めようと思って創り出した【変化所作《へんげしょさ》】▼[45]ものなのだ！

舎利弗《しゃりほっ》よ！　その仏国土《ぶっこくど》（極楽浄土《ごくらくじょうど》）には（非常に心地の良い）そよ風が吹き、さまざまな宝石でできた並木や鈴のついた網を動かし、（つねに）妙なる音が流れている。譬《たと》えて言えば、

国《こく》土《ど》。成《じょう》就《じゅ》如《にょ》是《ぜ》。功《く》徳《どく》荘《しょう》厳《ごん》。
舎《しゃ》利《り》弗《ほっほ》。於《お》汝《にょ》意《い》云《うん》何《が》。彼《ひ》仏《ぶつぶ》
何《が》故《こ》。号《ごう》阿《あ》弥《み》陀《だ》。舎《しゃ》利《り》弗《ほっほ》。彼《ひ》
仏《ぶつぶ》光《こう》明《みょう》無《む》量《りょう》。照《しょう》十《じッ》方《ぽう》国《こく》。無《む》
所《しょ》障《しょう》礙《げ》。是《ぜ》故《こ》号《ごう》為《い》阿《あ》弥《み》陀《だ》。
又《う》舎《しゃ》利《り》弗《ほっほ》。彼《ひ》仏《ぶつぶ》寿《じゅ》命《みょう》。及《ぎゅう》其《ご》
人《にん》民《みん》。無《む》量《りょう》無《む》辺《へん》。阿《あ》僧《そう》祇《ぎ》劫《こう》。
故《こ》名《みょう》阿《あ》弥《み》陀《だ》。舎《しゃ》利《り》弗《ほっほ》。阿《あ》弥《み》
陀《だ》仏《ぶつぶ》。成《じょう》仏《ぶつぶ》已《い》来《らい》。於《お》今《こん》十《じッ》劫《こう》。
又《う》舎《しゃ》利《り》弗《ほっほ》。彼《ひ》仏《ぶつぶ》有《う》無《む》量《りょう》無《む》
辺《へん》。声《しょう》聞《もん》弟《で》子《し》。皆《かい》阿《あ》羅《ら》漢《かん》。非《ひ》

幾百、幾千という音楽が同時に演奏され（それが見事に調和し）ているようなものなのだ。そして、この音を聞くものは、みな自然に仏を念じ、法を念じ、僧を念ずる心を起こす。舎利弗《しゃりほっ》よ！　その極楽浄土《ごくらくじょうど》とはそのようにすぐれた設えで、美しく飾られているのである。

舎利弗《しゃりほっ》よ！　おまえはその仏（極楽浄土《ごくらくじょうど》の仏《ぶっ》陀《だ》）がなぜ阿弥陀仏《あみだぶっ》と呼ばれると思うか？　舎《しゃ》利《り》弗《ほっ》よ！（この仏が阿弥陀仏《あみだぶっ》と呼ばれる訳は）この仏の光明《こうみょう》に限りがなく、十方《じっぽう》の国を照らしても決して何ものにも妨げられることがない。だから、阿弥陀仏《あみだぶっ》（無量光仏《むりょうこうぶつ》）というのだ。

また、舎利弗《しゃりほっ》よ！　この仏の寿命と、その国《こく》土《ど》（極楽浄土《ごくらくじょうど》）に生まれた人々との寿命には限りがなく、永遠である。だから、阿弥陀仏《あみだぶっ》（無《む》量寿仏《りょうじゅぶつ》）と呼ばれるのだ。（そして、）舎利弗《しゃりほっ》

是《ぜ》算《さん》数《じゅ》。之《し》所《しょ》能《のう》知《ち》。諸《しょ》菩《ぼ》薩《さツ》衆《しゅ》。亦《やく》復《ぶ》如《にょ》是《ぜ》。舎《しゃ》利《り》弗《ほっ》《ほ》。彼《ひ》仏《ぶツ》国《こく》土《ど》。成《じょう》就《じゅ》如《にょ》是《ぜ》。功《く》徳《どく》荘《しょう》厳《ごん》。又《う》舎《しゃ》利《り》弗《ほっ》《ほ》。極《ごく》楽《らツ》国《こく》土《ど》。衆《しゅ》生《じょう》生《しょう》者《しゃ》《じゃ》。皆《かい》是《ぜ》阿《あ》鞞《び》跋《ばツ》致《ち》。其《ご》中《ちゅう》多《た》有《う》。一《いっ》生《しょう》補《ふ》処《しょ》。其《ご》数《しゅ》甚《じん》多《た》。非《ひ》是《ぜ》算《さん》数《じゅ》。所《しょ》能《のう》知《ち》之《し》。但《たん》可《か》以《い》無《む》量《りょう》無《む》辺《へん》。阿《あ》僧《そう》祇《ぎ》劫《こう》説《せつ》《せツ》。舎《しゃ》利《り》弗《ほっ》《ほ》。衆《しゅ》生《じょう》聞《もん》者《しゃ》《じゃ》。応《おう》当《とう》発《ほつ》《ほツ》願《がん》。願《がん》生《しょう》彼《ひ》国《こく》。所《しょ》以《い》者《しゃ》何《が》。得《とく》与《よ》如《にょ》是《ぜ》。諸《しょ》上《じょう》善《ぜん》人《にん》。

よ！　阿弥陀仏《あみだぶつ》は（悟りを開いて）仏となってから今までに、十劫《じっこう》▼46という長い年月が過ぎているのだ。

また、舎利弗《しゃりほつ》よ！　その仏（阿弥陀仏《あみだぶつ》）には数限りない弟子がいるが、彼らはみな阿羅漢《あらかん》の位に達している。その弟子の数はまったく数え尽くすことができないのだ。仏（阿弥陀仏《あみだぶつ》）に従っているさまざまな菩薩《ぼさつ》たちも同様に数限りなくいるのだ。舎利弗《しゃりほつ》よ！　その仏国土《ぶっこくど》（極楽《ごくらく》浄土《じょうど》）とはこのようにすぐれた設えで美しく飾られているのである。

また、舎利弗《しゃりほつ》よ！　極楽浄土《ごくらくじょうど》に生まれた生きとし生けるものは、みな、仏となることが決まっている菩薩《ぼさつ》で、決してその（菩薩《ぼさつ》）位から退くことはない。（しかも）その中の多くは次に生まれ変わったときには（必ず悟りを開いて）

倶《く》会《え》一《いっ》処《しょ》。舎《しゃ》利《り》弗《ほっ》《ほ》。不《ふ》可《か》以《い》少《しょう》善《ぜん》根《ごん》。福《ふく》徳《とく》因《いん》縁《ねん》。得《とく》生《しょう》彼《ひ》国《こく》。

舎《しゃ》利《り》弗《ほっ》《ほ》。若《にゃく》有《う》善《ぜん》男《なん》子《し》。善《ぜん》女《にょ》人《にん》。聞《もん》説《せつ》《せツ》阿《あ》弥《み》陀《だ》仏《ぶつ》《ぶ》。執《しゅう》持《じ》名《みょう》号《ごう》。若《にゃく》一《いち》日《にち》。若《にゃく》二《に》日《にち》。若《にゃく》三《さん》日《にち》。若《にゃく》四《し》日《にち》。若《にゃく》五《ご》日《にち》。若《にゃく》六《ろく》日《にち》。若《にゃく》七《しち》日《にち》。一《いッ》心《しん》不《ふ》乱《らん》。其《ご》人《にん》臨《りん》命《みょう》終《じゅ》時《じ》。阿《あ》弥《み》陀《だ》仏《ぶつ》《ぶ》。与《よ》諸《しょ》聖《しょう》衆《じゅ》。現《げん》在《ざい》其《ご》前《ぜん》。是《ぜ》人《にん》終《じゅ》時《じ》。心《しん》不《ぷ》顛《てん》倒《どう》。即《そく》得《とく》往《おう》生《じょう》。阿《あ》弥《み》陀《だ》仏《ぶつ》《ぶ》。

仏（ブッダ）となる（ことが約束されている）一生補処《いっしょうふしょ》の菩薩《ぼさつ》▼47である。そして、その（一生補処《いっしょうふしょ》の）菩薩《ぼさつ》の数もたいへん多く、数え尽くすことができないのだ。ただし、数限りない年月【無量無辺《むりょうむへん》。阿僧祇劫《あそうぎこう》】を費やして数えたなら、数え尽くすことができるかもしれないが……。

舎利弗《しゃりほっ》よ！　阿弥陀仏《あみだぶつ》（の来歴や姿、功徳《くどく》）とその極楽浄土《ごくらくじょうど》について聞いた衆生《しゅじょう》は、その国土《こくど》に生まれたいと願《がん》をおこすべきだ！　なぜなら、（その国土《こくど》に生まれたならば）そのような大勢の優れた善人たちと出会うことができるからだ。舎利弗《しゃりほっ》よ！　わずかな善行や福徳《ふくとく》を積むだけでは、その国に生まれることはできない。

（しかし、）舎利弗《しゃりほっ》よ！　信仰心をもって正しい生活をしている男女【善男子善女人《ぜんなんしぜんにょにん》】が、阿弥陀仏《あみだぶつ》の本願《ほんがん》▼48の有り難さを聞き、その名【名《みょう》

極《ごく》楽《らッ》国《こく》土《ど》。舎《しゃ》利《り》弗《ほっ》。我《が》見《けん》是《ぜ》利《り》。故《こ》説《せッ》此《し》言《ごん》。若《にゃく》有《う》衆《しゅ》生《じょう》。聞《もん》是《ぜ》説《せッ》者《しゃ》。応《おう》当《とう》発《ほっ》願《がん》。生《しょう》彼《ひ》国《こく》土《ど》。

舎《しゃ》利《り》弗《ほっ》。如《にょ》我《が》今《こん》者《じゃ》。讃《さん》歎《だん》阿《あ》弥《み》陀《だ》仏《ぶつ》。不《ふ》可《か》思《し》議《ぎ》功《く》徳《どく》。東《とう》方《ぼう》亦《やく》有《う》。阿《あ》閦《しゅく》鞞《び》仏《ぶつ》。須《しゅ》弥《み》相《そう》仏《ぶつ》。大《だい》須《しゅ》弥《み》仏《ぶつ》。須《しゅ》弥《み》光《こう》仏《ぶつ》。妙《みょう》音《おん》仏《ぶつ》。如《にょ》是《ぜ》等《とう》。恒《ごう》河《が》沙《しゃ》数《しゅ》諸《しょ》仏《ぶつ》。各《かく》於《お》其《ご》国《こく》。出《しゅッ・すい》広《こう》長《ちょう・じょう》舌《ぜッ》相《そう》。偏《へん》覆《ぷ》三《さん》千《ぜん》。大《だい》千《せん》世《せ》界《かい》。説《せっ》誠《じょう》

号《ごう》】を常に心に抱き、一日、あるいは二日、あるいは三日、あるいは四日、あるいは五日、あるいは六日、あるいは七日の間、心が散乱しないなら（つまり、阿弥陀仏《あみだぶつ》のことを心に抱き続けていることができれば）、その人が亡くなるときに、阿弥陀仏《あみだぶつ》はもろもろの聖なる弟子たちとともにその人の前に現れるだろう[49]。だから、その人は命が終わるときに死の恐怖などで心が動揺【顛倒《てんどう》】することがない。かくして、その人（阿弥陀仏《あみだぶつ》を一心に信仰した人）は阿弥陀仏《あみだぶつ》の極《ごく》楽浄土《らくじょうど》に生まれることができるのだ。

舎利弗《しゃりほつ》よ！　わたしは極楽浄土《ごくらくじょうど》の素晴らしさを知っているからこそ、わたしの教えを聞いた衆生《しゅじょう》は、極楽浄土《ごくらくじょうど》に生まれたいと願うべきだと言っているのだ！

舎利弗《しゃりほつ》よ！　わたしがいま、阿弥陀仏《あみだぶつ》の不可《ふか》

実《じつ》言《ごん》。汝《にょ》等《とう》衆《しゅ》生《じょう》。当《とう》信《しん》是《ぜ》称《しょう》讃《さん》。不《ふ》可《か》思《し》議《ぎ》功《く》徳《どく》。一《いッ》切《さい》諸《しょ》仏《ぶつ》。所《しょ》護《ご》念《ねん》経《ぎょう》。

舎《しゃ》利《り》弗《ほつ》。南《なん》方《ぼう》世《せ》界《かい》。有《う》日《にち》月《がツ》灯《とう》仏《ぶつ》。名《みょう》聞《もん》光《こう》仏《ぶつ》。大《だい》焔《えん》肩《けん》仏《ぶつ》。須《しゅ》弥《み》灯《とう》仏《ぶつ》。無《む》量《りょう》精《しょう》進《じん》仏《ぶつ》。如《にょ》是《ぜ》等《とう》。恒《ごう》河《が》沙《しゃ》数《しゅ》諸《しょ》仏《ぶつ》。各《かく》於《お》其《ご》国《こく》。出《しゅッ》《すい》広《こう》長《ちょう》《じょう》舌《ぜツ》相《そう》。徧《へん》覆《ぷ》三《さん》千《ぜん》大《だい》千《せん》世《せ》界《かい》。説《せつ》誠《じょう》実《じつ》言《ごん》。汝《にょ》等《とう》衆《しゅ》生《じょう》。当《とう》信《しん》是《ぜ》称《しょう》讃《さん》。不《ふ》可《か》思《し》議《ぎ》功《く》徳《どく》。一《いッ》切《さい》諸《しょ》仏《ぶつ》。所《しょ》護《ご》

思議《しぎ》な功徳《くどく》を讃《たた》えたように、東方にも阿閦鞞仏《あしゅくびぶつ》、須弥相仏《しゅみそうぶつ》、大須弥仏《だいしゅみぶつ》、須弥光仏《しゅみこうぶつ》、妙音仏《みょうおんぶつ》など、ガンジス河の砂の数【恒河沙《ごうがしゃ》】ほど多くの仏たちがおられ、それぞれの国土《こくど》（浄土《じょうど》）で、仏の偉大な舌【広長舌《こうじょうぜつ》】▼50で三千大千世界《さんぜんだいせんせかい》（全宇宙）を覆い、説いていることが真実であることを証明して、次のように説いておられるのだ。

『なんじら、生きとし生けるもの（すべての衆生《しゅじょう》）よ！　阿弥陀仏《あみだぶつ》の不可思議《ふかしぎ》な功徳《くどく》をほめたたえ、すべての（無数の）仏たちが護《まも》り念ずる教え【経《きょう》】▼51を信じよ！』と。

舎利弗《しゃりほつ》よ！（また、）南方世界には日月灯仏《にちがつとうぶつ》、名聞光仏《みょうもんこうぶつ》、大焔肩仏《だいえんけんぶつ》、須弥灯仏《しゅみとうぶつ》、無量精進仏《むりょうしょうじんぶつ》など、ガンジス河の砂の数ほど多くの仏がおられ、それぞれの国（浄土《じょうど》）において仏の偉大な舌で三千大千世界《さんぜんだいせんせかい》を覆い、説いていることが真実で

念《ねん》経《ぎょう》。
舎《しゃ》利《り》弗《ほっ》《ほ》。西《さい》方《ほう》世《せ》界《かい》。有《う》無《む》量《りょう》
寿《じゅ》仏《ぶつ》《ぶ》。無《む》量《りょう》相《そう》仏《ぶつ》《ぶ》。無《む》量《りょう》幢《どう》仏《ぶつ》《ぶ》。
大《だい》光《こう》仏《ぶつ》《ぶ》。大《だい》明《みょう》仏《ぶつ》《ぶ》。宝《ほう》相《そう》仏《ぶつ》《ぶ》。浄《じょう》
光《こう》仏《ぶつ》《ぶ》。如《にょ》是《ぜ》等《とう》。恒《ごう》河《が》沙《しゃ》数《しゅ》諸《しょ》
仏《ぶつ》《ぶ》。各《かく》於《お》其《ご》国《こく》。出《すい》《しゅッ》広《こう》長《じょう》《ちょう》舌《ぜッ》相《そう》。
偏《へん》覆《ぷ》三《さん》千《ぜん》。大《だい》千《せん》世《せ》界《かい》。説《せっ》誠《じょう》
実《じっ》言《ごん》。汝《にょ》等《とう》衆《しゅ》生《じょう》。当《とう》信《しん》是《ぜ》称《しょう》
讃《さん》。不《ふ》可《か》思《し》議《ぎ》功《く》徳《どく》。一《いッ》切《さい》諸《しょ》
仏《ぶつ》《ぶ》。所《しょ》護《ご》念《ねん》経《ぎょう》。
舎《しゃ》利《り》弗《ほっ》《ほ》。北《ほッ》方《ぽう》世《せ》界《かい》。有《う》焔《えん》肩《けん》

あることを証明して、次のように説いておられるのだ。

『なんじら、生きとし生けるもの（すべての衆《しゅ》生《じょう》）よ！　阿弥陀仏《あみだぶつ》の不可思議《ふかしぎ》な功徳《くどく》をほめたたえ、すべての（無数の）仏たちが護り念ずる教えを信じよ！』と。

（さらに）舎利弗《しゃりほつ》よ！　西方世界《さいほう》には無量寿仏《むりょうじゅぶつ》（阿弥陀仏《あみだぶつ》）、無量相仏《むりょうそうぶつ》、無量幢仏《むりょうどうぶつ》、大光仏《だいこうぶつ》、大《だい》明仏《みょうぶつ》、宝相仏《ほうそうぶつ》、浄光仏《じょうこうぶつ》などがおられ、それぞれの国（浄土《じょうど》）において仏の偉大な舌で三千大千《さんぜんだいせん》世界《せかい》を覆い、説いていることが真実であることを証明して、次のように説いておられるのだ。

『なんじら、生きとし生けるもの（すべての衆《しゅ》生《じょう》）よ！　阿弥陀仏《あみだぶつ》の不可思議《ふかしぎ》な功徳《くどく》をほめたたえ、すべての（無数の）仏たちが護り念ずる教えを信じよ！』と。

仏《ぶつ》《ぶ》。最《さい》勝《しょう》音《おん》仏《ぶつ》《ぶ》。難《なん》沮《しょ》《そ》仏《ぶつ》《ぶ》。日《にッ》生《しょう》仏《ぶつ》《ぶ》。網《もう》明《みょう》仏《ぶつ》《ぶ》。如《によ》是《ぜ》等《とう》。恒《ごう》河《が》沙《しゃ》数《しゅ》諸《しょ》仏《ぶつ》《ぶ》。各《かく》於《お》其《ご》国《こく》。出《すい》《しゅっ》広《こう》長《じょう》《ちょう》舌《ぜッ》相《そう》。偏《へん》覆《ぷ》三《さん》千《ぜん》。大《だい》千《せん》世《せ》界《かい》。説《せつ》誠《じょう》実《じつ》言《ごん》。汝《にょ》等《とう》衆《しゅ》生《じょう》。当《とう》信《しん》是《ぜ》称《しょう》讃《さん》。不《ふ》可《か》思《し》議《ぎ》功《く》徳《どく》。一《いッ》切《さい》諸《しょ》仏《ぶつ》《ぶ》。所《しょ》護《ご》念《ねん》経《ぎょう》。

舎《しゃ》利《り》弗《ほつ》《ほ》。下《げ》方《ほう》世《せ》界《かい》。有《う》師《し》子《し》仏《ぶつ》《ぶ》。名《みょう》聞《もん》仏《ぶつ》《ぶ》。名《みょう》光《こう》仏《ぶつ》《ぶ》。達《だつ》摩《ま》仏《ぶつ》《ぶ》。法《ほう》幢《どう》仏《ぶつ》《ぶ》。持《じ》法《ほう》仏《ぶつ》《ぶ》。如《によ》是《ぜ》等《とう》。恒《ごう》河《が》沙《しゃ》数《しゅ》諸《しょ》仏《ぶつ》《ぶ》。各《かく》於《お》其《ご》国《こく》。出《すい》《しゅッ》

舎利弗《しゃりほつ》よ！　北方世界には、焔肩仏《えんけんぶつ》、最勝音《さいしょうおん》仏《ぶつ》、難沮仏《なんしょぶつ》、日生仏《にっしょうぶつ》、網明仏《もうみょうぶつ》など、ガンジス河の砂の数ほど多くの仏がおられ、それぞれの国（浄土《じょうど》）において仏の偉大な舌で三千大千世界《さんぜんだいせんせかい》を覆い、説いていることが真実であることを証明して、次のように説いておられるのだ。『なんじら、生きとし生けるもの（すべての衆《しゅ》生《じょう》）よ！　阿弥陀仏《あみだぶつ》の不可思議《ふかしぎ》な功徳《くどく》をほめたたえ、すべての（無数の）仏たちが護り念ずる教えを信じよ！』と。

舎利弗《しゃりほつ》よ！　下方《げほう》世界には師子仏《ししぶつ》、名聞仏《みょうもんぶつ》、名光仏《みょうこうぶつ》、達摩仏《だつまぶつ》、法幢仏《ほうどうぶつ》、持法仏《じほうぶつ》など、ガンジス河の砂の数ほど多くの仏がおられ、それぞれの国（浄土《じょうど》）において仏の偉大な舌で三千大千《さんぜんだいせん》世界《せかい》を覆い、説いていることが真実であること

広《こう》長《ちょう》《じょう》舌《ぜツ》相《そう》。徧《へん》覆《ぷ》三《さん》千《ぜん》。大《だい》千《せん》世《せ》界《かい》。説《せつ》誠《じょう》実《じつ》言《ごん》。汝《にょ》等《とう》衆《しゅ》生《じょう》。当《とう》信《しん》是《ぜ》称《しょう》讃《さん》。不《ふ》可《か》思《し》議《ぎ》功《く》徳《どく》。一《いツ》切《さい》諸《しょ》仏《ぶつ》。所《しょ》護《ご》念《ねん》経《ぎょう》。

舎《しゃ》利《り》弗《ほつ》《ほ》。上《じょう》方《ほう》世《せ》界《かい》。有《う》梵《ぼん》音《のん》仏《ぶつ》《ぶ》。宿《しゅく》王《おう》仏《ぶつ》《ぶ》。香《こう》上《じょう》仏《ぶつ》《ぶ》。香《こう》光《こう》仏《ぶつ》《ぶ》。大《だい》焔《えん》肩《けん》仏《ぶつ》《ぶ》。雑《ざツ》色《しき》宝《ほう》華《け》厳《ごん》身《しん》仏《ぶつ》《ぶ》。娑《しゃ》羅《ら》樹《じゅ》王《おう》仏《ぶつ》《ぶ》。宝《ほう》華《け》徳《とく》仏《ぶつ》《ぶ》。見《けん》一《いツ》切《さい》義《ぎ》仏《ぶつ》《ぶ》。如《にょ》須《しゅ》弥《み》山《せん》仏《ぶつ》《ぶ》。如《にょ》是《ぜ》等《とう》。恒《ごう》河《が》沙《しゃ》数《しゅ》諸《しょ》仏《ぶつ》《ぶ》。各《かく》於《お》其《ご》国《こく》。出《すい》広《こう》長《ちょう》《じょう》舌《ぜツ》相《そう》。徧《へん》覆《ぷ》

を証明して、次のように説いておられるのだ。

『なんじら、生きとし生けるもの（すべての衆《しゅ》生《じょう》）よ！　阿弥陀仏《あみだぶつ》の不可思議《ふかしぎ》な功徳《くどく》をほめたたえ、すべての（無数の）仏たちが護り念ずる教えを信じよ！』と。

舎利弗《しゃりほつ》よ！　上方《じょうほう》世界には梵音仏《ぼんのんぶつ》、宿王仏《しゅくおうぶつ》、香上仏《こうじょうぶつ》、香光仏《こうこうぶつ》、大焔肩仏《だいえんけんぶつ》、雑色宝華厳身仏《ざっしきほうけごんしんぶつ》、娑羅樹王仏《しゃらじゅおうぶつ》、宝華徳仏《ほうけとくぶつ》、見一切義仏《けんいっさいぎぶつ》、如須弥《にょしゅみ》山《せん》仏《ぶつ》など、ガンジス河の砂の数ほど多くの仏がおられ、それぞれの国（浄土《じょうど》）において仏の偉大な舌で三千大千世界《さんぜんだいせんせかい》を覆い、説いていることが真実であることを証明して、次のように説いておられるのだ。

『なんじら、生きとし生けるもの（すべての衆《しゅ》生《じょう》）よ！　阿弥陀仏《あみだぶつ》の不可思議《ふかしぎ》な功徳《くどく》をほめた

三《さん》千《ぜん》。大《だい》千《せん》世《せ》界《かい》。説《せつ》誠《じょう》実《じつ》言《ごん》。
汝《にょ》等《とう》衆《しゅ》生《じょう》。当《とう》信《しん》是《ぜ》称《しょう》讃《さん》。不《ふ》
可《か》思《し》議《ぎ》功《く》徳《どく》。一《いッ》切《さい》諸《しょ》仏《ぶつ》。所《しょ》
護《ご》念《ねん》経《ぎょう》。
舎《しゃ》利《り》弗《ほっ》。於《お》汝《にょ》意《い》云《うん》何《が》。何《が》故《こ》
名《みょう》為《い》。一《いッ》切《さい》諸《しょ》仏《ぶつ》。所《しょ》護《ご》念《ねん》経《ぎょう》。
舎《しゃ》利《り》弗《ほっ》。若《にゃく》有《う》善《ぜん》男《なん》子《し》。善《ぜん》女《にょ》
人《にん》。聞《もん》是《ぜ》諸《しょ》仏《ぶつ》所《しょ》説《せつ》名《みょう》。及《ぎゅう》経《きょう》
名《みょう》者《しゃ》。是《ぜ》諸《しょ》善《ぜん》男《なん》子《し》。善《ぜん》女《にょ》人《にん》。
皆《かい》為《い》一《いッ》切《さい》諸《しょ》仏《ぶつ》。共《ぐ》所《しょ》護《ご》念《ねん》。
皆《かい》得《とく》不《ふ》退《たい》転《てん》。於《お》阿《あ》耨《のく》多《た》羅《ら》。

たえ、すべての（無数の）仏たちが護り念ずる教えを信じよ！』と。

舎利弗《しゃりほっ》よ！　おまえはどのように思うのか？　どうして『すべての（無数の）仏たちが護り念ずる教え』と思うのだろうか？

舎利弗《しゃりほっ》よ！　もし信心《しんじん》深く、行いの正しい男女がいて、（すべての）仏たちがほめたたえている阿弥陀仏《あみだぶつ》の名とその教え【経名《きょうみょう》】を聞くものは、すべての仏たちに護られて、最高の悟りの境地【阿耨多羅三藐三菩提《あのくたらさんみゃくさんぼだい》】に安住して決して退くことがないからである。

だからこそ、舎利弗《しゃりほっ》よ！　おまえたちはわた

三《さん》藐《みやく》三《さん》菩《ぼ》提《だい》。是《ぜ》故《こ》舎《しゃ》利《り》弗《ほっ》《ほ》。汝《にょ》等《とう》皆《かい》当《とう》。信《しん》受《じゅ》我《が》語《ご》。及《ぎッ》諸《しょ》仏《ぶつ》《ぶ》所《しょ》説《せつ》《せッ》。舎《しゃ》利《り》弗《ほっ》《ほ》。若《にゃく》有《う》人《にん》。已《い》発《ほっ》願《がん》。今《こん》発《ほっ》願《がん》。当《とう》発《ほっ》願《がん》。欲《よく》生《しょう》阿《あ》弥《み》陀《だ》仏《ぶつ》《ぶッ》国《こく》者《しゃ》。是《ぜ》諸《しょ》人《にん》等《とう》。皆《かい》得《とく》不《ふ》退《たい》転《てん》。於《お》阿《あ》耨《のく》多《た》羅《ら》。三《さん》藐《みやく》三《さん》菩《ぼ》提《だい》。於《お》彼《ひ》国《こく》土《ど》。若《にゃく》已《い》生《しょう》。若《にゃく》《にゃッ》今《こん》生《じょう》《しょう》。若《にゃく》当《とう》生《しょう》。是《ぜ》故《こ》舎《しゃ》利《り》弗《ほっ》《ほ》。諸《しょ》善《ぜん》男《なん》子《し》。善《ぜん》女《にょ》人《にん》。若《にゃく》有《う》信《しん》者《じゃ》《しゃ》。応《おう》当《とう》発《ほっ》願《がん》。生《しょう》彼《ひ》国《こく》土《ど》。

しの言葉と、多くの仏たちが説く言葉を信じて受け入れなさい（私〈釈迦《しゃか》〉と他のすべての仏たちが無条件で信じ護り、勧める阿弥陀《あみだ》仏《ぶつ》の教えを信じて受け入れなさい）。

舎利弗《しゃりほっ》よ！　もしも、極楽浄土《ごくらくじょうど》に生まれたいと願った人、そして、（たった）いま、そういう願いを起こした人、（そして、）これから願いを起こそうとしている人は、（やがて）みなこの上ない悟りに至るだろう。（そこから決して退くことはないだろう。）そして、かの極楽浄《ごくらくじょう》土《ど》にすでに生まれ、あるいは今まさに生まれつつあり、あるいは、これから生まれるであろう。それゆえ、舎利弗《しゃりほっ》よ！　信仰心が篤《あつ》く、行いが正しい多くの男女は極楽浄土《ごくらくじょうど》に生まれたいと願うべきである。

舎利弗《しゃりほっ》よ！　わたしがいま、仏たちの不可思《ふかし》

舎《しゃ》利《り》弗《ほっ》《ほ》。如《にょ》我《が》今《こん》者《じゃ》《しゃ》。称《しょう》讃《さん》諸《しょ》仏《ぶつ》《ぶ》。不《ふ》可《か》思《し》議《ぎ》功《く》徳《どく》。彼《ひ》諸《しょ》仏《ぶツ》《ぶ》等《とう》。亦《やく》称《しょう》説《せつ》我《が》。不《ふ》可《か》思《し》議《ぎ》功《く》徳《どく》。而《に》作《さ》是《ぜ》言《ごん》。釈《しゃ》迦《か》牟《む》尼《に》仏《ぶつ》《ぶ》。能《のう》為《い》甚《じん》難《なん》。希《け》有《う》之《し》事《じ》。能《のう》於《お》娑《しゃ》婆《ば》国《こく》土《ど》。五《ご》濁《じょく》悪《あく》世《せ》。劫《こう》濁《じょく》見《けん》濁《じょく》。煩《ぼん》悩《のう》濁《じょく》。衆《しゅ》生《じょう》濁《じょく》。命《みょう》濁《じょく》中《ちゅう》。得《とく》阿《あ》耨《のく》多《た》羅《ら》。三《さん》藐《みゃく》三《さん》菩《ぼ》提《だい》。為《い》諸《しょ》衆《しゅ》生《じょう》。説《せつ》是《ぜ》一《いッ》切《さい》世《せ》間《けん》。難《なん》信《しん》之《し》法《ほう》。舎《しゃ》利《り》弗《ほっ》《ほ》。当《とう》知《ち》我《が》於《お》。五《ご》濁《じょく》悪《あく》世《せ》。行《ぎょう》此《し》難《なん》事《じ》。

議《ぎ》で優れた功徳《くどく》をほめたたえているように、他の仏たちもまた、私の不可思議《ふかしぎ》で優れた功徳《くどく》をほめたたえ、次のように言っておられるのだ。

『釈尊《しゃくそん》はまことになしがたい、世にも稀《まれ》なことをなしとげられた。われわれが住む娑婆世界《しゃばせかい》の五つの汚れ【五濁悪世《ごじょくあくせ》】[52]。すなわち、時代の汚れ【劫濁《こうじょく》】、思想の汚れ【見濁《けんじょく》】、煩悩《ぼんのう》の汚れ【煩悩濁《ぼんのうじょく》】、人が質的に低下する人間の汚れ【衆生濁《しゅじょうじょく》】、人間の寿命が短くなる汚れ【命濁《みょうじょく》】の中にあって、自らこの上ない悟り【阿耨多羅三藐三菩提《あのくたらさんみゃくさんぼだい》】を開き、すべての衆生《しゅじょう》（生きとし生けるもの）のために信じがたく、有り難い教えを説かれた』と。

舎利弗《しゃりほっ》よ！　次のように知るべきである。わたしはこの五つの汚れに覆われた悪世の中で、なしとげがたいことをなしとげ、この上ない悟得《とく》阿《あ》耨《のく》多《た》羅《ら》。三《さん》藐《みやく》三《さん》菩《ぼ》提《だい》。
為《い》一《いッ》切《さい》世《せ》間《けん》。説《せッ》此《し》難《なん》信《しん》之《し》
法《ほう》。是《ぜ》為《い》甚《じん》難《なん》。仏《ぶっ》説《せッ》《せつ》此《し》経《きょう》已《い》。
舎《しゃ》利《り》弗《ほッ》《ほ》。及《ぎッ》諸《しょ》比《び》丘《く》。一《いッ》切《さい》世《せ》
間《けん》。天《てん》人《にん》阿《あ》修《しゅ》羅《ら》等《とう》。聞《もん》仏《ぶッ》《ぶつ》所《しょ》
説《せッ》《せつ》。歓《かん》喜《ぎ》信《しん》受《じゅ》。作《さ》礼《らい》而《に》去《こ》。
仏《ぶッ》説《せっ》《せ》阿《あ》弥《み》陀《だ》経《きょう》

りの境地に至り、一切の世のために信じ難く、有り難い教えを説いた。わたしにとってこれをなしとげるのは極めて難しいことであった。」

仏陀《ぶっだ》がこの経（『仏説阿弥陀経《ぶっせつあみだきょう》』）を説き終えられると、舎利弗《しゃりほつ》、およびもろもろの修行者【諸比丘《しょびく》】、すべての神々【天人《てんにん》】・人間・阿修《あしゅ》羅《ら》▼53たちは、仏陀《ぶっだ》の説いた教え（『仏説阿弥陀経《ぶっせつあみだきょう》』）を聞いて、歓喜し、信じてこれを受け入れ、（仏陀《ぶっだ》に）礼拝《らいはい》して立ち去った。

仏（釈迦《しゃか》）が説かれた『仏説阿弥陀経《ぶっせつあみだきょう》』を終わる。

▼1　如是我聞《にょぜがもん》　釈迦《しゃか》が亡くなったすぐ後に釈迦《しゃか》の教えが散逸することと、正しく伝わらないことを危惧《きぐ》し、多くの仏弟子たちが王舎城《おうしゃじょう》（ラージャグリハ）というところに集まって、経典の編纂《へんさん》会議が行われた。そのとき、釈迦《しゃか》に常に近侍してその教え

を最も多く聞いていた阿難《あなん》が主体となって、記憶していた教えを述べ、その正否を修行僧たちが検討して経典の内容が定まっていったという。

この故事にちなんで、ほとんどの大乗仏典《だいじょうぶってん》は「如是我聞《にょぜがもん》（このように私は聞いています）」という言葉で始まる。

▼2 **舎衛国**《しゃえこく》 釈迦《しゃか》在世中、インド中部にあった国。その国の城の南に、有名な祇園精舎《ぎおんしょうじゃ》があった。

▼3 **祇園精舎**《ぎおんしょうじゃ》 スダッタ（須達《しゅだつ》）という長者が釈迦《しゃか》とその教団のために建てた僧坊。もとはジェートリ（祇陀《ぎだ》）という太子（王子）の山荘で、孤独な人に食事を給仕したことから、「祇樹給孤独園《ぎじゅぎっこどくおん》」と呼ばれ、祇園精舎《ぎおんしょうじゃ》といわれて親しまれている。精舎《しょうじゃ》は説法や修行を行う宗教的施設のこと。釈迦《しゃか》はこの祇園精舎《ぎおんしょうじゃ》で出家、在家を問わず、多くの人々にたびたび説法をしたという。古くは七層（七階建）の建物があったというが、七世紀に玄奘三蔵《げんじょうさんぞう》が訪れたときには、すでに荒廃していたという。

▼4 **阿羅漢**《あらかん》 サンスクリット語のアルハットの音写語で、略して羅漢《らかん》という。世の尊敬に値する人という意味で、修行を完成して学ぶべきものがないので「無学《むがく》」ともいわれる。声聞《しょうもん》（小乗《しょうじょう》仏教の次元の低い修行者）が到達する最高の位で、一切の煩悩《ぼんのう》を断ち切り、人々より供養《くよう》尊敬を受ける境地に達した人。

▼5 **摩訶目犍連**《まかもっけんれん》 釈迦《しゃか》の十大弟子の一人。舎利弗《しゃりほつ》の隣村のバラモンの家に生まれ、長じてサンジャヤという懐疑論者の弟子となり、舎利弗《しゃりほつ》とともに自らも百人の弟子が

いたという。釈迦《しゃか》が悟りを開くと、舎利弗《しゃりほつ》とともにこれに共感して出家し、みるみる頭角を現して十大弟子の一人になったという。

▼6　摩訶迦葉《まかかしょう》　十大弟子の一人。王舎城《おうしゃじょう》近郊のバラモンの家に生まれ、釈迦《しゃか》が悟りを開いてから三年ほど経って仏弟子となり、八日目に阿羅漢《あらかん》の境地に達したという。仏弟子中、最も執着を離れ、清廉な人格者で釈迦《しゃか》の信頼も厚く、十大弟子のリーダーとして活躍した。釈迦《しゃか》が亡くなった後は教団をよくまとめて、最初の結集《けつじゅう》を呼びかけて釈迦《しゃか》の教えの基盤を固めた。

▼7　摩訶迦旃延《まかかせんねん》　十大弟子の一人で西インドのバラモンの家に生まれた。釈迦《しゃか》が生まれたときに、アシタという仙人が祝福に駆け付けて生まれたばかりの釈迦《しゃか》の人相を占い、将来、必ずや悟りを開いてブッダとなるだろうと予言した。摩訶迦旃延《まかかせんねん》はそのアシタ仙人の弟子。このとき、アシタ仙人は自分は老齢で、この子が悟りを開く姿を見ることができないと歎《なげ》いたといい、弟子の摩訶迦旃延《まかかせんねん》に釈迦《しゃか》が悟りを開いたら弟子になって修行するようにと命じられたという。仏弟子中、最も論議に優れていたので、「議論第一」といわれる。

▼8　摩訶倶絺羅《まかくちら》　釈迦《しゃか》の弟子で、舎利弗《しゃりほつ》の兄弟、または伯父《おじ》ともいわれる。一切の学成るまで決して爪を切らないという誓いをたて、十数年にわたってこれを実践して極めて爪が長くなったことから、長爪梵志《ちょうそうぼんし》とも呼ばれている。梵志《ぼんし》の「梵《ぼん》」は神聖なという意味で、神聖な志を持った人という意味。

▼9 離婆多《りはた》 詳しくはレーヴァタ・カッディラ・ヴァニヤといい、「カッディラの森に住む者」という意味。釈迦《しゃか》の弟子の一人である。

▼10 周利槃陀伽《しゅうりはんだが》 周利《しゅり》般特《はんどく》とも音写し、小路《しょうろ》・愚路《ぐろ》などと漢訳する。釈迦《しゃか》の弟子で、生来、愚昧《ぐまい》だったが、釈迦《しゃか》に教えられた「塵《ちり》を払い、垢《あか》を除く」という短い言葉を繰り返して悟りを得たという。

▼11 難陀《なんだ》 釈迦《しゃか》の異母弟で容姿端麗だったと伝えられ、諸欲をよくおさえて諸根調伏《しょこんちょうぶく》（感覚器官を統制する）第一と称されている。

▼12 阿難陀《あなんだ》 阿難《あなん》と略する場合も多い。十大弟子の一人。釈迦《しゃか》の従兄《いとこ》にあたる。釈迦《しゃか》入滅までの二十余年間常随して説法を聞き、多聞《たもん》第一といわれる。第一回結集《けつじゅう》の際には、選ばれて釈尊《しゃくそん》の説いた教えを読み上げた。

▼13 羅睺羅《らごら》 羅云《らうん》とも書き、覆障《ふくしょう》と漢訳する。十大弟子の一人。密行《みつぎょう》（戒律を細かく守ること）第一と称された。釈迦《しゃか》の実子で、釈迦《しゃか》が悟りを開いてブッダとなった後、初めて故郷カピラ城へ帰ったおり、舎利弗《しゃりほつ》・摩訶目犍連《まかもっけんれん》を師として出家した。

▼14 憍梵波提《きょうぼんはだい》 牛主《ぎゅうしゅ》とも漢訳する。持律《じりつ》第一と称される。ヴァーナーラシー（ベナレス）の富豪の子、耶舎《やしゃ》（名聞）の友人。耶舎《やしゃ》が出家したことを聞いて出家して仏弟子となった。釈迦《しゃか》の命によりサラプー河の洪水を神通力《じんずうりき》によって防いで人々を救ったという。釈迦《しゃか》入滅《にゅうめつ》後、シリシャ山中で後を追うように入滅《にゅうめつ》した。

▼15 賓頭盧頗羅堕《びんずるはらだ》 仏弟子の中でも獅子吼《ししく》第一（雄弁な説法が得意という意味）と称さ

れる。十六羅漢《じゅうろくらかん》の一人で、その第一尊者《そんじゃ》とされる。略して賓頭盧尊者《びんずるそんじゃ》と呼ばれ、日本では自分の悪い所を撫でて、尊者《そんじゃ》の同じ所、たとえば膝《ひざ》などを撫でると、痛みがなくなるという「撫《な》で仏《ぼとけ》」として親しまれている。

▼16 **迦留陀夷《かるだい》**　釈迦《しゃか》族の出身で、釈迦《しゃか》と同じ日に生まれたという。成道《じょうどう》後の釈迦《しゃか》を故郷に迎える際に尽力し、釈迦《しゃか》が帰郷したときに弟子となったという。

▼17 **摩訶劫賓那《まかこうひんな》**　天文学・暦学に秀でていたことから知星宿《ちせいしゅく》第一といわれる。クックタという町の王族に生まれ、父の跡を継いで王位についたが、ある商人から釈迦《しゃか》が祇園精舎《ぎおんしょうじゃ》に滞在していることを聞いて旅立ち、途中で釈迦《しゃか》に出会い、直ちに出家したという。

▼18 **薄拘羅《はくら》**　病をしなかったことから、無病第一、また最も長く生きたので長寿第一と称される。

▼19 **阿㝹楼駄《あぬるだ》**　ふつうは阿那律《あなりつ》といわれ、無貪《むとん》と漢訳する。十大弟子の一人で、深遠な智慧《ちえ》でものごとのありのままの姿をとらえることに優れていたことから、天眼《てんげん》第一と称された。カピラヴァストゥの人で甘露飯王《かんろぼんおう》の王子ともいわれ、釈迦《しゃか》の従弟《いとこ》にある。釈尊《しゃくそん》の説法の座で居眠りをして叱責《しっせき》されたため、眠ることなく修行し、ついに失明したが、天眼《てんげん》を得たという。

▼20 **文殊菩薩《もんじゅぼさつ》**　【文殊師利法王子《もんじゅしりほうおうじ》】「法王子《ほうおうじ》」は、法王《ほうおう》、すなわち仏の子の意味で、仏《み》の教化をたすける最上首の菩薩《ぼさつ》を指していう。文殊師利菩薩《もんじゅしりぼさつ》。つまり文殊菩薩《もんじゅぼさつ》。弥

▼21 阿逸多菩薩《あいったぼさつ》 弥勒菩薩《みろくぼさつ》は別名アジタといい、その音写で弥勒菩薩《みろくぼさつ》のことと考えられているが、異説もある。

▼22 乾陀訶提菩薩《けんだかだいぼさつ》 釈迦《しゃか》の弟子で、常に高潔を保ったことから、尊貴第一といわれる。

▼23 常精進菩薩《じょうしょうじんぼさつ》 釈迦《しゃか》の弟子で常に精進《しょうじん》を怠らなかったことから、この名で呼ばれたという。

▼24 帝釈天《たいしゃくてん》【釈提桓因《しゃくだいかんいん》】 サンスクリット語のシャクラ・デーヴァーナーム・インドラの音写。最後にヒンドゥー教の神である帝釈天《たいしゃくてん》が紹介されている。聖典リグ・ヴェーダにおける最大最強の英雄神で、仏教を守る神。

▼25 座《ざ》を連《つら》ねていた 釈迦《しゃか》の説法の座には常に仏弟子以下、多くの菩薩《ぼさつ》や神々、そして、人間が聴衆として集まっている。これは、『法華経《ほけきょう》』などの他の大乗経典《だいじょうきょうてん》でもお馴染《なじ》みの光景である。

▼26 長老《ちょうろう》 サンスクリット語でスタヴィラといい、徳の高い僧侶《そうりょ》のこと。必ずしも高齢者の意味ではなく、若くても仏教をよく理解し、善行を積んで、修行に励むものは長老として敬われる。

▼27 十万億仏土《じゅうまんのくぶつど》 仏土《ぶつど》は仏国土《ぶっこくど》の意味で、一人の仏が治める世界。その大きさは銀河系ぐらいと想定される。その仏国土《ぶっこくど》が十万億個、すなわち一億の十万倍個の仏国土《ぶっこくど》を過ぎたところという意味。つまり、計り知れないほど遠くに、という意味で、こ

れも仏典の常套句《じようとうく》だ。

▼28 欄楯《らんじゆん》　寺院や宮殿などの建物に巡らされた囲い（手摺《てすり》）。

▼29 羅網《らもう》　珠玉（鈴）で飾られた網のことで、日本では今でも寺院の多宝塔《たほうとう》の上から風《ふう》鐸《たく》を取り付けた鎖が下げられているのが見られる。

▼30 瑠璃《るり》　瑠璃色《るりいろ》と呼ばれる青色の石で、七宝《しつぽう》の一つ。

▼31 硨磲《しやこ》　大きな美しい貝。七宝の一つに数えられる。

▼32 赤珠《しやくしゆ》　赤い珠石で、七宝の一つ。

▼33 微妙香潔《みみようこうけつ》　仏典には何種類かのハスの花（蓮華《れんげ》）が登場するが、ここでは青色、黄色、赤色、白色の四種類のハスを挙げている。このうち、青色と黄色は南方の睡《すい》蓮《れん》で、赤色と白色が根に蓮根《れんこん》を持つ蓮《はす》である。中でも白色は白蓮《びやくれん》といい、最も気高いとされている。また、青色は青蓮と呼ばれ、涼しげな水色の細長い花弁を持つ。青蓮の花弁は才色兼備の美人の眼に譬《たと》えられ、仏像の眼は「青蓮の如し」と仏典に記されている。蓮華《れんげ》は泥中から生え出て泥に染まることなく美しい花を咲かせることから、インドでは古くから神聖な花とされ、国花にもなっている。仏教で蓮華が貴ばれるのには古い歴史があるのだ。

▼34 昼夜六時《ちゆうやろくじ》　仏典によく出て来る言葉で、一日を昼と夜に二分し、さらに昼を晨朝《じんちよう》（早朝）、日中《につちゆう》、日没《にちぼつ》に三分し、夜を初夜《しよや》、中夜《ちゆうや》、後夜《ごや》（深夜）に三分する。今も寺院では晨朝法要や日中法要などという言葉がある。

▼35　**曼陀羅華《まんだらけ》**　天上に咲くといわれる美しい花で、天妙華《てんみようげ》とも訳される。阿弥陀堂《あみだどう》の内部の壁面などに宝相華《ほうそうげ》などの名で描かれる。

▼36　**経行《きようぎよう》**　「きんひん」とも読む。坐禅《ざぜん》のあとに身体をほぐしたり、食後の腹ごなしにごくゆっくりと僧院の敷地内など一定の場所を歩くこと。

▼37　**舎利《しやり》**　羽は黒、脚が黄色、嘴《くちばし》が橙色《だいだいいろ》の鳥で、人間の言葉を聞いて復唱することができるという。

▼38　**迦陵頻伽《かりようびんが》**　最高に美しい声で鳴くといわれる極楽浄土《ごくらくじようど》を代表する鳥で、その声は藪鶯《やぶうぐいす》という鳥に似ているという。しかし、これは想像上の鳥である。ニューギニアなどに棲息《せいそく》する極楽鳥《ごくらくちよう》という鳥が迦陵頻伽《かりようびんが》になぞらえられ、この鳥に姿が似ているという極楽鳥花《ごくらくちようか》は日本でも栽培され、生花店で売られている。

▼39　**共命《ぐみよう》**　双頭の鳥で、雉《きじ》の仲間とされる。

▼40　**五根五力《ごこんごりき》**　「根《こん》」は個人個人に具《そな》わる能力や資質のこと。「五根《ごこん》」は信仰心をもつ「信根《しんこん》」、善行に努力する「精進根《しようじんこん》」、仏を念ずる「念根《ねんこん》」、禅定《ぜんじよう》（瞑想《めいそう》）に励む「定根《じようこん》」、そして、悟りの智慧《ちえ》に向かう「慧根《えこん》」である。そして、「五力《ごりき》」は五根《ごこん》の働きで、信仰、努力、憶念《おくねん》（心にさまざまな事柄を念じて、これを記憶すること）、禅定《ぜんじよう》（精神を統一すること）の四つを実践することによって得られる悟りの智慧《ちえ》の働きである。

▼41　**七菩提分《しちぼだいぶん》**　悟りに至る七つの道のことで、「七覚支《しちかくし》」と呼ばれる。真偽を見極め、

偽を捨てて真を選択する「択法覚支《ちゃくほうかくし》」、択《えら》んだ真実に基づいて実践し、怠ることなく努力する「精進覚支《しょうじんかくし》」、真実に基づいて実践に励むことを喜ぶ「喜覚支《きかくし》」、身心を最高の状態に保つ「軽安覚支《きょうあんかくし》」、物事に対する執着を捨てるように努める「捨覚支《しゃかくし》」、坐禅《ざぜん》をして心を集中する「定覚支《じょうかくし》」、そして、禅定《ぜんじょう》（瞑想）して悟りの智慧《ちえ》に向かう「念覚支《ねんかくし》」の七項目である。

▼42 **八聖道分《はっしょうどうぶん》**　「八正道《はっしょうどう》」に同じ。

▼43 **念仏念法念僧《ねんぶつねんぽうねんそう》**　「仏法僧《ぶっぽうそう》」は「三宝《さんぼう》」と呼ばれ、仏教のこと。「仏《ぶつ》」はブッダ（釈《しゃ》迦《か》）、「法《ほう》」は仏法《ぶっぽう》と呼ばれるブッダの教え、「僧《そう》」がブッダの教えに従って修行し、悟りを目指す僧のグループを表わす。この三つのどれが欠けても仏教は成立しないので、三つの宝（三宝《さんぼう》）と呼ぶ。聖徳太子《しょうとくたいし》の「十七条憲法」の冒頭に「篤《あつ》く三宝《さんぼう》を敬え」という有名な言葉があるが、極楽浄土《ごくらくじょうど》の瑞鳥《ずいちょう》の声を聞いているだけで自然に仏法《ぶっぽう》に従って生きるようになり、無理なく悟り（菩提《ぼだい》）の世界に行くことができるという。

▼44 **三悪道《さんまくどう》**　娑婆《しゃば》世《せ》界《かい》（われわれが住む迷いの世界）では地獄《じごく》、餓鬼《がき》、畜生《ちくしょう》の三つの悪所に落ちて、大変な苦しみを受ける。鳥は娑婆《しゃば》世《せ》界《かい》では畜生《ちくしょう》の生き物で、過去に罪を犯した結果、鳥獣などに生まれて苦しみを受けると考えられている。しかし、迦陵頻伽《かりょうびんが》（▼38参照）などの極楽浄土《ごくらくじょうど》の鳥は罪業《ざいごう》の結果、生まれたのではなく、その世界の人々を悟りに向かわせるために存在しているので、畜生《ちくしょう》の苦しみを受ける

こともないのだ。

▼45 変化所作《へんげしょさ》 釈迦《しゃか》や阿弥陀仏《あみだぶつ》をはじめとするブッダはあらゆるものを、自在に創り出すことができるという。

▼46 十劫《じっこう》 計り知れないほど長い時間で、実数ではない。

▼47 一生補処《いっしょうふしょ》の菩薩《ぼさつ》 一口に菩薩《ぼさつ》といってもさまざまなレベルの差があり、仏典には初歩の菩薩から最高位の菩薩《ぼさつ》まで五十ほどの階位が示されている。一生補処《いっしょうふしょ》の菩薩《ぼさつ》は最高位の菩薩《ぼさつ》で、輪廻転生《りんねてんしょう》するのはこの一生だけで、次の世には必ず仏となって輪廻転生《りんねてんしょう》から解放される。観音菩薩《かんのんぼさつ》や文殊菩薩《もんじゅぼさつ》などわれわれが仏像で拝観する菩薩《ぼさつ》はみな一生補処《いっしょうふしょ》の菩薩《ぼさつ》だが、輪廻転生《りんねてんしょう》を繰り返し、苦しみに喘《あえ》ぐ衆生《しゅじょう》がいる限り、仏にはならないで釈迦如来《しゃかにょらい》や阿弥陀如来《あみだにょらい》の手伝いをしている。

▼48 阿弥陀仏《あみだぶつ》の本願《ほんがん》 衆生《しゅじょう》を極楽浄土《ごくらくじょうど》に連れて行って救おうという阿弥陀仏《あみだぶつ》の願い。これを大願《たいがん》といい、阿弥陀仏《あみだぶつ》は四十八《しじゅうはち》の大願《たいがん》を立てたという。

▼49 阿弥陀仏《あみだぶつ》は〜現《あらわ》れるだろう これが阿弥陀仏《あみだぶつ》の「来迎《らいごう》」である。日本では平安時代の後半に阿弥陀《あみだ》信仰が盛んになると、阿弥陀仏《あみだぶつ》が大勢の菩薩《ぼさつ》たちを引き連れて、極楽浄土《ごくらくじょうど》から臨終を迎えた人を迎えに来る光景を描いた「阿弥陀来迎図《あみだらいごうず》」という画像が盛んに制作されるようになった。

▼50 広長舌《こうじょうぜつ》 仏（如来《にょらい》）の舌は広くて大きい。「如来《にょらい》の三十二相八十種好《そうはちじっしゅこう》」という偉人の特徴をまとめたものの中に「広長舌相《こうじょうぜつそう》」というのがある。舌を出すと顔をスッポ

り覆うほどの大きさだという。大きな舌で真実のみを雄弁に語り、すべての人々を頷《うなず》かせるという意味である。『法華経《ほけきょう》』にも「釈迦《しゃか》が広長舌《こうじょうぜつ》を振るった」という表現がよく出て来る。

▼51 **経《きょう》** 阿弥陀仏《あみだぶつ》の教え。すなわち、「浄土三部経《じょうどさんぶきょう》」。諸仏《しょぶつ》はこの教えを常に護《まも》り、人々に信ずるように薦めている。

▼52 **五濁悪世《ごじょくあくせ》** 「五濁《ごじょく》」の最初は「劫濁《こうじょく》」で、古くから人間は行いが正しかったため、ほぼ永遠の寿命を保った。しかし、時代的、社会的な汚れから悪を働くものが増え、人間の寿命が二万歳以下にあるときで、疫病《えきびょう》や飢饉《ききん》、戦争などがはじまる時代。この「劫濁《こうじょく》」から次の四濁《しじょく》が起こる。二番目の「見濁《けんじょく》」はさまざまな邪《よこしま》な思想や見解（見）がはびこる時代。三番目の「煩悩濁《ぼんのうじょく》」はさまざまな煩悩《ぼんのう》がはびこる。四番目の「衆生濁《しゅじょうじょく》」は人間の果報が衰え、身心ともに資質が低下する時代。そして最後に五番目の「命濁《みょうじょく》」は寿命がだんだん短くなり、最後には十歳にまで低下する。五濁《ごじょく》は俄《にわ》かに現れるのではなく、徐々に悪世《あくせ》が増幅してくるといい、このことを「五濁増《ぞう》」という。

▼53 **阿修羅《あしゅら》** サンスクリット語のアスラの音写で、略して修羅《しゅら》ともいう。はじめ、仏教に害を加えようとする悪神だったが、釈迦《しゃか》に諭されて仏教の守護神となった。興《こう》福寺《ふくじ》の阿修羅《あしゅら》像で有名。

和《わ》讃《さん》

「和讃《わさん》」とは文字通り、和語で仏・菩薩《ぼさつ》・祖師などの言動を讃《たた》えたもので、平易な言葉で説かれていることから、在家の人にも分かり易く、布教の上で重要な役割を果たしてきた。七五調、四句を一章とし、短いもので数章、長いものでは数十章を連ねたものもある。

親鸞《しんらん》は晩年、浄土《じょうど》信仰を分かり易く示すために『三帖和讃《さんじょうわさん》』を作った。浄土《じょうど》の様子を讃えた「浄土和讃《じょうどわさん》」百十八首、龍樹《りゅうじゅ》、天親《てんじん》、曇鸞《どんらん》、道綽《どうしゃく》、善導《ぜんどう》、源信《げんしん》、源空《げんくう》（法然《ほうねん》）の七人の高僧を讃えた「高僧和讃《こうそうわさん》」百十七首、正法《しょうぼう》、像法《ぞうぼう》、末法《まっぽう》の時代の浄土《じょうど》について述べた「正像末和讃《しょうぞうまつわさん》」百八首からなる。

浄土真宗《じょうどしんしゅう》では『正信念仏偈《しょうしんねんぶつげ》』に続いて念仏《ねんぶつ》を称《とな》えた後、「和讃《わさん》」がよまれる。このとき、浄土真宗《じょうどしんしゅう》の信仰の世界を簡潔に説き、誰もが簡単に覚えて口ずさむことのできる「浄土和讃《じょうどわさん》」の冒頭の六首を読む。そして、和讃《わさん》を称えた後に「願以此功徳《がんにしくどく》（阿弥《あみ》陀《だ》如来《にょらい》からこの身に与えられた功徳《くどく》を）平等施一切《びょうどうせいっさい》（一切の衆生《しゅじょう》に等しく施し）同発菩提《どうほつぼだい》心《しん》（ともに往生《おうじょう》しようという心〈菩提心《ぼだいしん》〉を起こし）往生安楽国《おうじょうあんらっこく》（極楽浄土《ごくらくじょうど》〈安楽国〉に往生《おうじょう》しよう）」という回向《えこう》文を称える。

原文

弥陀成仏《みだじょうぶつ》のこのかたは
いまに十劫《じっこう》をへ《え》たまへり
法身《ほッしん》の光輪《こうりん》きは《わ》もなく
世《せ》の盲冥《もうみょう》をてらすなり
智慧《ちえ》の光明《こうみょう》はかりなし
有量《うりょう》の諸相《しょそう》ことごとく

現代語訳

阿弥陀如来《あみだにょらい》が悟りを開いてからこのかた、すでに十劫《じっこう》という長い長い年月が過ぎた。▼1 仏身《ぶっしん》（阿弥陀如来《あみだにょらい》の身体）から放たれる光明《こうみょう》【法身《ほッしん》の光輪《こうりん》】はすべての世界を照らし、至らぬところはない。（その光明《こうみょう》で）世の中の真実（真理）を見ることのできないわたしたち愚者【世《せ》の盲冥《もうみょう》】を照らし続けているのだ。

阿弥陀如来《あみだにょらい》が放ち続けている智慧《ちえ》の光明《こうみょう》は無

…のはなし
光暁《こうけう》かふ《む》らせよ
真実明《しんじつみょう》
…輪《りん》きはもなし
…かふ《む》るものはみな
…無《む》をはなるとのべたまふ
平等覚《びょうどうかく》に帰命《きみょう》せよ

光雲《こううん》無碍《むげ》如虚空《にょこくう》
一切《いっさい》の有碍《うげ》にさはりなし
光沢《こうたく》かふ《む》らぬものぞなき
難思議《なんじぎ》を帰命《きみょう》せよ

尽蔵で、限りあるこの世のすべてのもの【有量《うりょう》の諸相《しょそう》】は、如来《にょらい》の光明《こうみょう》【光暁《こうけう》】があたらないものはないのだ【かふらぬものはなし】。（そのような）本当の智慧《ちえ》をもった【真実明《しんじつみょう》】阿弥陀《あみだ》如来《にょらい》を（全幅の信頼をもって）信じなさい【帰命《きみょう》】。▼2

阿弥陀《あみだ》如来《にょらい》の悟りの光明《こうみょう》【解脱《げだつ》の光輪《こうりん》】が及ばないところはない。この光明《こうみょう》に触れるものはみな、すべての執着から離れて完全に自由な境地に安住することができると説いている。完璧《かんぺき》な平等の精神【平等覚《びょうどうかく》】▼3をもった阿弥陀《あみだ》如来《にょらい》を全幅の信頼を寄せて信じなさい【帰命《きみょう》せよ】。

阿弥陀《あみだ》如来《にょらい》の光の雲【光雲《こううん》】は虚空《こくう》のようにまったく障害がなく【無碍如虚空《むげにょこくう》】▼4、煩悩《ぼんのう》に覆

清浄光明《しょうじょうこうみょう》ならびなし
遇《ぐ》斯《し》光《こう》のゆへ《え》なれば
一切《いッさい》の業《ごう ごッ》繫《け》ものぞこりぬ
畢竟依《ひッきょうえ》を帰命《きみょう》せよ

仏《ぶッ》光《こう》照《せう》曜《えう》最《さい》第《だい》一《いち》
光炎王仏《こうえんのうぶッ》となづけたり
三《さん》塗《ず づ》の黒闇《こくあん》ひらくなり
大応供《だいおうぐ》を帰命《きみょう》せよ

われているすべてのもの【一切《いっさい》の有碍《うげ》】を照らし続けている。（そして、この）光明《こうみょう》の恵みに与《あずか》らないものはないのである。思慮や言葉では表現することのできない（不可思議《ふかしぎ》な）【難思《なんじ》議《ぎ》】阿弥陀如来《あみだにょらい》を全幅の信頼を寄せて信じなさい。

阿弥陀如来《あみだにょらい》の光明《こうみょう》は限りなく清浄で、他に比べられるものがない。そのような素晴らしい光《こう》明《みょう》に出会ったなら【遇斯光《ぐしこう》】、自《おの》ずから阿弥陀《あみだ》如来《にょらい》の本願《ほんがん》を信じることになる[5]から、一切の煩《ぼん》悩《のう》のけがれ【一切《いッさい》の業繫《ごッけ》】も自ずから除かれてしまうのだ。そんな究極の拠《よ》り所《どころ》【畢竟依《ひっきょうえ》】となる阿弥陀如来《あみだにょらい》を全幅の信頼を寄せて信じなさい。

阿弥陀如来《あみだにょらい》の光明《こうみょう》の輝き【仏光照曜《ぶつこうせうえう》】はすべての仏（諸仏《しょぶつ》）の中で一番、優れている。それで阿弥陀如来《あみだにょらい》はまたの名を光炎王仏《こうえんのうぶつ》▼6という。（その優れた光明《こうみょう》で）阿弥陀如来《あみだにょらい》は三悪道《さんまくどう》【三塗《さんず》】▼7に落ちて苦しむものを闇黒《あんこく》の迷いの闇から救ってくれる。（そのような）供養《くよう》に値する如来《にょらい》【大応供《だいおうぐ》】を全幅の信頼を寄せて信じなさい。

▼1　十劫《じっこう》という長《なが》い長《なが》い年月《ねんげつ》が過《す》ぎた　阿弥陀如来《あみだにょらい》は法蔵比丘《ほうぞうびく》となって修行し、どのような浄土《じょうど》をつくろうかと、五劫《ごこう》という長いあいだ熟考し、ついに悟りを開いた。そのときから、十劫《じっこう》というとてつもなく長い年月が過ぎたという。

▼2　帰命《きみょう》　サンスクリット語ではナマス。これを音写して「南無《なむ》」という。身命を投げ出して信心《しんじん》することで、いってみれば「命預けます」ということだ。また、仏の教命《きょうめい》（このようにして救われなさいという仏の命令）に絶対服従することである。浄土真宗《じょうどしんしゅう》では人々の「安心」を示す。つまり、阿弥陀如来《あみだにょらい》に帰命《きみょう》して、何ごとにも畏《おそ》

れを抱くことのない、平穏な境地という意味だ。

▼3　**平等覚**《びょうどうかく》　釈迦《しゃか》はインドのカースト制（階級制度）を批判し、すべての人々の平等を説いた。その精神は大乗《だいじょう》仏教の時代になり、慈悲《じひ》の思想から発展した平等観は仏教の最も重要なスタンスとなった。聖徳太子《しょうとくたいし》が「十七条の憲法」の冒頭で「和をもって貴しとなす」と述べたのも、仏教の平等の精神に基づいたものである。親鸞《しんらん》が出家でも在家でもない「非僧非俗《ひそうひぞく》」というユニークな立場を表明したのも、聖俗の差別なくすべての人々が平等に極楽往生《ごくらくおうじょう》できるという意味だった。そして、『歎異抄《たんにしょう》』の「善人なおもて往生《おうじょう》をとぐ、況《いわん》や悪人をや」という言葉も、平等観を強くアピールしたものだ。

▼4　**虚空**《こくう》　無限に広がる空間のことで、宇宙の果てまで何ものにも妨げられることなく広がっている。ここでは阿弥陀如来《あみだにょらい》の光明《こうみょう》を虚空に譬《たと》えている。

▼5　**自**《おの》**ずから阿弥陀如来**《あみだにょらい》**の本願**《ほんがん》**を信**《しん》**じることになる**　親鸞《しんらん》は阿弥陀如来《あみだにょらい》の本願《ほんがん》（衆生《しゅじょう》を往生《おうじょう》させようとする誓願《せいがん》）を信じること、つまり、「信」が最も重要であると説く。そして、その「信」は自分の意思ではなく、阿弥陀如来《あみだにょらい》の光明《こうみょう》に出会えば必ず、その人の意思に関わりなく信じるようになる。これが、親鸞《しんらん》の絶対他力《ぜったいたりき》の思想だ。

▼6　**光炎王仏**《こうえんのうぶつ》　阿弥陀如来《あみだにょらい》の別名で、その光明《こうみょう》の輝きがとくに優れていることから、このように呼ばれる。

▼7　**三途**《さんず》　三つの悪い道のことで、地獄《じごく》・餓鬼《がき》・畜生《ちくしょう》の三悪道《さんまくどう》（２１０ページ▼44参

照）のこと。「三塗《さんず》」というと、地獄に行くときに渡るとされる「三途《さんず》の川」を連想するが、こちらは生前の罪の軽重によって流れの速い川から緩やかな川の三本の川があることから、そのように呼ばれるもので、三塗《さんず》とは意味が違う。

御文章《ごぶんしょう》（御文《おふみ》）――白骨《はっこつ》の章《しょう》

本願寺第八世、蓮如《れんにょ》が門徒に真宗《しんしゅう》の教義を仮名交じり文で平易に説いたもので、浄《じょう》土真宗《どしんしゅう》の発展に大きく貢献した経文である。ここで取り上げた「白骨《はっこつ》の章《しょう》」はその一説で、貴賤《きせん》を問わず、どんな人でも死んで等しく白骨になる。そんな無常の世の習わしを悟り、その中で念仏《ねんぶつ》がいかに大切であるかを説く。通夜のときなどによく読まれる。

なお、本願寺派《ほんがんじは》では『御文章《ごぶんしょう》』といい、大谷派《おおたには》では『御文《おふみ》』といっている。

原　文

それ人間《にんげん》の浮生《ふしょう》なる相《そう》をつら

現代語訳

さて、（水面に漂う）浮草のような人間といつら観《かん》ずるに、おお（おほ《お》）よそはかなきものは、この世《よ》の始中終《しちゅうじゅう》まぼろしのごとくなる一期《いちご》なり。さればいまだ万歳《まんざい》の人身《にんじん》を受《う》けたりという事《こと》をきかず。一生《いッしょう》すぎやすし。いまにいたり《ッ》てたれか百年《ひゃくねん》の形体《ぎょうたい》をたもつべきや。われや先人《さきひと》や先《さき》、今日《きょう》ともしらず明日《あす》ともしらず、おくれさきだつ人《ひと》はもとのしづく、すえの露《つゆ》よりもしげしといえり。されば朝《あした》には紅顔《こうがん》あり《ッ》て夕《ゆうべ》に

うものをよくよく観察してみると、この世に生まれてから死ぬまで【始中終《しちゅうじゅう》】の一生【一期《いちご》】▼1は、夢まぼろしのように儚《はかな》いものだ。だから、未《いま》だかつて人間が一万年も生き長らえた【万歳《まんざい》の人身《にんじん》を受《う》けたり】ということは聞いたことがない。人の一生はたちまちのうちに過ぎてしまうのだ。今、誰が百年のあいだ（若々しい）姿【百年《ひゃくねん》の形体《ぎょうたい》】を保つことができるだろうか。

自分が先になるか（死ぬか）、他の人が先になるか。また、今日、死ぬのか、明日死ぬのかなど誰にも分からない。先に死ぬか、後に死ぬかは予測もつかない。だから、朝には紅をさしたような美しい顔をしていても、夕方には白骨▼2となる身（運命）なのである。無常の風に吹か

は白骨《はッこツ》となれる身《み》なり。すでに無常《むじょう》の風《かぜ》きたりぬれば、すなわちふたつのまなこたちまちに閉《と》じ、ひとつの息《いき》ながくたえぬれば、紅顔《こうがん》むなしく変《へん》じて桃李《とうり》のよそおいを失《うしな》いぬるときは、六親眷属《ろくしんけんぞく》あつまり《ッ》てなげきかなしめども、さらにその甲斐《かい》あるべからず。さてしもあるべきことならねばとて、野外《やがい》におくり《ッ》て、夜半《よわ》の煙《けむり》となしはてぬれば、ただ白骨《はッこツ》のみぞのこれり。あわれ

れれば二つの眼はたちまち閉じ、呼吸も絶えてしまうのだ【ひとつの息《いき》ながくたえぬれば】。美しい紅顔も変わり果て、桃や李《すもも》のような美しい姿態も失われてしまう。

そのときになって（人の死に際して）親戚縁《しんせきえん》者《じゃ》【六親眷属《ろくしんけんぞく》▼[3]】が集まって歎《なげ》き悲しんでも、もはやどうすることもできない【さらにその甲斐《かい》あるべからず】。親戚縁者も悲しんでばかりもいられない（葬儀の準備をしなければならない）。（準備を整えて）野辺送りをし、夜には荼毘《だび》▼[4]に付す【煙《けむり》となしはてぬ】ことになる。すると、そこには白骨が残るのみだ。（ただ）「哀れ」という言葉では言い尽くすことができない【あわれというもなかなかおろかなり】。

というもなかなかおろかなり。されば人間《にんげん》のはかなきことは老少不定《ろうしょうふじょう》のさかいなれば、たれの人《ひと》もはやく後生《ごしょう》の一大事《いちだいじ》を心《こころ》にかけて、阿弥陀仏《あみだぶつ》をふかくたのみまいらせて、念仏申《ねんぶつもう》すべきものなり。あなかしこ　あなかしこ。

人間の儚さは、年老いた人が先に死に、若い人が後に死ぬ【老少不定《ろうしょうふじょう》】という定めすらないところにある。だから、老いも若きも死んだ後、どこに落ち着くかという最も大切なこと【後生《ごしょう》の一大事《いちだいじ》】を（常日頃から）しっかりと心に刻んで、阿弥陀仏《あみだぶつ》を深く信じ（信頼して）、念仏《ねんぶつ》を称《とな》えるべきである。ああ！　畏《おそ》れ多いことだ！　ああ！　畏れ多いことだ！

▼1 **一期《いちご》**　生まれてから死ぬまでの一生涯のこと。ただし、仏教では修行の期間を区切るときにも用い、比叡山《ひえいざん》では十二年、高野山《こうやさん》では六年を一期《いちご》とした。

▼2 **白骨《はっこつ》**　この言葉があるので、「白骨《はっこつ》の章《しょう》」と呼ばれる。

▼3 **六親眷属《ろくしんけんぞく》**　「六親《ろくしん》」はすべての親戚縁者《しんせきえんじゃ》。本人から数えて六親等（又従兄弟《またいとこ》）とい

うこと。「眷属」も血のつながりのある者の意味である。

▼4 **茶毘《だび》** サンスクリット語とともに古代インドの聖典用語であるパーリ語のジャーペータの音写語で、「火葬」の意味。古来、日本では土葬か風葬（遺体を山中などの特定の場所に捨てる葬法）が行われていたが、仏教とともに火葬が伝えられた。

日本で最初に火葬されたのは奈良の元興寺《がんごうじ》の僧、道昭《どうしょう》。文武《もんむ》天皇の四年（七〇〇）、道昭《どうしょう》の遺言により、茶毘《だび》に付された。ただし、その後も火葬はあまり普及せず、相変わらず土葬や風葬が行われ、庶民の間ではとくにあまり費用の掛からない風葬が主流だった。室町時代中期の蓮如《れんにょ》の時代も一般には風葬や土葬が中心で、火葬にするのは武士や公家《くげ》などの裕福な人々だった。しかし、ここで蓮如《れんにょ》は白骨を強調するために火葬（けむりとなし）を持ち出しているのである。

正信念仏偈《しょうしんねんぶつげ》

『教行信証《きょうぎょうしんしょう》』の巻末にある七言百二十句からなる偈文《げもん》。真宗《しんしゅう》の教えを極めて簡潔に述べたもので、略して『正信偈《しょうしんげ》』とも呼ばれている。第八世蓮如《れんにょ》がこの経典をとくに重視したことから、朝夕の勤行《ごんぎょう》をはじめ、さまざまな機会に読まれている。阿弥陀如《あみだにょ》来《らい》の極楽浄土《ごくらくじょうど》と、その世界を伝えた七高僧《しちこうそう》（35ページを参照）の徳を讃《たた》えた内容である。

往生《おうじょう》のためには念仏《ねんぶつ》の回数は問題ではなく、阿弥陀如来《あみだにょらい》の本願《ほんがん》を信じることが何よりも大切である。そして、念仏《ねんぶつ》はわれわれに往生《おうじょう》の機会を与えてくれた阿弥陀如来《あみだにょらい》の恩に報い、その功徳《くどく》に感謝する「報恩謝徳《ほうおんしゃとく》」の念仏《ねんぶつ》であるという親鸞《しんらん》独自の見解を端的に述べている。

具体的には、遠い昔にすべての衆生《しゅじょう》を救い取ろうとの本願《ほんがん》を立て、とてつもなく長い間、修行した結果、衆生《しゅじょう》の極楽往生《ごくらくおうじょう》を実現してくれた阿弥陀如来《あみだにょらい》の恩に報い、その功徳《くどく》に感謝することである。親鸞《しんらん》の師で浄土宗《じょうどしゅう》を開いた法然《ほうねん》は念仏《ねんぶつ》を多く称《とな》えるほど極楽往生《ごくらくおうじょう》が早まると説いたが、親鸞《しんらん》は念仏《ねんぶつ》の回数は往生《おうじょう》には関係はなく、ただ、阿弥《あみ》陀如来《だにょらい》を信じる心が重要であると説く。

原文

帰《き》命《みよう》無《む》量《りよう》寿《じゅ》如《によ》来《らい》
南《な》無《む》《も》不《ふ》可《か》思《し》議《ぎ》光《こう》
法《ほう》蔵《ぞう》菩《ぼ》薩《さつ》《さ》因《いん》位《に》時《じ》
在《ざい》世《せ》自《じ》在《ざい》王《おう》仏《ブツ》所《しよ》
観《と》見《けん》諸《しよ》仏《ぶっ》《ぶ》浄《じよう》土《ど》因《いん》

現代語訳

限りない寿命を保ち続け、限りない光明《こうみょう》を放ち続ける阿弥陀如来《あみだにょらい》に帰依《きえ》します【帰命無量寿《きみょうむりょうじゅ》如来南無不可思議光《にょらいなもふかしぎこう》】。（阿弥陀如来《あみだにょらい》が修行時代の）法蔵菩薩《ほうぞうぼさつ》だったとき、師の世自在王仏《せじざいおうぶつ》のもとで諸仏《しょぶつ》が浄土《じょうど》を建立したいわれや、さまざまな国土《こくど》に住むものの行動の善悪を観察し、そこで苦しむものたちを救うために、この上なく優れた願《がん》【無上殊勝願《むじょうしゅしょうがん》】を立てて、世にも稀《まれ》な大《だい》誓願《せいがん》【希有大弘誓《けうだいぐぜい》】をおこされた。

国《こく》土《ど》人《にん》天《でん》之《し》善《ぜん》悪《まく》
建《こん》立《りゅう》無《む》上《じょう》殊《しゅ》勝《しょう》願《がん》
超《ちょう》発《ほッ》《ほつ》希《け》有《う》大《だい》弘《ぐ》誓《ぜい》
五《ご》劫《こう》思《し》惟《ゆい》之《し》摂《しょう》受《じゅ》
重《じゅう》誓《せい》名《みょう》声《しょう》聞《もん》十《じッ》方《ぽう》
普《ふ》放《ほう》無《む》量《りょう》無《む》辺《へん》光《こう》
無《む》碍《げ》無《む》対《たい》光《こう》炎《えん》王《のう》
清《しょう》浄《じょう》歓《かん》喜《ぎ》智《ち》慧《え》光《こう》
不《ふ》断《だん》難《なん》思《じ》《し》無《む》称《しょう》光《こう》

そして、五劫《ごこう》というとてつもなく長い間、熟考に熟考を重ねて今までに建設された諸仏《しょぶつ》の浄《じょう》土《ど》の長所だけを選びとり、四十八願《しじゅうはちがん》にまとめあげ、南無阿弥陀仏《なむあみだぶつ》という名前【名声《みょうしょう》】▼1が全世界で聞かれ、称《とな》えられるようにと誓った。▼2阿弥陀如来《あみだにょらい》の放つ光明《こうみょう》はいかなるとき、いかなるところでも決して妨げられることがなく、計り知れない威力を持ち、他に比べられるものがない（優れた光明《こうみょう》である）。そして、限りなく清浄で、歓喜に満ち溢《あふ》れ、智慧《ちえ》そのもので【智慧光《ちえこう》】▼3、（永遠に）絶えることがないのだ。（その光は）人間の思考をはるかに超えるもので、太陽や月の光をはるかに凌《しの》ぎ、全世界のすみずみまで隈《くま》なく照らしている。（だから、）一切の衆生《しゅじょう》【一切群生《いっさいぐんじょう》】はこの光に照らされているのだ。

超《ちょう》日《にち》月《がツ》光《こう》照《しょう》塵《じん》刹《せっ》
一《いッ》切《さい》群《ぐん》生《じょう》蒙《む》光《こう》照《しょう》
本《ほん》願《がん》名《みょう》号《ごう》正《しょう》定《じょう》業《ごう》
至《し》心《しん》信《しん》楽《ぎょう》願《がん》為《に》因《いん》
成《じょう》等《とう》覚《がく》証《しょう》大《だい》涅《ね》槃《はん》
必《ひッ》至《し》滅《めッ》度《ど》願《がん》成《じょう》就《じゅ》
如《にょ》来《らい》所《しょ》以《い》興《こう》出《しゅッ》世《せ》
唯《ゆい》説《せっ》弥《み》陀《だ》本《ほん》願《がん》海《かい》
五《ご》濁《じょく》悪《あく》時《じ》群《ぐん》生《じょう》海《かい》

南無阿弥陀仏《なむあみだぶつ》の名を称えることは、往生《おうじょう》のための正しい修行【本願名号《ほんがんみょうごう》】で、（四十八願《しじゅうはちがん》のうちの第十八願《がん》に説かれる）至心《ししん》・信楽《しんぎょう》の願《がん》▼4に基づいているのだ。（そして、）仏になることが決定し、偉大な悟り【大涅槃《だいねはん》】を得ることができるのは、必ず極楽浄土《ごくらくじょうど》に至ることができるという願《がん》【必至滅度願《ひっしめつどがん》】▼5が（必ず）実現【成就《じょうじゅ》】することが約束されているからである。釈迦《しゃか》がこの世に現れたのは、ただ、阿弥陀如来《あみだにょらい》の大海のように偉大な本願【本願海《ほんがんかい》】▼6を説くためだったのである。

（だから、）この闇黒《あんこく》の末法《まっぽう》の世【五濁悪時《ごじょくあくじ》】に生きるものたち【群生海《ぐんじょうかい》】は、釈迦《しゃか》の真実の言葉を信じなければならない。（無条件に）本《ほん》願《がん》を信じ、（その本願《ほんがん》が実現可能になっていることを）喜ぶ心がおきれば、煩悩《ぼんのう》を断たなくて

応《おう》信《しん》如《にょ》来《らい》如《にょ》実《じつ》言《ごん》
能《のう》発《ほっ》一《いち》念《ねん》喜《き》愛《あい》心《しん》
不《ふ》断《だん》煩《ぼん》悩《のう》得《とく》涅《ね》槃《はん》
凡《ぼん》聖《じょう》逆《ぎゃく》謗《ほう》斉《さい》回《え》入《にゅう》
如《にょ》衆《しゅ》水《しい》入《にゅう》海《かい》一《いち》味《み》
摂《せッ》取《しゅ》心《しん》光《こう》常《じょう》照《しょう》護《ご》
已《い》能《のう》雖《すい》破《は》無《む》明《みょう》闇《あん》
貪《とん》愛《ない》瞋《しん》憎《ぞう》之《し》雲《うん》霧《む》
常《じょう》覆《ふ》真《しん》実《じっ》信《しん》心《じん》天《てん》

も悟り【涅槃《ねはん》】を開くことができるのだ。▼7（われわれ）凡人も聖人【凡聖《ぼんじょう》】も、五逆罪《ごぎゃくざい》を犯して、仏の教えを謗《そし》ったもの【逆謗《ぎゃくほう》】▼8も、（阿弥《あみ》陀如来《だにょらい》の）本願《ほんがん》を（無条件に）信じれば、多くの河の水が大海に入ると【衆水入海《しゅしいにゅうかい》】、等しく塩味の海水となるように、平等に救われるのだ。阿弥陀如来《あみだにょらい》の放つ光明《こうみょう》はわれわれを救い取って決して捨てることがない。その光明《こうみょう》でわれわれを護《まも》り続けてくださるのだ。

その光明《こうみょう》は無明《むみょう》の闇を破ってくれるというが、貪《むさぼ》り【貪愛《とんない》】や憎しみ【瞋憎《しんぞう》】▼9といった煩悩《ぼんのう》の雲や霧が（無明《むみょう》の闇を作り）、真に（阿弥陀如《あみだにょ》来《らい》を心から）信じようとする心の天空を覆いかくしているのだ。（しかし、）太陽の光が雲や霧に覆われていても、雲や霧の下は必ずしも真っ暗闇ではない。それと同じように、阿弥陀如来《あみだにょらい》

譬《ひ》如《にょ》日《にッ》光《こう》覆《ふ》雲《うん》霧《む》
雲《うん》霧《む》之《し》下《げ》明《みょう》無《む》闇《あん》
獲《ぎゃく》信《しん》見《けん》敬《きょう》大《だい》慶《きょう》喜《き》
即《そく》横《おう》超《ちょう》截《ぜッ》五《ご》悪《あく》趣《しゅ》
一《いッ》切《さい》善《ぜん》悪《まく》凡《ぼん》夫《ぶ》人《にん》
聞《もん》信《しん》如《にょ》来《らい》弘《ぐ》誓《ぜい》願《がん》
仏《ぶッ》言《ごん》広《こう》大《だい》勝《しょう》解《げ》者《しゃ》
是《ぜ》人《にん》名《みょう》分《ふん》陀《だ》利《り》華《け》
弥《み》陀《だ》仏《ぶッ》本《ほん》願《がん》念《ねん》仏《ぶッ》

を無条件に信じている人は、たとえ煩悩《ぼんのう》に覆われていても、心の闇は消えているのだ。（不動の）信心《しんじん》をもって（阿弥陀《あみだ》）如来《にょらい》を敬い、（そのことによって）喜びの心をおこすことができれば、五つの迷いの世界【五悪趣《ごあくしゅ》】▼10を横ざまに超える【超截《ちょうぜつ》】▼11ことができる。

善人、悪人の別なく、一切の人々【凡夫《ぼんぶ》】が阿弥陀如来《あみだにょらい》の本願《ほんがん》を聞き、（衷心《ちゅうしん》より）信じるなら、釈迦《しゃか》はその人たちを「大いなる智慧者《ちえしゃ》【大勝解者《だいしょうげしゃ》】▼12」、あるいは、「白蓮華《びゃくれんげ》【分陀利華《ふんだりけ》】▼13」と呼ぶのである。

阿弥陀如来《あみだにょらい》の（人々を必ず救ってくれるという）本願《ほんがん》の念仏《ねんぶつ》は、邪《よこしま》な見解を持つ人や（謙虚さを忘れて）驕《おご》り高ぶった人【邪見憍慢悪衆生《じゃけんきょうまんなくしゅじょう》】にとっては、これを信じ保つこと【信楽受持《しんぎょうじゅじ》】は極めて困難である。（はるか西方に位置

邪《じゃ》見《けん》憍《きょう》慢《まん》悪《あく》《なく》衆《しゅ》生《じょう》
信《しん》楽《ぎょう》受《じゅ》持《じ》甚《じん》以《に》難《なん》
難《なん》中《ちゅう》之《し》難《なん》無《む》過《か》斯《し》
印《いん》度《ど》西《さい》天《てん》之《し》論《ろん》家《げ》
中《ちゅう》夏《か》日《じち》域《いき》之《し》高《こう》僧《そう》
顕《けん》大《だい》聖《しょう》興《こう》世《せ》正《しょう》意《い》
明《みょう》如《にょ》来《らい》本《ほん》誓《ぜい》応《おう》機《き》
釈《しゃ》迦《か》如《にょ》来《らい》楞《りょう》伽《が》山《せん》
為《い》衆《しゅう》《しゅ》告《ごう》命《みょう》南《なん》天《てん》竺《じく》

する）インド【印度西天《いんどさいてん》】の（仏教の教理の）研究家【論家《ろんげ》】、（さらに）中国【中夏《ちゅうか》】や日本【日域《じちいき》】[14]の高僧たちは、釈迦《しゃか》【大聖《だいしょう》】[15]がこの世に現れた本当の意味【正意《しょうい》】を明らかにし、阿《あ》弥陀如来《みだにょらい》の本願【本誓《ほんぜい》】こそが凡夫《ぼんぶ》の能力にいちばん適合していることを明らかにしたのだ。

釈迦如来《しゃかにょらい》は楞伽山《りょうがせん》[16]で人々に次のように予言した。「南インドに龍樹菩薩《りゅうじゅぼさつ》[17]が現れて有と無の両極に偏った考えを打破【摧破有無見《ざいはうむけん》】[18]し、大乗《だいじょう》仏教《ぶっきょう》の究極の教え【大乗無上法《だいじょうむじょうほう》】を説き広め、この上なく喜びに満ちた地位【歓喜地《かんぎじ》】を得、（この世でも）命が終わって安楽浄土《あんらくじょうど》に生まれるであろう」と。

龍樹菩薩《りゅうじゅぼさつ》は自力《じりき》の難行《なんぎょう》は（遠い）陸路を行くような苦しみであることを明らかにし、他力《たりき》の行《ぎょう》【易行《いぎょう》】[19]は船で水路を行くように楽しみに満

龍《りゅう》樹《じゅ》大《だい》士《じ》出《しゅツ》於《と》世《せ》　悉《しつ》《しッ》能《のう》摧《ざい》破《は》有《う》無《む》見《けん》
宣《せん》説《ぜつ》《ぜ》大《だい》乗《じょう》無《む》上《じょう》法《ほう》　証《しょう》歓《かん》喜《ぎ》地《じ》生《しょう》安《あん》楽《らく》
顕《けん》示《じ》難《なん》行《ぎょう》陸《ろく》路《ろ》苦《く》　信《しん》楽《ぎょう》易《い》行《ぎょう》水《しい》《し》道《どう》楽《らく》
憶《おく》念《ねん》弥《み》陀《だ》仏《ぶつ》《ぶ》本《ほん》願《がん》　自《じ》然《ねん》即《そく》時《じ》入《にゅう》必《ひつ》《ひッ》定《じょう》
唯《ゆい》能《のう》常《じょう》称《しょう》如《にょ》来《らい》号《ごう》

ちていると説いた。阿弥陀如来《あみだにょらい》の本願《ほんがん》を信じるものは、必ず悟りを開いてブッダとなることが約束されている。だから、(龍樹菩薩《りゅうじゅぼさつ》は)常に「南無阿弥陀仏《なむあみだぶつ》」を称《とな》え、阿弥陀如来《あみだにょらい》の偉大な慈悲《じひ》の恩に報いる生活をすべきである【応報大悲弘誓恩《おうほうだいひぐぜいおん》】とも言っているのだ。

(そして、)天親菩薩《てんじんぼさつ》[20]は『浄土論《じょうどろん》』[21]を著し、無碍光如来《むげこうにょらい》[22]に帰依《きえ》せよと説いた。『無量寿経《むりょうじゅきょう》』【修多羅《しゅたら》】[23]によって真実をあらわし、如来《にょらい》の本願《ほんがん》が横ざまに迷いの世界を超えて【横超《おうちょう》】[24]、悟りをもたらすことを明らかにしている。如来《にょらい》がわたしたちに差し向けた【回向《えこう》】[25]本願《ほんがん》の力によって、生きとし生けるもの【群生《ぐんじょう》】を救うために信心《しんじん》【一心《いッしん》】[26]を明らかにしたのだ。

天親菩薩《てんじんぼさつ》は「(阿弥陀如来《あみだにょらい》の)本願《ほんがん》の功徳《くどく》の宝のような大海原【大宝海《だいほうかい》】に入れば、必ずこ

応《おう》報《ほう》大《だい》悲《ひ》弘《ぐ》誓《ぜい》恩《おん》
天《てん》親《じん》菩《ぼ》薩《さつ》《さ》造《ぞう》論《ろん》説《せつ》《せ》
帰《き》命《みよう》無《む》碍《げ》光《こう》如《によ》来《らい》
依《え》修《しゆ》多《た》羅《ら》顕《けん》真《しん》実《じつ》《じ》
光《こう》闡《せん》横《おう》超《ちよう》大《だい》誓《せい》願《がん》
広《こう》由《ゆ》本《ほん》願《がん》力《りき》回《え》向《こう》
為《い》度《ど》群《ぐん》生《じよう》彰《しよう》一《いッ》心《しん》
帰《き》入《にゆう》功《く》徳《どく》大《だい》宝《ほう》海《かい》
必《ひつ》《ひッ》獲《ぎやく》入《にゆう》大《だい》会《え》衆《しゆ》数《しゆ》

の世で浄土《じょうど》の菩薩《ぼさつ》たちの仲間に入ることができ、命が終わった後には蓮華《れんげ》の咲く（美しい）極楽《ごくらく》浄土《じょうど》【蓮華蔵世界《れんげぞうせかい》】▼27に生まれて、（絶対的な）真理を体得したブッダ【真如法性身《しんにょほッしょうじん》】となることができる。また、煩悩《ぼんのう》の林に遊び、神通力《じんずうりき》▼28を現して迷いの世界に入り、（人々を）教え導く▼29」と説いた。

（さらに）梁《りょう》の武帝《ぶてい》▼30は曇鸞大師《どんらんだいし》に向かって、常に曇鸞菩薩《どんらんぼさつ》と崇《あが》めた。▼31曇鸞大師《どんらんだいし》は三蔵法師《さんぞうほうし》▼32の菩《ぼ》提流支《だいるし》▼33に『観無量寿経《かんむりょうじゅきょう》』【浄教《じょうきょう》】を授けられ、神仙術《しんせんじゅつ》▼34の書を焼き捨てて浄土《じょうど》の教え【楽邦《らくほう》】に帰依した人である。（曇鸞大師《どんらんだいし》は）天親菩薩《てんじんぼさつ》の『浄土論《じょうどろん》』を注釈して「（この上なくすばらしい）浄土《じょうど》【報土《ほうど》】▼35が建立されたのは、（遠い過去に）阿弥陀如来《あみだにょらい》が（そういう浄土《じょうど》を建設したいとの）誓願《せいがん》（本願《ほんがん》）を立てて、とてつもなく

得《とく》至《し》蓮《れん》華《げ》蔵《ぞう》世《せ》界《かい》
即《そく》証《しょう》真《しん》如《にょ》法《ほッ》性《しょう》身《しん・じん》
遊《ゆう・ゆ》煩《ぼん》悩《のう》林《りん》現《げん》神《じん》通《ずう》
入《にゅう》生《しょう》死《じ》園《おん》示《じ》応《おう》化《げ》
本《ほん》師《し・じ》曇《どん》鸞《らん》梁《りょう》天《てん》子《し》
常《じょう》向《こう》鸞《らん》処《しょ》菩《ぼ》薩《さつ・さ》礼《らい》
三《さん》蔵《ぞう》流《る》支《し》授《じゅ》浄《じょう》教《きょう》
焚《ぼん》焼《しょう・じょう》仙《せん》経《ぎょう》帰《き》楽《らく》邦《ほう》
天《てん》親《じん》菩《ぼ》薩《さつ・さ》論《ろん》註《ちゅう》解《げ》

長い期間、修行に励み、善行を積んだ結果、現実のものとなったのだ。そして、阿弥陀如来《あみだにょらい》の手引きによって浄土《じょうど》に往生《おうじょう》する（生まれる）ことも、その浄土《じょうど》から娑婆世界《しゃばせかい》に帰って来て人々を救うこと【往還《おうげん》】[36]も、すべては阿弥陀如来《あみだにょらい》の他力《たりき》によるのである。阿弥陀如来《あみだにょらい》の他力《たりき》を信じること【正定《しょうじょう》】だけが極楽浄土《ごくらくじょうど》に往生《おうじょう》するための正しい原因になるのだ。」と説いた。

また、（曇鸞大師《どんらんだいし》は）「煩悩《ぼんのう》に染まった人々【惑染凡夫《わくぜんぼんぶ》】[37]も阿弥陀如来《あみだにょらい》の本願《ほんがん》を一心に信じれば、この迷いの世界にありながら、即座に悟りの境地にいたることができ【生死即涅槃《しょうじそくねはん》】[38]、命が終われば、光明無量《こうみょうむりょう》の浄土《じょうど》（極楽浄土《ごくらくじょうど》）に生まれ（往生《おうじょう》し）、そこから再び娑婆世界《しゃばせかい》に還《かえ》って来て人々を救う」とも説いている。

報《ほう》土《ど》因《いん》果《が》顕《けん》誓《せい》願《がん》
往《おう》還《げん》回《ね》《え》向《こう》由《ゆ》他《た》力《りき》
正《しょう》定《じょう》之《し》因《いん》唯《ゆい》信《しん》心《じん》
惑《わく》染《ぜん》凡《ぼん》夫《ぶ》信《しん》心《じん》発《ぽっ》《ほ》
証《しょう》知《ち》生《しょう》死《じ》即《そく》涅《ね》槃《はん》
必《ひッ》至《し》無《む》量《りょう》光《こう》明《みょう》土《ど》
諸《しょ》有《う》衆《しゅ》生《じょう》皆《かい》普《ふ》化《け》
道《どう》綽《しゃッ》決《けッ》聖《しょう》道《どう》難《なん》証《しょう》
唯《ゆい》明《みょう》浄《じょう》土《ど》可《か》通《つう》入《にゅう》

(さらに)道綽禅師《どうしゃくぜんじ》は、聖道門《しょうどうもん》の教えでは悟りに至ることができないことを覚り、浄土門《じょうどもん》▼39だけを実践して悟りに至ることを明らかにした。(道綽《どうしゃく》は)戒律を守って修行に励み、善行を積む修行【万善自力貶勤修《まんぜんじりきへんごんしゅ》】を退け、すべての善が完璧《かんぺき》に備わっている名号《みょうごう》(阿弥陀《あみだ》

万《まん》善《ぜん》自《じ》力《りき》貶《へん》勤《ごん》修《しゅ》
円《えん》満《まん》徳《とく》号《ごう》勧《かん》専《せん》称《しょう》
三《さん》不《ぷ》三《さん》信《しん》誨《け》慇《おん》懃《ごん》
像《ぞう》末《まっ》《ま》法《ほう》滅《めっ》《め》同《どう》悲《ひ》引《いん》
一《いッ》生《しょう》造《ぞう》悪《あく》値《ち》弘《ぐ》誓《ぜい》
至《し》安《あん》養《にょう》界《かい》《がい》証《しょう》妙《みょう》果《か》
善《ぜん》導《どう》独《どく》明《みょう》仏《ぶッ》正《しょう》意《い》
矜《こう》哀《あい》定《じょう》散《さん》与《よ》逆《ぎゃく》悪《あく》
光《こう》明《みょう》名《みょう》号《ごう》顕《けん》因《いん》縁《ねん》

如来《にょらい》の名）【円満徳号《えんまんとくごう》】をもっぱら称えることを勧めた。（そして、）三つの正しい信心《しんじん》とそうではない（正しくない）信心《しんじん》【三不《さんぷ》三心誨《さんしんけ》】▼40を詳細に説き、像法《ぞうぼう》、末法《まっぽう》、さらには滅法《めっぽう》▼41の時代になっても（阿弥陀《あみだ》）如来《にょらい》は同じように偉大な慈悲をもってわたしたちを導く。（そして、）たとえ、一生涯、悪事を働いてきたものでも、阿《あ》弥陀《みだ》如来《にょらい》の本願《ほんがん》に出会えば、極楽浄土《ごくらくじょうど》【安養《あんにょう》界《がい》】に至って悟りを開くことができると説いたのだ。

（そして、）善導大師《ぜんどうだいし》はそれまでに行われてきた仏教の教理解釈を正し、釈迦《しゃか》の教えの真意を明らかにした。（そして、善導大師《ぜんどうだいし》は）心を集中して修行に専念する人、悪を避けて善行に専念する人【定散《じょうさん》】▼42、さらには極悪非道のもの【逆《ぎゃく》悪《あく》】にも阿弥陀《あみだ》如来《にょらい》は哀れみをもち、彼らを救

開《かい》入《にゅう》本《ほん》願《がん》大《だい》智《ち》海《かい》
行《ぎょう》者《じゃ》正《しょう》受《じゅ》金《こん》剛《ごう》心《しん》
慶《きょう》喜《き》一《いち》念《ねん》相《そう》応《おう》後《ご》
与《よ》韋《い》提《だい》等《とう》獲《ぎゃく》三《さん》忍《にん》
即《そく》証《しょう》法《ほッ》性《しょう》之《し》常《じょう》楽《らく》
源《げん》信《しん》広《こう》開《かい》一《いち》代《だい》教《きょう》
偏《へん》帰《き》安《あん》養《にょう》勧《かん》一《いッ》切《さい》
専《せん》雑《ぞう》執《しゅう》心《しん》判《はん》浅《せん》深《じん》
報《ほう》化《け》二《に》土《ど》正《しょう》弁《べん》立《りゅう》

うために名号《みょうごう》（を称えること）を因縁《いんねん》として救いの光明《こうみょう》を放つのである。

（だから、ひとたび）本願《ほんがん》の智慧《ちえ》の大海に踏み入れば、金剛石（ダイヤモンド）のように何ものにも破壊されることのない盤石の信心《しんじん》（信仰心）を得ることができる【行者正受金剛心《ぎょうじゃしょうじゅこんごうしん》】。▼43この本願《ほんがん》に出会えたという喜びの心が起こり、韋提希《いだいけ》夫人（１７０ページを参照）と同じく三忍《さんにん》を得て、常住安楽な悟りを得ると説いた。

また、源信《げんしん》は広く釈迦《しゃか》一代の教えをひもといて、安楽浄土《あんらくじょうど》（極楽浄土《ごくらくじょうど》）に生まれることをひたすら願うようにとすべての人に勧めた。信心《しんじん》の人を二つに分け、ひたすら他力《たりき》にすがる人をより信心《しんじん》の深い人、自力《じりき》の行《ぎょう》をまじえる人を信《しん》心《じん》の浅い人とみなした。（そして、）浄土《じょうど》についても報土《ほうど》と化土《けど》の二つに分けたのである【報化《ほうけ》

極《ごく》重《じゅう》悪《あく》人《にん》唯《ゆい》称《しょう》仏《ぶつ》《ぶ》
我《が》亦《やく》在《ざい》彼《ひ》摂《せッ》取《しゅ》中《ちゅう》
煩《ぼん》悩《のう》鄣《しょう》眼《げん》雖《すい》不《ふ》見《けん》
大《だい》悲《ひ》無《む》倦《けん》常《じょう》照《しょう》我《が》
本《ほん》師《し》《じ》源《げん》空《くう》明《みょう》仏《ぶッ》教《きょう》
憐《れん》愍《みん》善《ぜん》悪《まく》凡《ぼん》夫《ぶ》人《にん》
真《しん》宗《しゅう》教《きょう》証《しょう》興《こう》片《へん》州《しゅう》
選《せん》択《じゃく》本《ほん》願《がん》弘《ぐ》悪《あく》世《せ》
還《げん》来《らい》生《しょう》死《じ》輪《りん》転《でん》家《げ》

二土《にど》】[44]。（また、源信《げんしん》は）極悪非道の悪人【極重《ごくじゅう》悪人《あくにん》】であっても、ひたすら念仏《ねんぶつ》を称《とな》えるべきである。自分も阿弥陀如来《あみだにょらい》の救い光明《こうみょう》の中【彼《ひ》摂取中《せッしゅちゅう》】にあるにもかかわらず、煩悩《ぼんのう》によって目を覆われ、その光明《こうみょう》を見ることができない。しかし、阿弥陀如来《あみだにょらい》の偉大な慈悲《じひ》はつねにわたしの身を照らしているのだ。（源信《げんしん》は）このように言った。

（さらに、）私の師、源空《げんくう》[45]は仏教を究め、善悪の凡夫《ぼんぶ》を憐《あわ》れんで【憐愍善悪凡夫人《れんみんぜんまくぼんぶにん》】[46]（阿弥陀《あみだ》如来《にょらい》の）本願《ほんがん》の教えと、その教えによって救われる道【真宗 教証《しんしゅうきょうしょう》】を日本の国【片州《へんしゅう》】[47]に興し、阿弥陀如来《あみだにょらい》が選びとった本願《ほんがん》の念仏《ねんぶつ》（選択本願《せんじゃくほんがん》念仏《ねんぶつ》）をこの悪世《あくせ》（末法《まっぽう》の世）に広めた。

（そして、源空《げんくう》は）輪廻転生《りんねてんしょう》を繰り返すのは真実[48]（真理）に対する疑いの心があるからだ。速

決《けツ》以《ち》疑《ぎ》情《じょう》為《い》所《しょ》止《し》
速《そく》入《にゅう》寂《じゃく》静《じょう》無《む》為《い》楽《らく》
必《ひツ》以《ち》信《しん》心《じん》為《い》能《のう》入《にゅう》
弘《ぐ》経《きょう》大《だい》士《じ》宗《しゅう》師《し》等《とう》
拯《じょう》済《さい》無《む》辺《へん》極《ごく》濁《じょく》悪《あく》
道《どう》俗《ぞく》時《じ》衆《しゅう》《しゅ》共《ぐ》同《どう》心《しん》
唯《ゆい》可《か》信《しん》斯《し》高《こう》僧《そう》説《せっ》《せ》

やかに極楽浄土《ごくらくじょうど》【寂静無為楽《じゃくじょうむいらく》】に生まれるためには（阿弥陀如来《あみだにょらい》の本願《ほんがん》を）絶対的に信じる【信心《しんじん》】による以外に手立てはない。（確固たる信心《しんじん》を持てば、疑いは霧消するのだ。）このように、源空《げんくう》は言った。

（このような）教えを広めた菩薩《ぼさつ》【大士《だいじ》】や（浄土宗《じょうどしゅう》などの宗派の）開祖【宗師《しゅうし》】たちは、この上なく極悪非道の人々【極濁悪《ごくじょくあく》】▼49を救っている。だから、出家も在家も心を同じくしてこれらの高僧の教えを信じるべきである。

▼1 **名声《みょうしょう》**　サンスクリット語のナーマ・デーヤの訳。主として仏・菩薩《ぼさつ》の名のことで、「尊号《そんごう》」「嘉号《かごう》」などともいう。名号《みょうごう》を聞いたり、称えたりすると大きな功徳《くどく》に与《あずか》るということから、阿弥陀仏《あみだぶつ》の名を称えること、つまり南無阿弥陀仏《なむあみだぶつ》が盛んになった。浄土教《じょうどきょう》では「南無阿弥陀仏《なむあみだぶつ》」の六文字を弥陀《みだ》の名号《みょうごう》とよび、これを墨書することも盛んに行われるようになった。

▼2 **誓った**　阿弥陀《あみだ》の四十八願《しじゅうはちがん》は阿弥陀如来《あみだにょらい》の救済の力を信じ、阿弥陀如来《あみだにょらい》に帰依《きえ》してその名を称えるもの、つまり、「南無阿弥陀仏《なむあみだぶつ》」と称えるものは悉《ことごと》く極楽浄土《ごくらくじょうど》に救い取ろうというものである。阿弥陀如来《あみだにょらい》は遠い過去にそのような誓いを立て、長いあいだ修行した結果、それを実現したというのである。

▼3 **智慧光《ちえこう》**　光明《こうみょう》とは物理的な光線のことではなく、真理（真実）を明らかにする仏の悟りの智慧《ちえ》のことだ。仏典には仏は光の中にいる。あるいは、光そのものであると説かれている。われわれ凡夫《ぼんぶ》（凡人）の無知を取り除く智慧《ちえ》の光だ。

▼4 **至心《ししん》・信楽《しんぎょう》の願《がん》**　『仏説無量寿経《ぶっせつむりょうじゅきょう》』にある四十八願《しじゅうはちがん》の第十八願《がん》に説かれている。「至心《ししん》」は心の底から誠の心（至誠心《しじょうしん》）をもって念仏《ねんぶつ》を称えること。「信楽《しんぎょう》」は阿弥《あみ》陀仏《だぶつ》にすべて任せきって救われようと願う心である。

▼5 **必死滅度願《ひっしめつどがん》**　四十八願《しじゅうはちがん》のうち、第十一願《がん》で「私が仏になったとき、私の国の人たちが今生《こんじょう》で仏になることが約束され、必ず迷いを離れて滅土《めつど》に至ることができなければ、私は仏になるのを止めよう」というもの。

▼6 **本願海**《ほんがんかい》 「本願《ほんがん》」は阿弥陀如来《あみだにょらい》が修行時代に立てた、衆生《しゅじょう》（すべての人々）を極楽《ごくらく》往生《おうじょう》させようとの誓願《せいがん》（願《がん》）のことで、この願《がん》が海のように広大な力を持っているということから、「本願海《ほんがんかい》」といっている。

▼7 **煩悩《ぼんのう》を～悟り【涅槃《ねはん》】を開くことができるのだ** 悟りの境地に至るためには、煩悩《ぼんのう》（さまざまな欲望）を完全に断たなくてはならない。しかし、浄土《じょうど》信仰では阿弥陀如《あみだにょ》来《らい》を無条件に信じ、念仏《ねんぶつ》を称えれば悟りを開くことができると説く。これが阿弥陀《あみだ》信仰の真骨頂で、小乗《しょうじょう》仏教の時代、煩悩《ぼんのう》を断つことに専念した人たちは、それが極めて困難であることを痛感し、これでは誰も救われない（悟りを開くことができない）と感じた。その反省から大乗《だいじょう》仏教の運動が盛んになり、誰もが救われる多くの道を示した。阿弥陀《あみだ》の信仰はその代表格で、すでにインドで多くの人々に支持されていたのである。

▼8 **逆謗**《ぎゃくほう》 最も重い罪で、これを犯すといちばん過酷な無間地獄《むけんじごく》に落ちるとされている。一、父を殺す。二、母を殺す。三、阿羅漢《あらかん》を殺す。四、ブッダ（釈迦《しゃか》）の身体を傷つけて血を流させる。五、仏教の教団の和合一致《わごういっち》を破壊分裂させる。このうち、四は釈迦《しゃか》に激しい嫉妬《しっと》を抱いた従兄《いとこ》のダイバダッタが丘の上から岩を落とし、釈迦《しゃか》の足の指からわずかに血を流したという話があり、その後、悶絶《もんぜつ》して死んだという。極度の禁欲主義者だったといい、七世紀に玄奘三蔵《げんじょうさんぞう》がインドに行ったときにダイバダッタの末裔《まつえい》と称する禁欲主義者の一団がいたという。

また、ブッダの教えを誹《そし》ることも五逆罪《ごぎゃくざい》に匹敵する大罪である。なぜなら、ブッダは絶対的な真理を説くので、それを批判すること自体が完璧《かんぺき》な誤りで、悪と見なされるからである。

▼9 **貪愛《とんない》～瞋憎《しんぞう》** 「貪愛《とんない》」は貪《むさぼ》るような欲望（煩悩《ぼんのう》）。「瞋憎《しんぞう》」は他者に対して怒りの心を抱くこと。これに根本的な智慧《ちえ》の欠如である「愚癡《ぐち》」を加えて「三毒《さんどく》」といい、煩悩《ぼんのう》の根元とされる。

▼10 **五悪趣《ごあくしゅ》** 「悪趣《あくしゅ》」とはわれわれが輪廻転生《りんねてんしょう》を繰り返す迷いの世界。地獄《じごく》・餓鬼《がき》・畜生《ちくしょう》を「三悪趣《さんあくしゅ》」、これに人《にん》と天《てん》（神々）を加えて「五悪趣《ごあくしゅ》」といい、さらに修羅《しゅら》を加えたものが六道《ろくどう》で、われわれの迷いの世界だ。人間や神に生まれても、来生は再び六道《ろくどう》のいずれかに生まれて苦しみ迷うのである。

▼11 **超截《ちょうぜつ》** 阿弥陀如来《あみだにょらい》の本願《ほんがん》の力によって迷いの世界を跳び越えて浄土《じょうど》に往生《おうじょう》すること。浄土真宗《じょうどしんしゅう》では他力浄土門《たりきじょうどもん》の中の絶対他力《ぜったいたりき》の教えと説く。

▼12 **大勝解者《だいしょうげしゃ》** 大いなる勝利をおさめたもの。つまり、悟りを開いたものという意味。

▼13 **分陀利華《ふんだりけ》** サンスクリット語のプンダリーカの音写語で、白蓮華《びゃくれんげ》（白いハスの花）のこと。仏典には白蓮華、紅蓮華など数種類の蓮華が登場するが、中でも純白の花を咲かせる白蓮華は最も気高いとされる。浄土教《じょうどきょう》では念仏者《ねんぶつしゃ》を称賛して「人中《にんちゅう》の分《ふん》陀利華《だりけ》」と呼ぶ。

▼14 **日域《じちいき》** 日（太陽）の照らす地域。転じて天下の意味。聖徳太子《しょうとくたいし》の有名な言葉にあ

る。「日《ひ》出《いづ》る国」の意から日本の異称とされた。

▼15 **大聖**《だいしょう》 悟りを開いた人の尊称で、文字通り偉大なる聖人の意味。釈迦《しゃか》の異称として用いられるほか、菩薩《ぼさつ》にも使われる。

▼16 **楞伽山**《りょうがせん》 釈迦《しゃか》が説法をしたと伝えられるインドの山。

▼17 **龍樹菩薩**《りゅうじゅぼさつ》 紀元一五〇年から二五〇年ごろに実在したインドの学僧で、大乗《だいじょう》仏教の教理を確立したということから「八宗《はっしゅう》の祖《そ》」として敬われている。『中論《ちゅうろん》』という哲学書を著し、この中でいわゆる「空《くう》」の思想を展開した。密教《みっきょう》の祖ともいわれ、真言宗《しんごんしゅう》では龍猛《りゅうみょう》と呼ぶ。

▼18 **摧破有無見**《ざいはうむけん》 龍樹《りゅうじゅ》は「有」や「無」などの対立する概念を打破し、ものごとの本質は「無自性《むじしょう》(空《くう》)」であることを主張した。この龍樹《りゅうじゅ》の思想は釈迦《しゃか》の説いた中道《ちゅうどう》を発展させたものだった。

▼19 **難行**《なんぎょう》**~易行**《いぎょう》 仏教では自力《じりき》で厳しい修行に励む「難行道《なんぎょうどう》」と他力《たりき》で楽な修行をする「易行道《いぎょうどう》」の二つがある。阿弥陀如来《あみだにょらい》の本願《ほんがん》を信じ、ひたすら念仏《ねんぶつ》を称える浄土《じょうど》信仰は易行道《いぎょうどう》の代表である。

▼20 **天親菩薩**《てんじんぼさつ》 世親《せしん》とも呼ばれるインドの学僧。はじめ、大乗《だいじょう》仏教を批判していたが、兄の無着《むじゃく》に勧められて大乗《だいじょう》を研究し、多くの注釈書などを著して、大乗《だいじょう》仏教の基盤を築いた。

▼21 **『浄土論』**《じょうどろん》 天親《てんじん》の主著の一つで、『無量寿経《むりょうじゅきょう》』にしたがって浄土《じょうど》の光景を讃嘆《さんたん》し、

そこに往生《おうじょう》することを勧めたもの。浄土教《じょうどきょう》では「浄土三部経《じょうどさんぶきょう》」とともに「三経一論《さんぎょういちろん》」と称して重んじている。

▼22 **無碍光如来《むげこうにょらい》**　何ものにも妨げられない光明《こうみょう》を放つ如来《にょらい》。阿弥陀如来《あみだにょらい》の別名。

▼23 **修多羅《しゅたら》**　サンスクリット語のスートラの音写で、経典の意味。ここでは『無量寿経《むりょうじゅきょう》』をあらわす。

▼24 **横超《おうちょう》**　▼11の超截《ちょうぜつ》と同じ。

▼25 **回向《えこう》**　自分が修めた善行を他者に振り向けて、他者の功徳《くどく》になることを期待すること。阿弥陀如来《あみだにょらい》が過去に積んだ善行を人々に向けることによって、すべての人が極楽往生《ごくらくおうじょう》することである。日本では「追善回向《ついぜんえこう》」ということが仏事などの中心になっている。年忌法要などを営むことは施主などの善行とされ、その功徳《くどく》を死者に振り向けることによって亡き人の死後の安穏《あんのん》を期待する。また、浄土教《じょうどきょう》では仏事や念仏《ねんぶつ》が往生《おうじょう》の因《いん》とされる。

▼26 **一心《いっしん》**　心を散乱させないで、集中すること。『阿弥陀経《あみだきょう》』では「一心不乱《いっしんふらん》」といい、一心《いっしん》に阿弥陀如来《あみだにょらい》を念ずることによって往生《おうじょう》を果たすことができると説く。

▼27 **蓮華蔵世界《れんげぞうせかい》**　一般には『華厳経《けごんきょう》』に説く毘盧遮那仏《びるしゃなぶつ》の世界という。浄土教《じょうどきょう》では阿弥陀如来《あみだにょらい》が住む多くの蓮華に彩られた極楽浄土《ごくらくじょうど》を指す。

▼28 **神通力《じんずうりき》**　修行の結果、得られるという超人的な力。

▼29 **煩悩《ぼんのう》の林に遊び～教え導く**　阿弥陀如来《あみだにょらい》の本願《ほんがん》によってブッダとなった人が再び

現世（迷いの世界。娑婆世界《しゃばせかい》）にやって来て、さまざまな神通力《じんずうりき》を駆使して人々を救い、教え導くという意味。

▼30 **梁《りょう》の武帝《ぶてい》**　六世紀前半（五〇二〜五四九）、南北朝時代の中国の皇帝。仏教を深く理解し、保護したことで知られる。

▼31 **曇鸞菩薩《どんらんぼさつ》と崇《あが》めた**　菩薩《ぼさつ》の称号は大師号《だいしごう》などと同様に皇帝から高徳の僧に与えられたものだ。とくに菩薩号《ぼさつごう》を授かる高僧は、困民救済や社会事業など民衆のために実践的な活動をした人に与えられた。日本でも朝廷から菩薩号《ぼさつごう》が与えられ、社会福祉事業に尽力した行基菩薩《ぎょうきぼさつ》などがその代表。

▼32 **三蔵法師《さんぞうほうし》**　仏典は経《きょう》・律《りつ》・論《ろん》の三つのジャンルから成り、これを納める蔵になぞらえて「三蔵《さんぞう》」という。「経《きょう》」は『法華経《ほけきょう》』や『阿弥陀経《あみだきょう》』などブッダの教え。「律《りつ》」は戒律の集成。「論《ろん》」は経《きょう》や律《りつ》の注釈書で、善導《ぜんどう》の『観無量寿経疏《かんむりょうじゅきょうしょ》』や天親《てんじん》の『浄土論《じょうどろん》』などがこれに当たる。三蔵法師《さんぞうほうし》は七世紀の玄奘三蔵《げんじょうさんぞう》の固有名詞のように思われている節があるが、「三蔵《さんぞう》」を読破して、これに精通している学僧の呼称で、皇帝から授けられる。中国には多くの三蔵法師《さんぞうほうし》がいる。

▼33 **菩提流支《ぼだいるし》**　六世紀の人で、北インドの出身。五〇八年、洛陽《らくよう》に来て『金剛般若《こんごうはんにゃ》経《きょう》』や『浄土論《じょうどろん》』など多数の経典を翻訳した。浄土教《じょうどきょう》では重要な人物である。

▼34 **神仙術《しんせんじゅつ》の書《しょ》**　不老不死や空中飛翔《ひしょう》の術などを説く、道教の書。仙人になるための指南書である。

▼35 **報土**《ほうど》　菩薩《ぼさつ》が厳しい修行をし、善行を積んだ結果、出来上がった国土《こくど》。

▼36 **往還**《おうげん》　極楽浄土《ごくらくじょうど》と娑婆世界《しゃばせかい》の往来には「往相《おうそう》」と「還相《げんそう》」がある。「往相《おうそう》」とは阿《あ》弥陀如来《みだにょらい》の他力《たりき》によってこの世から極楽浄土《ごくらくじょうど》に生まれる（往生《おうじょう》する）こと。「還《げん》相《そう》」は極楽浄土《ごくらくじょうど》から娑婆世界《しゃばせかい》に還《かえ》って来て人々を救済することである。

▼37 **惑染凡夫**《わくぜんぼんぶ》　「惑」は煩悩《ぼんのう》。つまり、煩悩《ぼんのう》に染まった（まみれた）凡夫《ぼんぶ》（凡人）のことで、娑婆世界《しゃばせかい》に住んで迷い苦しむわれわれふつうの人間のことだ。

▼38 **生死即涅槃**《しょうじそくねはん》　「生死《しょうじ》」は、われわれが迷いの世界で煩悩《ぼんのう》にまみれて生きている現実のこと。「涅槃《ねはん》」は悟りの境地。「煩悩即涅槃《ぼんのうそくねはん》」ともいわれ、大乗《だいじょう》仏教の性格を端的にあらわす言葉として知られている。

▼39 **聖道門**《しょうどうもん》**～浄土門**《じょうどもん》　自力《じりき》で戒律を護《まも》り、厳しい修行にたえて悟りを得ようとするのを「聖道門《しょうどうもん》」、阿弥陀如来《あみだにょらい》の本願《ほんがん》を信じ、念仏《ねんぶつ》を称《とな》えて悟りの境地に至ろう（往生《おうじょう》しよう）とするのが「浄土門《じょうどもん》」である。道綽《どうしゃく》が『観無量寿経《かんむりょうじゅきょう》』を注釈した『安楽《あんらく》集《しゅう》』の中ではじめて明らかにした。

▼40 **三不三心誨**《さんぷさんしんけ》　「三心《さんしん》」とは、浄土《じょうど》に生まれようとするものがそなえる三つの心のあり方で、「至誠心《しじょうしん》」「深心《じんしん》」「回向発願心《えこうほつがんしん》」の三つをいう。法然《ほうねん》は『無量寿経《むりょうじゅきょう》』の第十八願《がん》に説く「至心《ししん》」「信楽心《しんぎょうしん》」「欲生《よくしょう》」の三つを三心《さんしん》に当てた。（本項▼4も参照）

▼41 **像法**《ぞうぼう》**、末法**《まっぽう》**さらには滅法**《めっぽう》　仏滅《ぶつめつ》後、人間の信仰心や資質、能力などがしだいに低下し、仏教が衰退する過程を示した時代区分。経典によって諸説あるが、仏滅《ぶつめつ》後、

五百年のあいだは「正法《しょうぼう》」という時代で、釈迦《しゃか》の教え（経典）があり、その教えに従って修行して悟りを開く人もいる。それから千年のあいだが「像法《ぞうぼう》」で、釈迦《しゃか》の教えに従って修行をする人はいるが、悟りを開く人がいなくなる時代。そして、像《ぞう》法《ぼう》が終わると「末法《まっぽう》」の時代になり、教えだけはあるが、修行する人も悟りを開く人もいなくなる闇黒《あんこく》の世の中だ。この末法《まっぽう》の世が一万年つづき、その後はすべてが破壊される「滅法《めっぽう》」の世になる。日本では平安時代の末の一〇五二年に末法《まっぽう》の時代が到来するとされ、闇黒の時代にそなえて念仏《ねんぶつ》を称えれば極楽浄土《ごくらくじょうど》に往生《おうじょう》できるという浄土《じょうど》信仰が盛んになった。

▼42 **定散《じょうさん》** 浄土《じょうど》に生まれるための二つの善で、「定散二善《じょうさんにぜん》」という。心を集中して雑念を払い、修行に専念することを「定善《じょうぜん》」。悪行を避けて善行に専念することを「散《さん》善《ぜん》」という。絶対他力《ぜったいたりき》を説く親鸞《しんらん》は二善はともに自力《じりき》の行《ぎょう》として退けた。

▼43 **行者正受金剛心《ぎょうじゃしょうじゅこんごうしん》** ここで「受《じゅ》」という表現は、信心《しんじん》（信仰心）は人の意志によって身に着けるのではなく、仏が授けてくれるという意味。

▼44 **報化二土《ほうけにど》** 「報土《ほうど》」は菩薩《ぼさつ》が誓願《せいがん》を建て、長い間、修行した結果、完成された国土《こくど》（浄土《じょうど》）のことで、修行や善行の報いとして実現したことからこのように呼ばれる。修行を積んできた菩薩《ぼさつ》はこの報土《ほうど》が完成すると、そこの主となり、如来《にょらい》（仏）となる。阿弥陀如来《あみだにょらい》がその典型で、遠い過去に法蔵菩薩《ほうぞうぼさつ》として、誓願《せいがん》（本願《ほんがん》）を立て、それを実現するために修行を積んだ。そして、その報いとして極楽浄土《ごくらくじょうど》が完成し、

自らは如来《にょらい》となった。また、このようにして生まれた仏（如来《にょらい》）を「報身仏《ほうしんぶつ》」と呼ぶ。次に「化土《けど》」は仏が人々を教え諭すために仮にあらわした国土《こくど》（浄土《じょうど》）で、阿弥陀如来《あみだにょらい》は真実の極楽浄土《ごくらくじょうど》を見る能力のないもののために、方便《ほうべん》をもって仮に浄土《じょうど》の光景をあらわしたという。これを方便化土《ほうべんけど》と呼んでいる。

▼45 **源空《げんくう》**　浄土宗《じょうどしゅう》の開祖、法然《ほうねん》のこと。

▼46 **憐愍善悪凡夫人《れんみんぜんまくぼんぶにん》**　仏・菩薩《ぼさつ》が衆生《しゅじょう》を救う原動力になるのが、「あわれみ」の情だという。ブッダは親の大恩の一つに「憐愍《れんみん》の恩」を挙げている。いくつになっても親はわが子をあわれみの情をもって見守り、常に心配している。『維摩経《ゆいまきょう》』の主人公の維摩居士《ゆいまこじ》は娑婆世界《しゃばせかい》で迷い苦しむ人々を、わが子をあわれむのと同じ気持ちで見守り、救いの手を差し伸べるために日夜、奮闘しているのだという旨のことを言っている。

▼47 **片州《へんしゅう》**　辺州とも書き、世界の果ての島（州）という意味だ。古くは中国が中心で西の端にインドがあり、東の端に日本があると考えられていたのである。

▼48 **真実《しんじつ》**　ここでは阿弥陀如来《あみだにょらい》の本願《ほんがん》を指す。

▼49 **極濁悪《ごくじょくあく》**　この上なく極悪非道の人々を救うというのは、『歎異抄《たんにしょう》』の「善人なおもて往生をとぐ。況《いわん》や悪人をや」という「悪人正機《あくにんしょうき》」の思想で、親鸞《しんらん》の教義の中心を成すものである。

領解文《りょうげもん》（改悔文《がいけもん》）

法要のとき、法話《ほうわ》を聴聞した後に参会者一同で唱和する言葉。本願寺《ほんがんじ》第八世、蓮如《れんにょ》が定めたとされ、浄土真宗《じょうどしんしゅう》の教義と念仏《ねんぶつ》の正しい意義を簡潔に説いている。これを称えることによって、浄土真宗《じょうどしんしゅう》門徒としての自覚を新たにし、その教えに従って生きていくことを改めて確認するのである。

原　文

もろもろの雑行雑修自力《ぞうぎょうざッしゅじりき》の
こころをふりすてて、一心《いッしん》に
阿弥陀如来《あみだにょらい》、われらが今度《こんど》の

現代語訳

念仏《ねんぶつ》以外のさまざまな修行や、往生のために念仏《ねんぶつ》を称えているのだという自力《じりき》の心を捨て去って、[1]一心に「阿弥陀如来《あみだにょらい》さま！　私の一生の一大事《いちだいじ》の後生《ごしょう》、御《おん》たすけそうらえとたのみもうしてそうろう。たのむ一念《いちねん》のとき、往生一定御《おうじょういちじょうおん》たすけ治定《じじょう》とぞんじ、このうえの称名《しょうみょう》は、ご恩報謝《おんほうしゃ》とぞんじ、よろこびもうしそうろう。この御《おん》ことわり聴聞《ちょうもん》もうしわけそうろうこと、ご開山聖人《かいさんしょうにん》ご出世《しゅッせ》のご恩《おん》、次第相承《しだいそうじょう》の善知識《ぜんぢしき》のあさからざるご勧化《かんけ》のご恩《おん》と、ありがたくぞんじそうろう。このうえはさだめおかせらるる

一大事であります極楽往生《ごくらくおうじょう》について、阿弥陀如来《あみだにょらい》さまのお助けにお任せいたします」という（他力《たりき》の）一念を起こしたとき、往生《おうじょう》が定まり、（阿弥陀如来《あみだにょらい》がそれに答えて）必ず助けてくださる心から信じ、これからの念仏は阿弥陀如来《あみだにょらい》の（極楽浄土《ごくらくじょうど》という素晴らしい世界を建設し、そこに往生《おうじょう》することを可能にしてくれた）ご恩に感謝する行【ご恩報謝《おんほうしゃ》】▼2であると心得て（すべての計らいを捨てて）、ただ歓喜のうちに念仏《ねんぶつ》をお称え申し上げます。

（阿弥陀如来《あみだにょらい》の本願力《ほんがんりき》を信じることが往生《おうじょう》の因で、念仏《ねんぶつ》は報恩《ほうおん》の行であるという）理を聞かせていただく機会を得たことは、開祖の親鸞聖人《しんらんしょうにん》がこの世にお生まれになったお蔭《かげ》であり、ま

御《おん》おきて、一期《いちご》をかぎり、ま
もりもうすべくそうろう。

た、代々の指導者（善知識《ぜんちしき》）がその教えを伝え、教化してくださったお蔭【ご開山聖人《かいさんしょうにん》〜勧化《かんけ》のご恩《おん》】▼3と承知し、（まったくもって）あり難い限りであります。このうえは、浄土真宗《じょうどしんきょう》の定め▼4を生涯を通して守り通す所存でございます。

▼1　自力《じりき》のこころを捨て去って　自力《じりき》の計らいを離れた他力《たりき》の信心こそ往生《おうじょう》の因である。

▼2　ご恩報謝《おんほうしゃ》　他力《たりき》の念仏《ねんぶつ》は阿弥陀如来《あみだにょらい》の恩に感謝する仏恩報謝《ぶつおんほうしゃ》の念仏《ねんぶつ》である。

▼3　ご開山聖人《かいさんしょうにん》〜勧化《かんけ》のご恩《おん》　開祖の親鸞聖人《しんらんしょうにん》やその後に続いた指導者の恩。これを師徳という。

▼4　浄土真宗の定め　念仏《ねんぶつ》者としての心構え。法度。

十二礼《じゅうにらい》

浄土真宗《じょうどしんしゅう》の七高僧《しちこうそう》の筆頭、「八宗の祖《はっしゅうのそ》」と仰がれる龍樹《りゅうじゅ》が著し、これを中国の禅那崛多という学僧が漢訳したと伝えられている。七言四句を一節として十二節の偈頌《げじゅ》からなり、阿弥陀如来《あみだにょらい》を讃嘆《さんだん》する内容である。龍樹《りゅうじゅ》はわれわれ凡夫《ぼんぶ》は念仏《ねんぶつ》を称《とな》えて阿弥《あみ》陀如来《だにょらい》の本願力《ほんがんりき》にすがる易行道《いぎょうどう》によるべきことを説いており、善導《ぜんどう》は『往生礼讃《おうじょうらいさん》』の中で『十二礼《じゅうにらい》』を「龍樹菩薩《りゅうじゅぼさつ》の願往生礼讃偈《がんおうじょうらいさんげ》」という表題をつけて引用し、称讃している。また、親鸞《しんらん》はすでに龍樹《りゅうじゅ》が報恩謝徳《ほうおんしゃとく》の念仏《ねんぶつ》を説いているといい、『正信念仏偈《しょうしんねんぶつげ》』の中で「弥陀仏《みだぶつ》の本願《ほんがん》を憶念《おくねん》すれば、自然《じねん》に即《そく》のとき必定《ひつじょう》に入る。ただよくつねに如来《にょらい》の号《みな》を称して、大悲弘誓《だいひぐぜい》の恩を報《ほう》ずべしといへり」と言っている。

つまり、龍樹《りゅうじゅ》のいうように阿弥陀如来《あみだにょらい》の本願力《ほんがんりき》を無条件で信じ、ただひたすら念仏《ねんぶつ》を称えれば、阿弥陀如来《あみだにょらい》が偉大な慈悲の心によって自ら悟りを開いて衆生《しゅじょう》を助けようとしてくれた、その恩に報いることができるというのだ。

原文

稽《けい》首《しゅ》天《てん》人《にん》所《しょ》恭《く》敬《ぎょう》
阿《あ》弥《み》陀《だ》仙《せん》両《りょう》足《ぞく》尊《そん》
在《ざい》彼《ひ》微《み》妙《めう》安《あん》楽《らく・らッ》国《こく》
無《む》量《りょう》仏《ぶッ》子《し》衆《しゅ》囲《い》繞《ねう》
金《こん》色《じき》身《しん》浄《じょう》如《にょ》山《せん》王《のう》
奢《しゃ》摩《ま》他《た》行《ぎょう》如《にょ》象《ぞう》歩《ぶ》
両《りょう》目《もく》浄《じょう》若《にゃく》青《しょう》蓮《れん》華《げ》

現代語訳

極楽浄土《ごくらくじょうど》のすべての聖者から限りなく尊敬されている阿弥陀如来《あみだにょらい》に恭しく礼拝いたします。限りなく美しく優れた安楽浄土《あんらくじょうど》で無数の菩薩《ぼさつ》方▼1に囲まれていらっしゃる阿弥陀如来《あみだにょらい》よ！

金色に輝くあなた（阿弥陀如来《あみだにょらい》）の身体は清らかで、まるで須弥山《しゅみせん》の王【山王《せんのう》】▼2のようです。そして、その落ち着いた歩みは【奢摩他《しゃまた》】▼3、まるで聖なる象▼4のようです。また、両目は青蓮華▼5のように美しい。ゆえに私は阿弥陀如来《あみだにょらい》に額《ぬか》ずいて礼拝いたします【頂礼《ちょうらい》】▼6。

故《こ》我《が》頂《ちょう》礼《らい》弥《み》陀《だ》尊《そん》
面《めん》善《ぜん》円《えん》浄《じょう》如《にょ》満《まん》月《がっ》
威《い》光《こう》猶《ゆう》如《にょ》千《せん》日《にち》月《がつ》
声《しょう》如《にょ》天《てん》鼓《く》倶《く》翅《し》羅《ら》
故《こ》我《が》頂《ちょう》礼《らい》弥《み》陀《だ》尊《そん》
観《かん》音《のん》頂《ちょう》戴《だい》冠《かん》中《ちゅう》住《じゅう》
種《しゅ》種《じゅ》妙《みょう》相《そう》宝《ほう》荘《しょう》厳《ごん》
能《のう》伏《ぶく》外《げ》道《どう》魔《ま》憍《けう》慢《まん》
故《こ》我《が》頂《ちょう》礼《らい》弥《み》陀《だ》尊《そん》

円満なお顔はまるで満月のようで、その威光は千の太陽と月のように隅々まで照らしています。そのお声は天人が打つ鼓か美しい声で囀《さえず》るコーキラ鳥【天鼓倶翅羅《てんくくしら》】[7]のようです。ゆえに私は阿弥陀如来《あみだにょらい》に額ずいて礼拝いたします。

(阿弥陀如来《あみだにょらい》の脇に従う)観音菩薩《かんのんぼさつ》が被《かぶ》る宝冠の中にもいらして、[8]さまざまなところで我々を見守ってくださる。その妙なるお姿はさまざまな宝をもって飾られています。真実ではない邪悪な教え【外道《げどう》】[9]や真実を妨げようとする悪魔の驕《おご》りを退けていらっしゃる。ゆえに私は阿《あ》弥陀如来《みだにょらい》に額ずいて礼拝いたします。

無《む》比《び》無《む》垢《く》広《こう》清《しょう》浄《じょう》
衆《しゅう》《しゅ》徳《とく》皎《けう》潔《けつ》如《にょ》虚《こ》空《くう》
所《しょ》作《さ》利《り》益《やく》得《とく》自《じ》在《ざい》
故《こ》我《が》頂《ちょう》礼《らい》弥《み》陀《だ》尊《そん》
十《じッ》方《ぽう》名《みょう》聞《もん》菩《ぼ》薩《さッ》衆《しゅ》
無《む》量《りょう》諸《しょ》魔《ま》常《じょう》讃《さん》歎《だん》
為《い》諸《しょ》衆《しゅ》生《じょう》願《がん》力《りき》住《じゅう》
故《こ》我《が》頂《ちょう》礼《らい》弥《み》陀《だ》尊《そん》
金《こん》底《たい》宝《ほう》間《けん》池《ち》生《しょう》華《け》

(また、阿弥陀如来《あみだにょらい》の徳は)比べるものもなく優れており、穢《けが》れがなく、果てることのない清浄なものです。阿弥陀如来《あみだにょらい》はさまざまな優れた性質【皎潔《けうけつ》】[10]を持っていらっしゃいますが、その清らかなことは、まるで澄み渡った空のようです。そして、自由自在に衆生《しゅじょう》を救ってくださいます。ゆえに私は阿弥陀如来《あみだにょらい》に額ずいて礼拝いたします。

広く世界に名の通った菩薩《ぼさつ》方も数限りなくいる悪魔も、つねに阿弥陀如来《あみだにょらい》を褒《たた》め称えている。阿弥陀如来《あみだにょらい》はすべての衆生《しゅじょう》を救うための本願力《ほんがんりき》をもって、(悠久の過去から未来永劫にわたって)この世で働き続けてくださる。ゆえに私は阿弥陀如来《あみだにょらい》に額ずいて礼拝いたします。

(極楽浄土《ごくらくじょうど》の池は)底に金の砂が敷き詰められており、池畔は宝で荘厳《しょうごん》されている。そしてそ

善《ぜん》根《ごん》所《しょ》成《じょう》妙《めう》台《だい》座《ざ》
於《お》彼《ひ》座《ざ》上《じょう》如《にょ》山《せん》王《のう》
故《こ》我《が》頂《ちょう》礼《らい》弥《み》陀《だ》尊《そん》
十《じッ》方《ぽう》所《しょ》来《らい》諸《しょ》仏《ぶッ》子《し》
顕《けん》現《げん》神《じん》通《ずう》至《し》安《あん》楽《らく》
瞻《せん》仰《ごう》尊《そん》顔《げん》常《じょう》恭《く》敬《ぎょう》
故《こ》我《が》頂《ちょう》礼《らい》弥《み》陀《だ》尊《そん》
諸《しょ》有《う》無《む》常《じょう》無《む》我《が》等《とう》
亦《やく》如《にょ》水《すい》月《がつ》電《でん》影《よう》露《ろ》

の池に咲き出る蓮華《れんげ》は善根▼11から生じたもので、この上なく素晴らしい台座である。阿弥陀如来《あみだにょらい》は蓮華の台座の上に須弥山《しゅみせん》の王（山王《さんのう》）のように威風堂々と座っていらっしゃる。ゆえに私は阿弥陀如来《あみだにょらい》に額ずいて礼拝いたします。

　あらゆる世界からおいでになる菩薩《ぼさつ》方は神通力を顕《あらわ》して安楽浄土《あんらくじょうど》に至った。そして、そこで阿弥陀如来《あみだにょらい》の尊顔を拝し、常に恭しく仰ぎ見、尊敬の念を絶やすことがありません。ゆえに私は阿弥陀如来《あみだにょらい》に額ずいて礼拝いたします。

　（阿弥陀如来《あみだにょらい》は）「この世においてあらゆる（事象は）無常であり、無我である。水に移った月（水月）、一瞬に走る稲妻は、影や草の葉

為《い》衆《しゅ》説《せッ》法《ぽう》無《む》名《みょう》字《じ》
故《こ》我《が》頂《ちょう》礼《らい》弥《み》陀《だ》尊《そん》
彼《び》尊《そん》仏《ぶッ》刹《せつ》無《む》悪《あく》名《みょう》
亦《やく》無《む》女《にょ》人《にん》悪《あく》道《どう》怖《ふ》
衆《しゅ》人《にん》至《し》心《しん》敬《きょう》彼《ひ》尊《そん》
故《こ》我《が》頂《ちょう》礼《らい》弥《み》陀《だ》尊《そん》
彼《ひ》尊《そん》無《む》量《りょう》方《ほう》便《べん》境《きょう》
無《む》有《う》諸《しょ》趣《しゅ》悪《あく》知《ち》識《しき》
往《おう》生《じょう》不《ふ》退《たい》至《し》菩《ぼ》提《だい》

の上に置かれた露のようなものである」と、すべては縁起によって生じるものであることを説き聞かせてくださいます。ゆえに私は阿弥陀如《あみだにょ》来《らい》に額ずいて礼拝いたします。

尊い阿弥陀如来《あみだにょらい》の浄土《じょうど》（仏刹《ぶっせつ》）には悪という言葉は存在しません。また、男女の差別がなく、地獄《じごく》・餓鬼《がき》・畜生《ちくしょう》の三悪道に堕《お》ちる心配もありません。だから、極楽浄土《ごくらくじょうど》の人々は心を込めて阿弥陀如来《あみだにょらい》を敬い、礼拝するのです。ゆえに私は阿弥陀如来《あみだにょらい》に額ずいて礼拝いたします。

阿弥陀如来《あみだにょらい》が数限りない手だて（無量方便《むりょうほうべん》）を駆使して作った極楽浄土《ごくらくじょうど》には、迷いの世界や悪徳の指導者（悪知識《あくちしき》）は一切ありません。極《ごく》楽浄土《らくじょうど》に往生《おうじょう》すれば、絶対にこの娑婆世界《しゃばせかい》（迷いの世界）に戻ってくることなく、必ず悟りを開くことができます。ゆえに私は阿弥陀如来《あみだにょらい》に

故《こ》我《が》頂礼《ちょうらい》弥《み》陀《だ》尊《そん》
我《が》説《せっ》彼《ぴ》尊《そん》功《く》徳《どく》事《じ》
衆《しゅ》善《ぜん》無《む》辺《へん》如《にょ》海《かい》水《すい》
所《しょ》獲《ぎゃく》善《ぜん》根《ごん》清《しょう》浄《じょう》者《しゃ》
回《え》施《せ》衆《しゅ》生《じょう》生《しょう》彼《ひ》国《こく》

額ずいて礼拝いたします。

私は阿弥陀如来《あみだにょらい》の功徳《くどく》について次のように讃《たた》えます。諸々の善が果てしなく広がる様は、まるで大海原を満たす海水のようです。そして、阿弥陀如来《あみだにょらい》から賜る善根は清浄だから、その徳を多くの人々に分かち伝え、ともに阿弥陀如来《あみだにょらい》の浄土《じょうど》に往生《おうじょう》しようと願っています。

ゆえに私は阿弥陀如来《あみだにょらい》に額ずいて礼拝いたします。

▼1 **無数の菩薩《ぼさつ》方**　ブッダ（釈迦《しゃか》）の弟子を指すが、ここでは極楽浄土《ごくらくじょうど》で阿弥陀如来《あみだにょらい》の側に仕える菩薩《ぼさつ》たちのこと。
▼2 **山王《せんのう》**　仏教の世界観の中心にあるるで須弥山《しゅみせん》の王こと。
▼3 **奢摩他《しゃまた》**　サンスクリット語のシャマタの音写語で、「静かな」「落ち着いた」という意味。
▼4 **象《ぞう》**　インドでは象は神聖な動物とされ、その行動は堂々とした動きを象徴している。
▼5 **青蓮華《しょうれんげ》**　サンスクリット語でニーロートゥパラといい、涼しげな水色の花を咲か

せる南方原産の睡蓮《すいれん》。長細い花弁は才色兼備の女性の目にたとえられ、仏の目も青《しょう》蓮華《れんげ》のようであると、仏典にしばしば説かれる。

▼6 **頂礼**《ちょうらい》 跪《ひざまず》き、頭を地につけて足元に礼拝する最高の敬礼。いわゆる五体投地である。

▼7 **天鼓倶翅羅**《てんくくしら》 天鼓は天界の太鼓のことで、撥《ばち》で打たなくても自然に美しい音色を響かせるという。倶翅羅《くしら》はサンスクリット語のコーキラの音写で、常に美しい音色で囀るコーキラ鳥のこと。

▼8 **観音菩薩**《かんのんぼさつ》**が被**《かぶ》**る王冠の中にもいらして** 昔から「左観音、右勢至」といわれ、阿弥《あみ》陀如来《だにょらい》は左（向かって右）に観音菩薩《かんのんぼさつ》、右に勢至菩薩《せいしぼさつ》を従えている。両菩薩は阿弥《あみ》陀如来《だにょらい》の救済の仕事の補佐役をする。その観音菩薩《かんのんぼさつ》が被っている宝冠に阿弥陀如来《あみだにょらい》の化仏《けぶつ》（小仏）がついている。観音菩薩《かんのんぼさつ》が阿弥陀如来《あみだにょらい》の右腕としてその救済の事業を良く手伝うことを表している。

▼9 **外道**《げどう》 仏教以外の宗教、およびそれを信じる人々。ブッダは絶対的な真理の総体を悟り、その内容を語ったものが仏教である。したがって仏教の思想に反する教えは邪見ということになる。

▼10 **皎潔**《けうけつ》 白く清らかで穢《けが》れがない様子。

▼11 **善根**《ぜんごん》 善い結果を生む行為。

▼12 **男女の差別がなく** 極楽往生《ごくらくおうじょう》するとき、女性は男性になるという。つまり、「無女《むにょ》人《にん》」と言っているように、極楽往生《ごくらくおうじょう》には女性がいないのである。

礼讃文《らいさんもん》（三帰依文《さんきえもん》）

「三帰依文《さんきえもん》」とは仏法僧《ぶっぽうそう》の三宝《さんぼう》に帰依《きえ》するという意味である。三宝《さんぼう》、つまり仏教に帰《き》依《え》してその教えに従って生きていくことを誓うものだ。釈迦《しゃか》の時代から称《たた》えられていたといわれ、今もタイやスリランカ、ミャンマー（ビルマ）などの上座部《じょうざぶ》仏教（いわゆる小乗《しょうじょう》仏教）の国では出家、在家を問わず、日常的に称えられている。浄土真宗《じょうどしんしゅう》では勤行《ごんぎょう》の折や法話《ほうわ》を聴聞するときなどによく読まれる。

原　文

人身《にんじん》受《う》けがたし、今《いま》すでに受《う》く。仏法《ぶッぽう》聞《き》きがたし、今《いま》すで

現代語訳

この世に人間として生まれて来ることは極めて珍しい【人身《にんじん》受けがたし】[1]。稀有《けう》なことである。

に聞《き》く。この身《み》今生《こんじょう》にむかって（おいて）度《ど》せずんば、さらにいずれの生《しょう》にむかって（おいて）かこの身《み》を度《ど》せん。大衆《だいしゅう》《だいしゅ》もろともに至心《ししん》に三宝《さんぼう》に帰依《きえ》したてまつるべし。

みずから仏《ぶつ》に帰依《きえ》したてまつる。まさに願《ねが》わくは衆生《しゅじょう》とともに、大道《だいどう》を体解《たいげ》して無上意《むじょうい》をおこさん。

みずから法《ほう》に帰依《きえ》したてまつる。まさに願《ねが》わくは衆生《しゅじょう》とともに、ふかく経蔵《きょうぞう》に入《い》

しかしながら、幸いにも今、人間としてこの世に生まれる機会を得た。（さらに、人間として生まれても）仏法（仏の教え）を聞くことは極めて難しい。しかしながら、仏法を聞く機会にも恵まれた。この私が今の生（今生）において悟りを得ることができなければ、いったいいつの生において悟りを得る機会があるのだろうか。世の人々よ！ ともに心を尽くして三宝《さんぼう》▼2に帰依《きえ》いたしましょう。

みずから仏（ブッダ）に帰依《きえ》いたします。願わくば全ての人々（生きとし生けるもの）とともに、仏の道（大道《だいどう》）を体得して、この上ない悟りの境地に至ろうとの心を起こしましょう。

みずから法に帰依《きえ》いたします。

りて智慧海《ちえうみ》のごとくならん。

みずから僧《そう》に帰依《きえ》したてまつる。まさに願《ねが》わくは衆生《しゅじょう》とともに、大衆《だいしゅう》を統理《とうり》して一切無碍《いッさいむげ》ならん。

無上甚深微妙《むじょうじんじんみみょう》の法《ほう》は、百千《ひゃくせん》万劫《まんごう》にもあい遇《あお》うことかたし。われ今見聞《いまけんもん》し受持《じゅじ》することをえたり。願《ねが》わくは如来《にょらい》の真実《しんじつ》義《ぎ》を解《げ》したてまつらん。

願わくば、すべての人々とともに仏の教え（法）の深意を学び、大海原のような大きな世界に入ろうと思います。

みずから僧に帰依《きえ》いたします。願わくば、すべての人々とともに、他の多くの人々に真理（仏教の教え）を伝え、苦しみのない世界を実現したいと思います。

この上なく深遠で、優れた仏の教えは、とてつもない長い時間をかけても出会うことは難しい。しかしながら、私は今、これを聞く機会に恵まれた。願わくば、如来《にょらい》の真の教えを習得したいと思います。

▼1　人身《にんじん》受けがたし　すべての生き物は地獄《じごく》・餓鬼《がき》・畜生《ちくしょう》・修羅《しゅら》・人間・天《てん》の六道《ろくどう》を

輪廻転生《りんねてんしょう》するが、人間として生まれることができるということは稀有なことである。釈迦《しゃか》の肉声が含まれていると考えられている古い経典にもしばしば出て来る言葉である。

▼2 三宝《さんぼう》　仏教のことで、仏法僧《ぶっぽうそう》の三宝《さんぼう》を指す。「仏」はブッダ、「法」はブッダの教え（経典）、「僧」は修行者のグループ。仏がいなければ、その教えである「法」がなく、したがって教えに基づいて修行する僧もいない。また、「仏」と「法」があってもそれに従って修行する僧がいなければ、仏教は成立しない。このように、「仏」と「法」と「僧」のどれが欠けても仏教は成立しなくなるということから、これを三つの宝、三宝《さんぼう》というのである。

◆その他の重要経典

親鸞《しんらん》は法然《ほうねん》の門下に入って間もないころから自らの教えを綴り、主著の『教行信《きょうぎょうしん》証《しょう》』をはじめ、多くの著作を著した。とくに、六十歳を過ぎて京都に帰ってからは精力的に執筆活動を行ったことがうかがえる。ここではそれらの中からとくに重要な経典のあらましを紹介する。

『教行信証《きょうぎょうしんしょう》』

詳しくは『顕浄土真実教行証文類《けんじょうどしんじつきょうぎょうしょうもんるい》』という。多くの経典を引用して浄土真宗《じょうどしんしゅう》の教義を明らかにしたもので、浄土真宗《じょうどしんしゅう》の根本経典として最重要視されている。元仁《げんにん》元年（一二二四）、親鸞《しんらん》五十二歳の時、師法然《ほうねん》の十三回忌にあたって稲田で著されたという。後に、この年を浄土真宗《じょうどしんしゅう》立教開宗の年とされるようになった。

教《きょう》・行《ぎょう》・信《しん》・証《しょう》・真仏土《しんぶつど》・化身土《けしんど》の六巻からなり、「教《きょう》」は『大無量寿経《だいむりょうじゅきょう》』の教え、「行《ぎょう》」は南無阿弥陀仏《なむあみだぶつ》の念仏《ねんぶつ》の修行、「信《しん》」は往生《おうじょう》の正因《しょういん》（正しい原因）である阿弥陀《あみだ》如来《にょらい》の本願《ほんがん》を信じる信心、「証《しょう》」は行《ぎょう》、信《しん》によって得られる証果《しょうか》、つまり極楽往生《ごくらくおうじょう》することである。この教行信証《きょうぎょうしんしょう》の四つの法は仏から授けられるものであり、証《しょう》を極めて（極楽往生《ごくらくおうじょう》して）この世に還ってきて衆生《しゅじょう》を救うのである。

そして、真仏土《しんぶつど》は浄土《じょうど》であり、化身土《けしんど》において方便《ほうべん》をもって世の中の真偽を明かしている。先に述べたように親鸞《しんらん》が五十二歳のときに一応の完成を見たが、生涯、加筆訂正を加え続けたという。また、行巻の最後に親鸞《しんらん》が阿弥陀《あみだ》の本願《ほんがん》に出会えた喜びを詠んだ「正信念仏偈《しょうしんねんぶつげ》」がある。

『浄土文類聚鈔《じょうどもんるいじゅしょう》』

「浄土三部経」や龍樹《りゅうじゅ》、天親《てんじん》、曇鸞《どんらん》、善導《ぜんどう》の四師の著作を引用しながら『教行信証《きょうぎょうしんしょう》』の要旨を述べている。『教行信証《きょうぎょうしんしょう》』を「広文類《こうもんるい》」と呼ぶのに対し、本書は「略文類《りゃくもんるい》」と呼ばれている。

『愚禿鈔《ぐとくしょう》』

「愚禿《ぐとく》」は親鸞《しんらん》の字《あざな》で、「愚《ぐ》」は愚か者、「禿《とく》」は在家の求道者の意味だという。親鸞《しんらん》が越後《えちご》に配流されて以降、世間や権力に対する痛烈な批判を込めて名乗ったものである。僧籍のある出家の僧でもなく、かといって純然たる求道者である以上、俗人でもない。愚禿《ぐとく》という字《あざな》には親鸞《しんらん》の非僧非俗《ひそうひぞく》の立場が込められているのだ。

本書は上下二巻からなり、上巻は浄土真宗《じょうどしんしゅう》の真義を明かし、下巻ではその教えにしたがって生きるものの信心について、善導《ぜんどう》の『観経疏《かんぎょうしょ》』に基づいて解説している。

『尊号真像銘文《そんごうしんぞうめいもん》』

浄土真宗《じょうどしんしゅう》では「南無阿弥陀仏《なむあみだぶつ》」の六字名号《ろくじみょうごう》や九字名号《くじみょうごう》などの名号《みょうごう》や、親鸞《しんらん》をはじめとする祖師や中興の祖の肖像画を礼拝の対象として神聖視する。それらの名号《みょうごう》や肖像画の上部、あるいは下部に聖典の言葉などを讃《さん》として記すが、本書はその讃《さん》として引用される法語についての解説である。

『一念多念証文《いちねんたねんしょうもん》』

念仏《ねんぶつ》信仰はただ一度だけの念仏《ねんぶつ》で往生《おうじょう》できるとする一念義《いちねんぎ》と、往生《おうじょう》のためにはできるだけ数多く念仏《ねんぶつ》を称えるべきであるとする多念義《たねんぎ》に分かれる。すでに法然《ほうねん》の時代から一念《いちねん》、多念《たねん》の論議が盛んに行われていたが、本書で親鸞《しんらん》はどちらにもとらわれるべきではないとの立場を明らかにしている。

『御消息《ごしょうそく》』

親鸞《しんらん》が関東の同朋同行《どうぼうどうぎょう》などに宛てた手紙で、親鸞《しんらん》の没後、編纂され、四十通あまりある。真宗《しんしゅう》の教義の要点が随所に述べられている。

『歎異抄《たんにしょう》』

二十四輩の一人、唯円《ゆいえん》の作と伝えられている。親鸞《しんらん》の存命中、その教えは数々の異解を生んだ。そして、親鸞《しんらん》が亡くなるとさまざまな異なった解釈がはびこるようになった。このことを嘆いた唯円《ゆいえん》が同朋同行《どうぼうどうぎょう》の不審を除くために著したものである。十八章からなり、第一章から第十章までは唯円《ゆいえん》が親鸞《しんらん》から直接聞いた教えを記している。第十一章から第十八章までは唯円《ゆいえん》が「聖人の仰せにあらざる異義」を嘆いて親《しん》鸞《らん》の真実の教えを述べたものである。

『恵信尼消息《えしんにしょうそく》』

親鸞《しんらん》の妻、恵信尼《えしんに》が越後《えちご》から末娘の覚信尼《かくしんに》に宛てた手紙。親鸞《しんらん》と法然《ほうねん》との出会いの経緯、夫を観音菩薩《かんのんぼさつ》の化身《けしん》として尊敬してきたこと、夫や同朋同行《どうぼうどうぎょう》とともに送って来た念仏《ねんぶつ》の生活など多彩な内容である。八十二歳のとき親鸞《しんらん》の最後の知らせへの返信にはじまり、八十七歳のときまで八通が残されている。

『蓮如上人御一代記聞書《れんにょしょうにんごいちだいききがき》』

蓮如《れんにょ》の語録を箇条書きの形で書き綴ったもので、三百以上の語録が収録されている。真宗《しんしゅう》の教義から念仏《ねんぶつ》生活の心得など多彩な内容である。

コラム／浄土真宗《じょうどしんしゅう》のお寺にはなぜ卒塔婆《そとば》がないのか

日本中どこの寺院に行っても墓地には必ず卒塔婆《そとば》が建っているが、浄土《じょうど》真宗《しんしゅう》の寺院には卒塔婆《そとば》が見られない。卒塔婆《そとば》はサンスクリット語でストゥーパといい、その音写語（サンスクリット語の発音を漢字の音で写した漢訳語）を卒塔婆《そとば》と表記した。

インドの王族階級の墓で、釈迦《しゃか》もストゥーパに葬られた。これが中国を経由して日本に伝えられ、五重塔や三重塔になった。これらの塔はもともと釈迦《しゃか》の遺骨を納めた仏舎利塔で、略して塔婆《とうば》、塔《とう》という。

そして、仏典には塔を建てることには無上の功徳《くどく》があるが、子どもが戯れに砂に塔の絵を描いても王侯貴族が建てた天につくような塔に勝るとも劣らない功徳《くどく》があると説かれている。そのことから、日本ではおそらく室町時代ごろから板塔婆が考案され、誰でも手軽に塔婆《とうば》を建てて先祖の菩提《ぼだい》を弔うことができるようになった。

板塔婆は日本独自の風習で、亡き人の追善回向《ついぜんえこう》のために建てる。しかし、浄土真宗《じょうどしんしゅう》では先祖はすでに阿弥陀如来《あみだにょらい》に救われて安住しているということから、追善回向《ついぜんえこう》という考え方がない。そこで、追善《ついぜん》のために卒塔婆《そとば》を建てるなどということは無用なのである。

コラム／浄土真宗《じょうどしんしゅう》ではなぜ施餓鬼《せがき》がないのか

施鬼会《せがきえ》は文字通り餓鬼道《がきどう》に堕《お》ちたものを供養《くよう》する法要《ほうよう》である。餓鬼道《がきどう》とは地獄《じごく》・餓鬼《がき》・畜生《ちくしょう》・修羅《しゅら》・人間・天《てん》の六道《ろくどう》のうち、地獄《じごく》に次ぐ悪所で、常に飢餓《きが》に苦しめられる世界。その餓鬼道《がきどう》に堕《お》ちたものが腹いっぱい食べられるのは、施餓鬼会《せがきえ》の一日だけとされている。

施餓鬼会はどの宗派でも行われる重要な年中行事だが、浄土真宗《じょうどしんしゅう》では施《せ》餓鬼会《がきえ》がない。それは極楽浄土《ごくらくじょうど》には地獄《じごく》・餓鬼《がき》・畜生《ちくしょう》の三悪道《さんまくどう》がないからである。そして、親鸞《しんらん》の教えでは阿弥陀如来《あみだにょらい》の本願《ほんがん》を信ずるものは、すべて往生《おうじょう》が約束されている。だから、餓鬼道《がきどう》に堕《お》ちるものはなく、したがって施餓鬼会《せがきえ》を営む必要もないのである。

ちなみに、施餓鬼会《せがきえ》を盂蘭盆会《うらぼんえ》と一連の行事と思っている人も少なくない。しかし、両者は本来、まったく別の行事だ。盂蘭盆会《うらぼんえ》は先祖供養の行事、施餓鬼会《せがきえ》は餓鬼道《がきどう》に堕《お》ちたものに施しをする行事である。

また、施餓鬼会《せがきえ》は盂蘭盆会《うらぼんえ》のように全国的に日が決まっている訳ではなく、各寺院によって日が決まっているのだ。施餓鬼会《せがきえ》はかなり大がかりな法要《ほうよう》で、同じ宗派の教区が十数ヵ寺で一つの寺の施餓鬼会《せがきえ》に行って手伝うことになる。したがって、同じ教区の寺は必然的に期日をずらさなければならなくなるのだ。だから、宗派なども関係なく彼岸《ひがん》やお盆を避けて行われることが多い。

ただし、七月と八月のお盆の前に施餓鬼会《せがきえ》を営む寺も少なくない。そういう寺の檀家《だんか》の人たちは施餓鬼会《せがきえ》と盂蘭盆会《うらぼんえ》は一連の行事だと思っていることが多い。

付　録　浄土真宗《じょうどしんしゅう》の年中行事と法要

元旦会《がんたんえ》（一月一日〜三日）

修正会《しゅしょうえ》とも呼ばれ、新年にあたって心を新たにして念仏《ねんぶつ》を称《とな》える。念仏《ねんぶつ》が真宗《しんしゅう》の門徒の生活、人生の原点であることを年頭に確認する行事でもある。さまざまな法話《ほうわ》が行われ、浄土真宗《じょうどしんしゅう》の教えに触れる機会でもある。

涅槃会《ねはんえ》（二月十五日。釈迦入滅《しゃかにゅうめつ》の日）

釈迦《しゃか》は八十歳のとき、インドのクシナガラという町で、沙羅双樹《さらそうじゅ》（二本の沙羅《しゃら》の木）の間に寝台を設え、頭を北に向け、右脇腹を下にして最期のときを迎えた。

中国やインドの伝承では釈迦《しゃか》が亡くなっ

たのは二月十五日とされており、この日には釈迦《しゃか》入滅《にゅうめつ》の様子を描いた涅槃図《ねはんず》を掲げて涅槃会《ねはんえ》の法要を営む。

彼岸会《ひがんえ》(三月と九月)

彼岸会《ひがんえ》は春分の日と秋分の日を中心に前後三日、都合七日間にわたって行われる。彼岸《ひがん》(向こう岸)は悟りの世界で、浄土真宗《じょうどしんしゅう》では阿弥陀如来《あみだにょらい》の極楽浄土《ごくらくじょうど》を意味する。私たちが住む迷いの世界(娑婆世界《しゃばせかい》)から極楽《ごくらく》浄土《じょうど》に向かうことを願う行事である。

一般に彼岸《ひがん》は墓参りをして先祖の菩提《ぼだい》を弔う追善回向《ついぜんえこう》の意味合いが強い。浄土真宗《じょうどしんしゅう》でももちろん墓参りをするが、親鸞《しんらん》以来、追善《ついぜん》ということを否定した浄土真宗《じょうどしんしゅう》では、墓参りの折に寺で法話《ほうわ》を聞き、念仏《ねんぶつ》を称えて真宗《しんしゅう》の教えに親しむことに重点が置かれる。

ちなみに彼岸《ひがん》は、インドはもとより、中国にもない、日本独特の行事である。日本人は古くから祖先信仰を中心に信仰形態を保ってきた。

暑さ寒さも彼岸《ひがん》までというように、一年でいちばん気候が安定し、農作業も一段落して心も落ち着く時期に先祖に思いを馳《は》せ、供養するという風習が古くからあったようだ。そして、仏教が伝来すると、そのような祖先信仰が仏教と結びつき、彼岸《ひがん》という独特の仏教行事となったのである。

灌仏会《かんぶつえ》(四月八日。釈迦《しゃか》の誕生日)

日本では古くから「花祭り」として親しま

れている。生まれたばかりの釈迦《しゃか》は七歩あゆみ、右手で天を、左手で地を指して「天上天下唯我独尊《てんじょうてんげゆいがどくそん》」といったという。このときの姿を表した誕生仏に甘茶をかけて釈《しゃ》迦《か》の誕生を祝う。

釈迦《しゃか》が生まれたとき、神々が祝福して甘露の雨を降らし、天界の美しい華を雨降らしたという。これにちなんで花御堂を作ってたくさんの花を飾り、甘露にちなんで甘茶をかけるのである。

ちなみに甘露とは悟りの境地のことである。

宗祖降誕会《ごうたんえ》

（五月二十一日。親鸞《しんらん》の誕生日）

宗祖親鸞《しんらん》の誕生を祝い、念仏《ねんぶつ》の教えを授けてくれたことに感謝する法要。親鸞《しんらん》は承安三年（一一七三）の旧暦四月一日に生まれたが、明治になって新暦の五月二十一日に行われるようになった。本山では特別法要が営まれ、さまざまな催しがあって、多くの門徒が参集する。

盂蘭盆会《うらぼんえ》（七月、八月）

いわゆるお盆の行事で、中国で作られた『仏説盂蘭盆経《ぶっせつうらぼんきょう》』の主人公・目連尊者《もくれんそんじゃ》という釈迦《しゃか》の高弟が神通力《じんずうりき》を用いて早くに亡くなった母親の様子を窺《うかが》ったところ、餓鬼道《がきどう》（食べ物がなくて飢餓に苦しむ世界）に堕《お》ちて大変な苦しみを受けていることを知った。深い悲しみにとらわれた目連尊者《もくれんそんじゃ》はなんとか母親を救う手だてはないものかと、釈迦《しゃか》に相談した。

すると釈迦《しゃか》は安居《あんご》あけの修行僧にご馳走《ちそう》を振舞うと無上の功徳《くどく》がある。その功徳《くどく》によって母親は救われるだろうと教えた。インドでは六月から九月の三か月間は雨季で、布教の旅に出たりすることができない。そこで、修行僧たちは僧院に籠《こも》って断食《だんじき》をしたり、座禅《ざぜん》をしたりと、厳しい修行に励む。これを安居《あんご》というのである。

目連尊者《もくれんそんじゃ》は教えられた通りに安居《あんご》あけの僧侶《そうりょ》たちにご馳走をし、改めて母親の様子を見たところ、天界に昇って幸せに暮らしていたという。つまり、お盆は厳しい修行に耐えた僧侶にご馳走を施すことから生じる功徳《くどく》によって先祖が救われるという行事なのだ。

日本には奈良時代以前に伝えられ、今では七月、ないし八月の十三日から十六日に行われている。日本では彼岸《ひがん》とともに二大仏教行事になっているが、今述べたようにインドにはない中国発祥の行事である。

他宗では盂蘭盆会《うらぼんえ》は先祖などの追善回向《ついぜんえこう》として行われるが、浄土真宗《じょうどしんしゅう》では追善《ついぜん》という考えがない。そこで、盂蘭盆会《うらぼんえ》は阿弥陀《あみだ》如来《にょらい》の慈悲《じひ》を仰ぎ、念仏《ねんぶつ》に親しんでそれを喜び、先祖の恩に報いるということに意義を見出《みいだ》している。

報恩講《ほうおんこう》

（十一月二十八日。親鸞《しんらん》の祥月命日《しょうつきめいにち》）

親鸞《しんらん》の祥月命日《しょうつきめいにち》で、浄土真宗《じょうどしんしゅう》の最大の行事である。親鸞《しんらん》が亡くなった後、門徒たちがその遺徳を偲《しの》んで、月命日《つきめいにち》の毎月二十八日に集まって念仏《ねんぶつ》を称えたことに始まるという。

その後、本願寺第三世の覚如《かくにょ》が親鸞《しんらん》の恩に報いるという意味で「報恩講《ほうおんこう》」と名付けたという。本願寺《ほんがんじ》派《は》の寺では一月九日から十六日まで「御正忌《ごしょうき》報恩講《ほうおんこう》」が行われる。

成道会《じょうどうえ》

（十二月八日。釈迦《しゃか》が悟りを開いた日）

釈迦《しゃか》は三十五歳のとき、インドのブッダガヤという町の菩提樹《ぼだいじゅ》の木の下で悟りを開いた。中国や日本に伝えられた伝承ではこの日が十二月八日だったという。各地の寺院ではこの日に成道会《じょうどうえ》の法要が営まれる。

除夜会《じょやえ》（十二月三十一日）

大晦日《おおみそか》の夕刻に寺に参集し、一年の反省と無事に過ごすことができたことに感謝する法要である。念仏《ねんぶつ》を称え、読経《どきょう》することから「歳末勤行《さいまつごんぎょう》」とも呼ばれ、深夜には除夜の鐘を撞く。家庭では元旦会《がんたんえ》に備えて仏壇などの荘厳《しょうごん》をし、家族そろってお勤めをする習いとなっている。

〈参考文献〉

『大正新脩大蔵経』各巻（大蔵出版）
『大乗仏典』各巻（中公文庫）
『仏書解説大辞典』（小野玄妙他編、大東出版社）
『仏典解題事典』（水野弘元、中村元ほか編集、春秋社）
『インド・中国・日本　仏教通史』（平川彰著、春秋社）
『インド仏教史』上・下（平川彰著、春秋社）
『新・佛教辞典』（中村元監修、誠信書房）
『仏教・インド思想辞典』（早島鏡正監修、春秋社）
『仏教要語の基礎知識』（水野弘元著、春秋社）
『歎異抄』（金子大栄校注、岩波文庫）
『ブッダ最後の旅』（中村元訳、岩波文庫）
『大乗経典を読む』（定方晟著、講談社現代新書）
『お経の基本がわかる小事典』（松濤弘道、ＰＨＰ新書）
『わが家の仏教・仏事としきたり　浄土真宗』（西原祐治監修、日東書院）
『浄土真宗本願寺派日常勤行聖典』（本願寺出版社）

『浄土真宗　本願寺派のお経』（早島大英監修、双葉社）
『増補　真宗大谷派勤行集』（真宗大谷派宗務所出版部）　ほか

本書は書き下ろしです

よくわかる浄《じょう》土《ど》真《しん》宗《しゅう》

重要経典《じゅうようきょうてん》付《つ》き

瓜生《うりゅう》 中《なか》

平成27年 10月25日　初版発行
令和7年 9月10日　13版発行

発行者●山下直久

発行●株式会社KADOKAWA
〒102-8177　東京都千代田区富士見2-13-3
電話　0570-002-301（ナビダイヤル）

角川文庫 19432

印刷所●株式会社KADOKAWA
製本所●株式会社KADOKAWA

表紙画●和田三造

●お問い合わせ
https://www.kadokawa.co.jp/（「お問い合わせ」へお進みください）
※内容によっては、お答えできない場合があります。
※サポートは日本国内のみとさせていただきます。
※Japanese text only

ISBN978-4-04-408916-0　C0115

◆◆◆

角川文庫発刊に際して

角川源義

第二次世界大戦の敗北は、軍事力の敗北であった以上に、私たちの若い文化力の敗退であった。私たちの文化が戦争に対して如何に無力であり、単なるあだ花に過ぎなかったかを、私たちは身を以て体験し痛感した。西洋近代文化の摂取にとって、明治以後八十年の歳月は決して短かすぎたとは言えない。にもかかわらず、近代文化の伝統を確立し、自由な批判と柔軟な良識に富む文化層として自らを形成することに私たちは失敗して来た。そしてこれは、各層への文化の普及滲透を任務とする出版人の責任でもあった。

一九四五年以来、私たちは再び振出しに戻り、第一歩から踏み出すことを余儀なくされた。これは大きな不幸ではあるが、反面、これまでの混沌・未熟・歪曲の中にあった我が国の文化に秩序と確たる基礎を齎らすためには絶好の機会でもある。角川書店は、このような祖国の文化的危機にあたり、微力をも顧みず再建の礎石たるべき抱負と決意とをもって出発したが、ここに創立以来の念願を果すべく角川文庫を発刊する。これまで刊行されたあらゆる全集叢書文庫類の長所と短所とを検討し、古今東西の不朽の典籍を、良心的編集のもとに、廉価に、そして書架にふさわしい美本として、多くのひとびとに提供しようとする。しかし私たちは徒らに百科全書的な知識のジレッタントを作ることを目的とせず、あくまで祖国の文化に秩序と再建への道を示し、この文庫を角川書店の栄ある事業として、今後永久に継続発展せしめ、学芸と教養との殿堂として大成せんことを期したい。多くの読書子の愛情ある忠言と支持とによって、この希望と抱負とを完遂せしめられんことを願う。

一九四九年五月三日

角川ソフィア文庫ベストセラー

よくわかるお経読本　瓜生　中

般若心経、浄土三部経、光明真言、和讃ほか、各宗派の代表的なお経十九を一冊に収録。ふりがな付きの原文と現代語訳で読みやすく、難解な仏教用語も詳細に解説。葬儀や法要、写経にも役立つ実用的読本！

ひらがなで読むお経　編著／大角　修

般若心経、一枚起請文、光明真言、大悲心陀羅尼ほか、二三の有名経文を原文と意訳を付した大きな「ひらがな」で読む。漢字や意味はわからなくてもすらすら読める、「お経の言葉〈小事典〉」付きの決定版。

知っておきたい仏像の見方　瓜生　中

仏像は美術品ではなく、信仰の対象として仏師により造られてきた。それぞれの仏像が生まれた背景、身体の特徴、台座、持ち物の意味、そして仏がもたらす救いとは何か。仏教の世界観が一問一答でよくわかる！

知っておきたい日本の神話　瓜生　中

「アマテラスの岩戸隠れ」「因幡の白兎」「スサノオのオロチ退治」——。日本人なら誰でも知っている神話を、天地創造神話・古代天皇に関する神話・神社創祀などに分類。神話の世界が現代語訳ですっきりわかる。

知っておきたいわが家の宗教　瓜生　中

信仰心がないといわれる日本人だが、宗教人口は驚くほど多い。その種類や教義、神仏習合や檀家制度、さらに身近な習俗まで、祖霊崇拝を軸とする日本人の宗教を総ざらいする。冠婚葬祭に役立つ知識も満載！

角川ソフィア文庫ベストセラー

知っておきたい 日本人のアイデンティティ　瓜生中

日本人の祖先は大陸や南方からの人々と交流し、混血を重ねるうちに独自の特徴を備える民族となった。地理的状況、国家観、宗教観などから古きよき日本人像を探り、そのアイデンティティを照らし出す。

知っておきたい 般若心経　瓜生中

わずか二六二文字に圧縮された、この経典には何が書かれていて、唱えたり写経するとどんなご利益が得られるのか。知っているようで知らない般若心経を読み解き、一切の苦厄を取り除く悟りの真髄に迫る。

知っておきたい 日本の名僧　瓜生中

最澄、空海、法然、親鸞、日蓮、一遍、栄西、一休、道元。日本人なら誰もが知っている名僧たち。独自の教義へ辿りつくまでの道筋とその教えをコンパクトに解説。名僧たちを通して仏教の理解が深まる！

真釈 般若心経　宮坂宥洪

『般若心経』とは、心の内面の問題を解いたものではなく、具体的な修行方法が説かれたものだった！　経典成立当時の古代インドの言語、サンスクリット語研究が導き出した新解釈で、経典の真実を明らかにする。

新版 歎異抄 現代語訳付き　訳注／千葉乗隆

愛弟子が親鸞の教えを正しく伝えるべく、直接見聞した発言と行動を思い出しながら綴った『歎異抄』。人々を苦悩から救済することに努めた親鸞の情念を、わかりやすい注釈と口語訳で鮮やかに伝える決定版。

角川ソフィア文庫ベストセラー

ビギナーズ 日本の思想
空海「三《さん》教《ごう》指《しい》帰《き》」
空海
訳／加藤純隆・加藤精一

日本に真言密教をもたらした空海が、渡唐前の青年時代に著した名著。放蕩息子に儒者・道士・仏教者がそれぞれ説得を試みるという設定で各宗教の優劣を論じ、仏教こそが最高の道であると導く情熱の書。

ビギナーズ 日本の思想
空海「秘《ひ》蔵《ぞう》宝《ほう》鑰《やく》」
こころの底を知る手引き
空海
訳／加藤純隆・加藤精一

『三教指帰』で仏教の思想が最高であると宣言した空海は、多様化する仏教の中での最高のものを、心の発達段階として究明する。思想家空海の真髄を示す、集大成の名著。詳しい訳文でその醍醐味を味わう。

ビギナーズ 日本の思想
空海「般《はん》若《にゃ》心経《しんぎょう》秘《ひ》鍵《けん》」
空海
編／加藤精一

宗派や時代を超えて愛誦される「般若心経」。人々の幸せを願い続けた空海は、最晩年にその本質を〈こころ〉で読み解き、後世への希望として記した。名言や逸話とともに、空海思想の集大成をわかりやすく読む。

ビギナーズ 日本の思想
空海「即身成仏義」「声字実相義」「吽字義」
空海
編／加藤精一

大日如来はどのような仏身なのかを説く「即身成仏義」。言語や文章は全て大日如来の活動とする「声字実相義」。あらゆる価値の共通の原点は大日如来とする「吽字義」。真言密教を理解する上で必読の三部作。

ビギナーズ 日本の思想
空海「弁《べん》顕《けん》密《みつ》二《に》教《きょう》論《ろん》」
空海
加藤精一＝訳

空海の中心的教義を密教、他の一切の教えを顕教として、二つの教えの違いと密教の独自性を理論的に明らかにした迫真の書。唐から戻って間もない頃の若き空海の情熱が伝わる名著をわかりやすい口語訳で読む。

角川ソフィア文庫ベストセラー

ビギナーズ日本の思想
新訳 茶の本
岡倉天心
訳／大久保喬樹

『茶の本』（全訳）と『東洋の理想』（抄訳）を、読みやすい訳文と解説で読む！ ロマンチックで波乱に富んだ生涯を、エピソードと証言で綴った読み物風伝記も付載。天心の思想と人物が理解できる入門書。

ビギナーズ日本の思想
九鬼周造「いきの構造」
九鬼周造
編／大久保喬樹

恋愛のテクニックが江戸好みの美意識「いき」を生んだ――。日本文化論の傑作を平易な話し言葉にし、各章ごとに内容を要約。異端の哲学者・九鬼周造の波乱に富んだ人生遍歴と、思想の本質に迫る入門書。

ビギナーズ日本の思想
新訳 武士道
新渡戸稲造
訳／大久保喬樹

深い精神性と倫理性を備えた文化国家・日本を世界に広めた名著『武士道』。平易な訳文とともに、その意義や背景を各章の「解説ノート」で紹介。巻末に「新渡戸稲造の生涯と思想」も付載する新訳決定版！

ビギナーズ日本の思想
福沢諭吉「学問のすすめ」
福沢諭吉
訳／佐藤きむ
解説／坂井達朗

国際社会にふさわしい人間となるために学問をしよう！ 維新直後の明治の人々を励ます福沢のことばは現代にも生きている。現代語訳と解説で福沢の生き方と思想が身近な存在になる。略年表、読書案内付き。

ビギナーズ日本の思想
西郷隆盛「南洲翁遺訓」
西郷隆盛
訳・解説／猪飼隆明

明治新政府への批判を込め、国家や為政者のあるべき姿と社会で活躍する心構えを説いた遺訓。やさしい訳文とともに、その言葉がいつ語られたものか、一条ごとに読み解き、生き生きとした西郷の人生を味わう。

角川ソフィア文庫ベストセラー

無心ということ　鈴木大拙

無心こそ東洋精神文化の軸と捉える鈴木大拙が、仏教生活の体験を通して禅・浄土教・日本や中国の思想へと考察の輪を広げる。禅浄一致の思想を巧みに展開、宗教的考えの本質をあざやかに解き明かしていく。

新版 禅とは何か　鈴木大拙

宗教とは何か。仏教とは何か。そして禅とは何か。自身の経験を通して読者を禅に向き合わせながら、この究極の問いを解きほぐす名著。初心者、修行者を問わず、人々を本格的な禅の世界へと誘う最良の入門書。

日本的霊性 完全版　鈴木大拙

精神の根底には霊性（宗教意識）がある——。念仏や禅の本質を生活と結びつけ、法然、親鸞、そして鎌倉時代の禅宗に、真に日本人らしい宗教的な本質を見出す。日本人がもつべき心の支柱を熱く記した代表作。

いきなりはじめる仏教入門　内田樹　釈徹宗

仏教について何も知らない哲学者が、いきなり仏教に入門⁉「悟りとは何か」「死は苦しみか」などの根源的なテーマについて、思想と身体性を武器に、自らの常識感覚で挑む！　知的でユニークな仏教入門。

はじめたばかりの浄土真宗　内田樹　釈徹宗

「〈知っていて悪いことをする〉のと〈知らないで悪いことをする〉のと、罪深いのはどちらか」。浄土真宗の意義と、仏教のあり方を問い直す、新しい仏教入門書。特別対談「いま、日本の仏教を考える」を収録。